鄉村治理
鄉村振興

鄭本壵題

全国高校出版社主题出版 ｜ 重庆市出版专项资金资助项目
西南大学创新研究 2035 先导计划资助项目

乡村振兴探索丛书
丛书主编　温铁军
　　　　　潘家恩

治理与振兴：
乡村社会工作问答

廖晓义 编著

西南大学出版社
SWUP
国家一级出版社　全国百佳图书出版单位

图书在版编目(CIP)数据

治理与振兴:乡村社会工作问答/廖晓义编著.--重庆:西南大学出版社,2023.12
(乡村振兴探索丛书)
ISBN 978-7-5697-2089-1

Ⅰ.①治… Ⅱ.廖… Ⅲ.①农村-社会工作-研究-中国 Ⅳ.①F323.89

中国国家版本馆CIP数据核字(2023)第218961号

治理与振兴:乡村社会工作问答
ZHILI YU ZHENXING：XIANGCUN SHEHUI GONGZUO WENDA

编　　著：廖晓义
出 品 人：张发钧
策划组稿：万珊珊　黄　瑛　卢渝宁
责任编辑：卢渝宁
责任校对：雷　兮
排　　版：江礼群
装帧设计：观止堂_未　氓
出版发行：西南大学出版社(原西南师范大学出版社)
　　　　　重庆·北碚　邮编:400715
　　　　　网址:www.xdcbs.com
经　　销：新华书店
印　　刷：重庆建新印务有限公司
幅面尺寸：170 mm×240 mm
印　　张：15
字　　数：230千字
插　　页：2
版　　次：2023年12月　第1版
印　　次：2023年12月　第1次印刷
书　　号：ISBN 978-7-5697-2089-1
定　　价：66.00元

总　序

温铁军*

人们应该知道乡村振兴之战略意义实非仅在振兴乡村,而是在中央确立的底线思维的指导下,打造我国"应对全球化挑战的压舱石"。

2022年中央一号文件指出:"当前,全球新冠肺炎疫情仍在蔓延,世界经济复苏脆弱,气候变化挑战突出,我国经济社会发展各项任务极为繁重艰巨。党中央认为,从容应对百年变局和世纪疫情,推动经济社会平稳健康发展,必须着眼国家重大战略需要,稳住农业基本盘、做好'三农'工作,接续全面推进乡村振兴,确保农业稳产增产、农民稳步增收、农村稳定安宁。"

为此,应把"三农"工作放入我国的新发展阶段、新发展理念、新发展格局中来解构。"三新"这个词,可能大家很少深入去思考,我们简单回顾一下。2021年1月11日,习近平在省部级主要领导干部学习贯彻党的十九届五中全会精神专题研讨班开班式上发表重要讲话强调:进入新发展阶段、贯彻新发展理念、构建新发展格局,是由我国经济社会发展的理论逻辑、历史逻辑、现实逻辑决定的。这是新时期全面推进乡村振兴的指导思想。

就"三农"工作来说,当前要遵照2020年党的十九届五中全会确立的国内大循环战略,"两山论"生态化战略,城乡融合发展战略。

我在调研过程中发现,很多地方在稳住"三农"工作时没能很好地学习和贯彻"三新"战略,还在坚持以工业化和城市化为主的旧格局,以至于很多矛盾不能很好解决。

---

* 西南大学乡村振兴战略研究院(中国乡村建设学院)首席专家、教授。

新发展理念和旧的理念有很大不同，比如，现在我们面对的外部的不确定性，其实主要是全球化带来的巨大挑战。而全球化挑战最主要的矛盾就是全球资本过剩，这主要是近20年来，西方主要国家增发大量货币，导致大宗商品市场价格显著上涨，迫使中国这样"大进大出"的以外向型经济为主的国家多次遭遇"输入型通胀"。这些发达国家对外转嫁危机制造出来的外部不确定性，靠其国内的宏观调控无法有效应对。面对全球资本过剩这种历史上前所未有的重大挑战，我国提出以国内大循环为主体、国内国际双循环相互促进的主张。

因此，要贯彻落实2022年中央一号文件精神，就要把握好"稳"的基本原则，守住守好"两条底线"（粮食安全和不发生规模性返贫），坚持在"三新"战略下推进乡村全面振兴，打造应对全球危机的"压舱石"。

此外，在2000年以后世界气候暖化速度明显加快的挑战下，中国已经做出发展理念和战略上的调整。

中央早在2003年提出"科学发展观"的时候就已经明确不再以单纯追求GDP为发展目标，2006年提出资源节约、环境友好的"两型经济"目标，2007年进一步提出生态文明发展理念，2012年将大力推进生态文明建设确立为国家发展战略。"绿水青山就是金山银山"的"两山"理念在福建和浙江相继提出。2016年，习近平总书记增加了"冰天雪地也是金山银山"的论述。2018年5月，习近平生态文明思想正式确立。在理论上，意味着新时代生态文明战略下的新经济内在所要求的生产力要素得到了极大拓展，意味着新发展阶段中国经济结构发生了重要变化。

2005年，中央在确立新农村建设战略时已经强调过"县域经济"，2020年党的十九届五中全会强化乡村振兴战略时再度强调的"把产业留在县域"和县乡村三级的规划整合，也可以叫新型县域生态经济；主要的发展方向就是把以往粗放数量型增长改为县域生态经济的质量效益型增长，让农民能够分享县域产业的收益。

新发展阶段对应城乡融合新格局,内生性地带动两个新经济作为"市民下乡与农民联合创业"的引领:一个是数字经济,一个是生态经济。这与过去偏重于产业经济和金融经济这两个资本经济下乡占有资源的方式有相当大的差别。

中国100多年来追求的发展内涵,主要是产业资本扩张,也就是发展产业经济。21世纪之后进入金融资本扩张时代,特别是到21世纪第二个十年,中国进入的是金融资本全球化时代。但是,在这个阶段遭遇2008年华尔街金融海啸派生的"输入型通胀"和2014年以金砖国家为主的外部需求下滑派生的"输入型通缩",客观上造成国内两次生产过剩,导致大批企业注销、工人失业,矛盾爆发得比较尖锐。同期,一方面,加入国际金融竞争客观上构成与美元资本集团的对抗性冲突;另一方面,在国内某种程度上出现金融过剩和社会矛盾问题。

由此,中央不断做出调整:2012年确立生态文明战略转型之后,2015年出台"工业供给侧结构性改革",2017年提出"农业供给侧结构性改革",2019年强调"金融供给侧结构性改革",并且要求金融不能脱实向虚,必须服务实体经济。例如,中国农业银行必须以服务"三农"为唯一宗旨;再如,2020年要求金融系统向实体经济让利1.5万亿元。总之,中央制定"逆周期"政策,要求金融业必须服务实体经济且以政治手段勒住金融资本异化实体的趋势。

与此同时,中央抓紧做新经济转型,一方面是客观上已经初步形成的数字经济,另一方面则是正在开始形成的生态经济。如果数字经济和生态经济这两个转型能够成功,中国就能够回避资本主义在人类历史两三百年的时间里从产业资本异化社会到金融资本异化实体这样的一般演化规律所带来的对人类可持续发展的严重挑战。

进一步说,立足国内大循环为主体的新阶段,则是需要开拓城乡融合带动的数字化生态化的新格局。乡村振兴是中国改变以往发展模式,向新经济转型的重要载体。因此,《中华人民共和国国民经济和社会发展第十四个五年规划和2035年远景目标纲要》指出,要坚持把解决好"三农"问题作为全党工作的重中之重,走中国特色社会主义乡村振兴道路。

为什么强调"走中国特色社会主义"的乡村振兴道路?

因为,在工业化发展阶段,产业资本高度同构,要求数据信息必须是标准化的,以实现可集成和大规模传输,这当然不是传统农村和一般发展中国家能够应对的。并且,产业资本派生的文化教育体现产业资本内在要求,是机械化的单一大规模量产的产业方式。被资本化教育体制重新塑造的人力资本如果不敷用,则改用机器人替代……

中国特色社会主义与其最大的区别是,虽然产业资本总量和金融资本总量世界第一,但在发展方向上促成了乡村振兴与生态文明战略直接结合,对金融资本则严禁异化,不仅要求服务实体,而且必须服务于现阶段的生态文明和乡村振兴等生态经济,这就不是单一地提高农业产业化的产出量和价值量,而是包括立体循环、生态环保,以及文化体验、教育传承等多种业态。因此,乡村振兴不能按照资本主义国家农业现代化要求制定中国农业现代化标准,而是要按照建设"人与自然和谐共生"的现代化,形成中国特色社会主义乡村振兴的生态化指标体系。

近年来,党中央提出建设"懂农业、爱农村、爱农民"的"三农"工作队伍并指出"实践是理论之源",多次强调国情自觉与"四个自信"。回到历史,中国百年乡村建设为新时代乡村振兴战略积累了厚重的历史经验。20世纪20至40年代,中国近代史上具有海内外广泛影响的乡村建设代表性人物卢作孚、梁漱溟、晏阳初、陶行知等汇聚重庆北碚,使北碚成为民国乡村建设的集大成之地,而西南大学则拥有全国高校中最为全面且独特的乡村建设历史资源。

为继承并发扬乡村建设"理论紧密联系实际"的优秀传统,紧扣党中央关于乡村振兴和生态文明的战略部署,结合当代乡村建设在全国范围内逾20年的实践探索与前沿经验,我们在西南大学出版社的大力支持下,特邀相关领域研究者与实践者共同编写本丛书,对乡村建设的一线实践进行整理与总结,希望充分依托实际案例,宏观微观相结合,以新视野和新思维探寻乡村振兴的鲜活经验,推进社会各界对新形势下的乡村振兴产生更为立体全面的认识。同时,也希望该丛书可以雅俗共赏,理论视野和实践经验兼顾,为从事乡村振兴的基层干部、返乡青年、农民带头人提供经验参考与现实启示。

理论是灰色的,生命之树常青!

是为序。

目 录

导 论 用乡村治理实现乡村振兴 ·· 1

一、乡村治理的根本是文化自信 ·· 2

二、乡村治理的根基是社会建设 ·· 4

三、乡村治理的根脉是中国精神 ·· 6

四、用社会治理促进城乡融合 ·· 7

第一章 脉要传下来——汲取传统智慧 ································ 11

一、社会工作为什么需要文化自信？ ······································ 11

二、什么是中华文明的传统智慧？ ·· 12

三、什么是乐道尚和的价值传统？ ·· 14

四、什么是阴上阳下的民本传统？ ·· 16

五、什么是多元一体的共生传统？ ·· 17

六、什么是德主刑辅的礼治传统？ ·· 18

七、什么是修身为本的自治传统？ ·· 19

八、什么是家国天下的家治传统？ ·· 20

九、什么是社会生态的综治传统？ ·· 21

十、什么是士当弘毅的君子传统？ ·· 22

十一、为什么需要构建中华社会工作体系？ ······························ 23

十二、中华社工应该具备什么样的特质？ ·· 24

十三、如何以构建中华社会工作体系助力人才振兴？ ·············· 26

十四、如何以构建中华社会工作体系提升综合服务能力？ ······ 28

第二章 脚要扎下来——注重乡村调研 ·· 31

一、调研者为什么要有问题导向？ ·· 31

二、调研者是否需要了解和遵循乡村社会的规律？ ·················· 32

三、违背规律开展工作有什么后果？ ·· 33

四、调研者是否应该提出参考意见？ ·· 35

五、调研者如何全面了解乡村情况？ ·· 37

六、社会调研的大致流程有哪些？ ·· 38

七、社会调研的基本方法和要求有哪些？ ···································· 40

八、调研的注意事项有哪些？ ·· 42

九、入户调研和探视探访有哪些注意事项？ ································ 44

十、调研中有哪些常用的沟通会谈技术？ ···································· 46

十一、社会调研如何为培育乡村社会组织做准备？ ·················· 50

十二、调研者怎样进行正确的理念宣导？ ···································· 51

十三、调研和宣导需要什么样的思维方式？ ································ 52

十四、如何撰写调研报告？ ·· 54

第三章 人要团拢来——培育乡村组织 ·· 57

一、为什么乡村需要社工站？乡村社工站有哪些特点？ ·········· 57

二、社工组织服务的功能定位是什么？ ·· 58

三、为什么乡村治理需要社会组织？ ·· 60

四、什么是互助会？互助会有哪些特点？ ···································· 61

五、社工如何助力互助会的培育？·················63
六、如何用社会工作方法助力互助会成长？·················65
七、如何帮助互助会提高开会议事的能力？·················67
八、互助会给村庄带来怎样的变化？·················68
九、互助会与村支两委的关系是怎样的？·················69
十、如何保证乡村社会组织的长效运行？·················70
十一、什么是联席会？·················72
十二、如何通过互助会、联席会激发基层党员的活力？·················73
十三、什么是"三事分流"？·················75
十四、为什么要进行"三事分流"？·················76
十五、怎样进行"三事分流"？·················77
十六、社工如何助力"三事分流"？·················78
十七、为什么需要参与式投入机制？·················79
十八、参与式投入的一般流程是怎样的？·················80
十九、参与式投入的实施要点是什么？·················81
二十、如何建立和管理乡村公益基金？·················83

第四章 事要做起来——开展乡村活动·················86

一、谁来组织乡村社会活动？·················86
二、乡村为什么需要公共活动空间？·················88
三、如何用社会治理营造公共空间？·················89
四、大院如何进行日常维护和运营？·················92
五、为什么要建立家风堂？如何以家风堂为载体开展乡村活动？·················93
六、如何用社会治理带动乡村建设？·················94
七、如何用社会治理带动环境保护？·················96

八、如何用社会治理带动乡风文明？ ·················· 97

九、如何用社会治理破解留守儿童难题？ ·················· 99

十、如何用社会治理推动互助养老？ ·················· 102

十一、互助乡厨实施中有哪些需要破解的问题？ ·················· 104

十二、互助乡厨有什么重要意义？ ·················· 107

十三、如何用社会治理推动产业发展？ ·················· 109

十四、如何以产教社融合的方法实现农业现代化服务？ ·················· 112

第五章 文要化开来——进行乡村文教 ·················· 116

一、怎样认识乡村的文治传统和今天的文教困境？ ·················· 116

二、为什么说乡村振兴的关键是振兴中国精神？ ·················· 118

三、如何以"三院"文化陶冶中国精神？ ·················· 120

四、怎样认识书院传统的功能与贡献？ ·················· 121

五、现代乡村书院的功能定位是什么？ ·················· 122

六、如何让"开门办书院"成为可能？ ·················· 123

七、乡村书院怎样营造？ ·················· 125

八、乡村书院的基本课程有哪些？ ·················· 126

九、如何开展以"耕"为主题的乡村文教？ ·················· 127

十、如何开展以"读"为主题的乡村文教？ ·················· 129

十一、如何开展以"居"为主题的乡村文教？ ·················· 131

十二、如何开展以"养"为主题的乡村文教？ ·················· 133

十三、如何开展以"礼"为主题的乡村文教？ ·················· 135

十四、怎样开展以"乐"为主题的乡村文教？ ·················· 136

十五、开展乡村文教的基本方法有哪些？ ·················· 138

十六、如何以共同体精神贯穿乡村文教？ ·················· 141

第六章　史要活起来——延绵乡村家风 ············ 144

 一、为什么说家文化是乡村治理的根基？ ············ 144

 二、为什么说家文化是城乡融合的脐带？ ············ 146

 三、如何续家谱，延续家传的血脉？ ············ 147

 四、如何护家园，延绵家传的风土？ ············ 149

 五、如何兴家业，延绵家传的技艺？ ············ 151

 六、如何立家训，延绵家传的智慧？ ············ 153

 七、如何惜家恩，延绵家传的亲情？ ············ 155

 八、如何立家规，延续家传的礼俗？ ············ 157

 九、如何守家魂，延续家传的信仰？ ············ 160

 十、如何报家国，延绵家传的忠义？ ············ 163

 十一、如何留乡音，延续家传的民风？ ············ 166

 十二、如何化乡愁，让社区成为家乡？ ············ 168

第七章　美要晒出来——营销乡村生活 ············ 171

 一、我们应当如何看待乡村生活？ ············ 171

 二、如何推动与城市社区的联结？ ············ 173

 三、如何在村里开展有效的宣传？ ············ 175

 四、怎样写作策划案？ ············ 176

 五、怎么做宣传条幅？ ············ 177

 六、怎么做宣传展板？ ············ 178

 七、如何找到村民宣传骨干？如何树立榜样？ ············ 180

 八、工作简报该怎么做？ ············ 182

 九、怎样写作简讯？ ············ 185

 十、怎么写新闻通稿？发布新闻通稿有哪些注意事项？ ············ 186

十一、公众号怎么做？有哪些注意事项？·····188

十二、如何建立和使用数字乡村服务平台？·····191

十三、短视频营销的要点有哪些？·····195

十四、怎么通过直播讲好乡村的故事？·····198

十五、如何为人才回乡创造条件？·····200

十六、如何用村学苑培养回乡人才？·····202

十七、如何通过社会力量办好村学苑？·····204

十八、如何通过"爱乡营"培养乡村综合人才？·····206

附录　用文化自信为社会工作铸魂
——梁漱溟社会工作实践的当代意义·····209

一、以文化自信正视社会工作历史·····210

二、以文化自信认识中西社会工作差异·····212

三、用文化自信实践社会工作服务创新·····215

四、以文化自信共建中华社会工作体系·····219

回家（沱沱）·····223

导 论
用乡村治理实现乡村振兴

2008年的中国发生了两件大事,一是北京奥运会,二是汶川地震。作为北京奥组委环境顾问深度参与了"绿色奥运"行动计划的我,并没有出现在奥运会开幕式的现场,而是带队去了处于极重灾区的四川彭州通济镇大坪村参与灾后重建。从那以后,我从一名环保人士成为一名社会工作者。作为政府顾问和社工服务机构负责人,我带着社工团队相继在川、渝、鲁、湘、黔、浙等地的上百个乡村,协同当地政府和村民,探索了一条以党政为主导、以村民为主体、以传统文化为主脉、社工服务为助力的"乐和家园"乡村实践之路,并从实践中总结出了基于中国文化根基和乡村社会实际的乡村社会工作方法。

作为曾经的四川大学哲学系的师者、中国社会科学院的学者、"做"而论道的行者,我始终保持着在实践中研究理论的习惯。承蒙西南大学乡村振兴战略研究院的推荐和西南大学出版社的邀约,我将多年的社会学和社会工作理论与15年参与"乐和家园"乡村建设的实践经验编著成这部《治理与振兴:乡村社会工作问答》,希望能够为社会工作助力乡村振兴提供有用的参考。

多年的实践与思考,让我看到乡村振兴面临的两个难题,并以本书抛砖引玉,与大家共同探讨破解之路。一是如何从行政化的公共服务转为社会化的公共服务,即乡村社会组织参与共担的公共服务,以破解"干部干,群众看"的难题;二是如何从商业化的产业服务转为社会化的产业服务,即以乡村社会建设和社会治理为基础的产业服务,破解政府投放的诸多产业服务资金成了"商业化"的催长剂而不是"社会化"即社会建设的催化剂因而"富了老板,忘了老乡"的难题。基于十几年的社会工作经验,本书更多地侧重社会化的公共服务如何成为可能,同时以产教社融合的社会工作创新的视角探索社会化的产业服务如何成为可能。无论是社会化的公共服务还是社会化的产业服务,都需要社会化体系建设,而真正的"社会化"须以社会工作为基本的方法论。

书中论及的社会工作,是传统智慧和现代治理相融合的社会工作,重在以中国文化为根基的乡村社会的建设,包括乡村的社会调研、社会组织、社会活动、社会教育、社会宣传和社会记录。了解和掌握这些社会工作方法,有助于矫正以行政管理代替社会治理的偏颇,提高干部队伍的社会工作能力和基层治理能力,传承党的群众路线的优良传统,让我们的干部不仅熟悉行政工作和行政管理,同时也擅长社会工作和社会治理,通过改进治理理念和治理方法,来激活村民的内生动力,破解"干部干、群众看"的难题。

书中论及的社会工作,是以社会治理为轴心的社会工作,而不是有的职业社工机构所理解的事务性社会服务。换句话说,是探讨如何以社会工作建设社会,以社会建设推进社会治理,并以此推动乡村振兴,而不是满足于社会事务的直接服务而忽视社会治理的深度服务。当我们的职业社工队伍能够提供以中国文化为根基的创新性服务和以社会治理为核心的综合性服务,才能够更好地实现社会工作助力乡村振兴的使命。

全书的主题和本书的书名一样,集中于社会治理与乡村振兴的关系,探索产教社融合发展的乡村振兴之路,而不是离开社会治理来抓产业发展,离开社会治理来谈乡村振兴,离开社会治理来说人才振兴。本书的副标题是"乡村社会工作问答",试图以问答的方式,引发更多的同仁对于本书之所"问"的思考,并提供更多的基于各自经验的智慧之所"答"。

一、乡村治理的根本是文化自信

一次会前,我遇到参与中央一号文件起草的国务院参事室的一位专家。他问我,你们在乡村里做什么?我说乡村治理。他说这可是最难的活呀,他搞农业这么多年,乡村治理始终是个难题。我说其实摸着规律就不难了,这个规律就是通过以中国文化为底蕴的社会建设,让村民真正成为主体,实现政府和社会之间的互补共生。接着我讲了几个小故事。

多年前,重庆巫溪县有一个让人头疼的村,村民互相扯皮,矛盾纷繁复杂,后来通过"乐和家园"建设,成立了"两会"即"互助会"和"联席会",让村民在党建引领下组织起来,处理村里的公共事务,包括自己评出低保名额。原本因为有人"优亲惠友",上百人上访要求吃低保,变成互助会评出11个低保名额,联席会讨论通过,还把剩下的20个名额主动让了出来。此外,互助会还承担了矛盾化解、生产协作、环境保护、老人和留守儿童照顾,替村支两委分担了很多公共事务,一个月就从"上访村"变成"乐和村"。

还有一个故事发生在山东曲阜。在孔子周游列国回来授徒讲学的洙泗书院旁边有个村叫书院村,我们打算在那里做"学儒家文化,建'乐和家园'"的试点。没想到相关领导好意劝我,不要选这个村,因为这个村问题很多。既然要做样本,最好找一个好一点的村来做。我说,谁让这个村就在洙泗书院旁边呢?如果传统文化不能帮助我们把一个村变好,我们干吗要传统文化呢?还是试一试吧。结果,经过"两会"(互助会和联席会)、"三院"(大院、书院、庭院)以及"耕、读、居、养、礼、乐"的"新六艺"活动,这个村子三月大变。村支书还说:"哪里是大变,是三月巨变!"

从灾后重建的四川彭州的山村到重庆巫溪这样地处渝陕鄂边界的贫困县,再到重庆南岸的大都市城市社区,从中部的湖南长沙到东部的山东曲阜,"乐和家园"乡村实践都取得了或者曾经取得过有效的成果,说明乡村振兴是有规律可循的,这规律可以用三句话来表达:

乡村治理的根本是文化自信;乡村治理的根基是社会建设;乡村治理的根脉是中国精神。

本书第一章,"脉要传下来——汲取传统智慧",以文化自信为主线,阐述了中国的乡村振兴为什么不能沿袭西方的农业模式和西方的工具理性。本章结合"乐和家园"用传统智慧创新社会治理的实践,概要回答了哪些文化传统能够成为今天的社会工作方法:乐道尚和的价值传统、阴上阳下的民本传统、多元一体的共生传统、德主刑辅的礼治传统、修身为本的自治传统、家国天下的家治传统、社会生态的综治传统、士当弘毅的君子传统。期待更多的社会工作者能够树立文化自信的方向标,珍惜中华社会工作的历史经验与内功心法,共建今天以传统智慧为内核的中华社会工作体系。

二、乡村治理的根基是社会建设

社会工作的基本任务是建设社会,而乡村社会建设本质上是乡村社会组织的建设。没有乡村社会组织的发育和主体性的发挥,就谈不上社会建设,也没有真正意义上的乡村治理。

第二章"脚要扎下来——注重乡村调研",讲述了社会工作者如何通过乡村调研来发现社会治理的问题并提出解决方案,如何从社会组织的视角去发现乡村组织的骨干,以及如何通过宣导用共同的理想唤醒人心。文中也谈到调研的基本类型、目的、流程、基本方法和要求、注意事项、技巧,还列举了调研的误区以及进入一个村子如何搭建调研的基本框架等。乡村社会工作者在秉承基本调研理念和方法的过程中,有责任让自己和被调研者一起,共同认识乡村社会的规律、违背规律的种种现象和苦果,如干部不堪重负、村民责任意识淡薄、干群关系紧张、政府投入难以持续、道德滑坡难以遏制等等,并一起分析原因,共同探讨解决方案。

第三章"人要团拢来——培育乡村组织",集中回答了如何通过党建引领的乡村社会"组织"的建设实现乡村"社会"的建设,从而激发村民的主体意识和主体作用。本章的内容包括如何通过互助会、联席会实现社会共治,如何通过大事政府办、小事村社办、私事自己办的"三事分流"实现责任共担,如何以参与式投入机制实现利益共享,切实构建人人有责、人人尽责、人人享有的社会治理共同体。本章详细阐释了建立群众自治机制互助会的原因,互助会的性质、主要任务、特点和培育方法,互助会代表如何产生、需要哪些基本能力素质,政府和社会组织如何鼓励互助会代表的积极性,如何处理互助会与村支两委、村民小组组长的关系;如何组建联席会这种多方共议、责任共担的协商民主组织并形成相应的机制,以及进行公共事务"三事分流"的基本原则、流程和具体的操作方法。

第四章"事要做起来——开展乡村活动",回答的是乡村社会的组织结构如何产生乡村治理活动的实效功能。乡村活动作为乡村生活的呈现,本身就是社会治理的内容,有效的社会治理又取决于切实的社会建设。本章试图回答基于社会建设的社会治理如何推动乡村振兴,包括如何通过社会治理营造公共空间,如何通过社会治理改善硬件投入,如何通过社会治理实施环境保护,如何通过社会治理化解矛盾特别是干群矛盾,如何通过社会治理推动产业发展,如何通过社会治理破解留守儿童难题,如何通过社会治理推动互助养老、开展互助乡厨活动等。总之,就是如何以社会建设为基础,来开展多个方面的社会治理并取得成效。

这些社会工作方法,不是来自概念的推演,而主要来自"乐和家园"15年的实例和经验。这些实践案例表明,过去看似对公共事务漠不关心的村民,一旦在党建引领下被鼓励成立互助会这样的自治组织和建立联席会这样的基层协商民主机制,就会焕发出潜在于心的内生动力,成为自己家园的主体。这些主体意识和能力往往由于干部的包办式或者命令式的工作方法而被漠视、被抑制。特别是在乡村建设方面的从上到下的主观设计、与村民无关的招投标流程,非但没有用乡村建设促进乡村治理,反而造成了村民之间、村民与政府之间的各种矛盾和不满。而在"乐和家园"的试点村的诸多案例中,我们看到基于村民主体的社会治理推动了投入机制改革,从调研、规划、立项、建设再到运营和维护,都尊重了互助会、联席会的深度参与,不仅低成本、高品质地完成了工程,而且激发了村民当家作主的责任感,村民不讲价钱的投工投劳和主动配合成为常态,就连修路的沙子的质量如何都有互助会代表主动监督把关。而参与式投入改革让涉农基金、惠农资金直接落在了互助会身上,并以联席会的民主协商进行监管和沟通,这些都是用乡村建设和产业服务促进社会治理,又用社会治理保障乡村建设与产业服务实效的可贵实验。

本章还特别强调了"三事分流"的方法,让参与各方明确自己的活动内容、任务和责任:政府着力"大事",即国家公共事务,包括乡村建设的硬件投入和硬件建设;乡村组织承担"小事",即乡村公共事务,如以公益为内涵的规划参与,以共富为共识的生产协作,以和谐为原则的矛盾化解,以家园为感召的环境保护,以孝道为根本的老人照顾,以家风为内容的儿童关爱等;村民处理自己的"私事",即个人和家庭的事务;社工则提供相关的理念和方法服务,促成和而不同、互惠共生的共同体。

三、乡村治理的根脉是中国精神

前两章重在认识社会建设是道德复兴的有形的根,没有社会建设就谈不上公序良俗。接下来的两章则分别从文治与家治的乡土智慧,说明以道德为本的自立、互助、公益的中国精神如何成为社会建设的无形的根。

第五章"文要化开来——进行乡村文教",从"文治"入手,回答为什么用文化的力量治理社会是成本最低的管理,也是最能切入人心、激发人的内在活力因而行之有效的管理。本章紧扣政学合一、治育一体的传统智慧,分享什么是中国精神,如何用乡村文教陶冶中国精神,乡村书院的历史遗产如何传承,如何与乡村文旅相结合,将过去的祠堂、学堂、中堂的"三堂"文化转化为今天的大院、书院、庭院的"三院"文化并开展耕、读、居、养、礼、乐"新六艺"文教。

第六章"史要活起来——延绵乡村家风",从家治的传统入手,回答家文化为什么是乡村文明之根,如何让中堂文化在庭院文化中复兴;如何续家谱,延绵家传的血脉;如何护家园,延绵家传的风土;如何兴家业,延绵家传的技艺;如何立家训,延绵家传的智慧;如何惜家恩,延绵家传的亲情;如何立家规,延绵家传的礼俗;如何守家魂,延绵家传的信仰;如何报家国,延绵家传的忠义;如何留乡音,延续家传的民风;如何化乡愁,让社区成为家乡;等等。

中国的乡村能够一脉相承几千年是有着独特的治理智慧和方法的,一是自治、共治的乡村治理,二是文治、家治的乡村文教,贯穿其中的是德治与法治一体的礼治以及社会、文化、经济、环境、康养一体的综治。而这一切都可以也应该在现代治理中得到传承。

我们看到当村民学会了通过互助会处理村民小组的公共事务,通过联席会理性地表达并与村支两委、乡镇干部交流的时候,当村民参加修路等乡村义务劳动、为村子捐献树苗的时候,当村民通过热烈讨论主动放弃低保名额的时候,当村民不仅仅是为了"积分"而是基于"积德"参与各种公益活动的时候,当他们排着队不是要钱而是捐钱来建立乡村公益基金的时候,当村里的年轻人愿意为自己的父母出钱参与互助午餐以尽其孝的时候,我们看到"德业相劝、过失相规、礼俗相交、患难相恤"的古老民风正在回归,优秀的传统文化正在成为现代的乡村生活。

四、用社会治理促进城乡融合

第七章"美要晒出来——营销乡村生活",谈到乡村社会工作者如何具备城乡融合的视角和推动城乡融合的能力;如何通过农产品和农文旅推动社区与乡村的联结;如何用新媒体和数字平台营销乡村;如何讲好乡村的故事,以多种形式的城市反哺来缓解乡村老龄化、空巢化的问题;如何通过政策支持和社会参与推动人才振兴,让更多人回望乡村、回报乡村和回归乡村。而这一切都须以基于社会建设的社会治理为前提。缺乏社会治理因而失去公序良俗的乡村,是人们回不去的家乡。

笔者从事乡村田野研究20年、一线乡村社会工作15年,最大的忧虑是乡村的空巢化、老龄化的现象。15年前,村里还有戏称的"386199"部队,即妇女、儿童和老人,那时还能常常听到孩子嬉闹的声音,看见妇女奔忙的身影,而如今太多的乡村几乎只剩下"99部队",六七十岁的老人还是田间的主力。所以,城市的反哺特别是人才回流真的是当务之急。而以产教社融合的社会工作推进城乡融合,吸引更多人返乡回乡参与社会治理、乡村文教和产业发展,则是今天乡村社会工作的迫切任务。

城乡融合、城市反哺,最重要的是正确看待乡村的价值。一是切忌用功利主义的GDP的单一考量看待乡村。乡村是一个天地人合一的生活体,其人文生态价值和乡村社会价值乃至历史基因价值远未被现代人发现和实现。

二是切忌用物质主义的眼光看待乡村。乡村不只是有形的物质存在,更是一个精气神的生命体,切忌把一些虽然看不见但是延绵和维系了几千年的、也许现代科学还没有能力破解与理解的习俗斥之为迷信而加以摈弃,反而应该从中反思现代人对于无形世界的自我遮蔽而开启无形的智慧。三是切忌以城市主义的眼光看待乡村,更不能用城市化的惯性思维改造乡村。

城乡融合最需要的是人才回流。人才回流需要很多条件,其中有两个重要条件,一是创造产教社融合的乡村振兴模式,使之有回乡发展的基础;二是提供产教社融合的培训,使之具有回乡发展的能力。而这两个方面的条件都是今天乡村社会工作的重要内容与发展机会。

"村有三宝产教社,人有三宝精气神"。产教社融合的方法论,就是以产业发展的"产"蓄"精",以社会治理的"社"聚"气",以乡村文教的"教"凝"神",产教社就是抓住乡村的精气神。这是用中医思维治理乡村,也是将马克思主义政治经济学的基本原理与当前乡村振兴的具体实践相结合,用共同体意识这个上层建筑的"教"去改善生产关系、社会关系这个"社",去促进生产力的"产"。

对于基层干部来说,这是要解决产业服务、社会治理和乡风文教"三张皮"的问题。产教社融合就是以产业服务为抓手来组织社会,又用社会建设来实施乡村文教,再以文化的故事促进产业的发展,让产业、社会、文化能够相辅相成、互补共生。因为产业服务直接满足村民的生产发展需求,从而能够促成社会的组织再造,调动文化的内生动力,所以乡村社会工作不是脱离了产业服务的社会治理和乡风文教,而是基于产业服务的社会工作,是用产业服务来建设社会和复兴文化,实现产教社融合发展。这里的关键是,要用产业服务为契机来组织社会、建设社会,而不是就产业抓产业。

对于社工组织而言,产教社融合的社会工作服务创新还有可能解决社工服务的可持续问题。社工参与其中,可以参与农业社会化服务的项目,发展自己在产业的品牌打造、社会建设和文教服务乃至乡村研学方面的特长,既为发展乡村经济,特别是助力集体经济和公共经济、积累公共基金做出贡献,又获得自身的发展机会和回报。这样职业社工的服务就不只是政府购买,还使得乡村本身具有支持社工服务的能力。对于更多的回乡创业的人们而言,产教社融合的社会工作方法,就是进入农业社会化服务乃至乡村运营的必要的能力建设。

产教社融合的社会工作,也是对于一百年前诸多乡建前辈的文脉传承与创新。梁漱溟先生提出的乡村建设的三要素——中国精神、团体组织和科学技术,就是用中国精神引导团体组织,用团体组织引领科学技术,用科学技术来帮助村民脱贫。一方面用社会治理和乡村教化来引领科学技术,另一方面又用科学技术促进社会治理与乡村教化。这里最重要的是要有社会建设这个"有形的根"和传统智慧这个"无形的根"。固本强根,才有产业发展的枝繁叶茂。笔者特将《用文化自信为社会工作铸魂——梁漱溟社会工作实践的当代意义》一文附录于后,希望更多的同仁携手同行,用文化自信为社会工作铸魂。

随着工业化、城市化的进程,越来越多的人选择远离乡村。与此同时,也有一些人对城市生活产生怀疑,希望、正在或者已经回到乡村,成为乡村社会的一个组成部分,成为当下乡村振兴浪潮中的一员。无论是区县村镇的基层干部、有意返乡的创业者、承包了土地的企业主、租了一处院子几间房子的新村民,还是执行农村项目的社会组织,无论是狭义的职业社工还是广义的非职业社工,都需要一些关于农村社会工作的读本,这本书正是为此而生。

社会工作是一个宽泛的概念,每一位认同和践行中国文化和社会建设的乡村工作者,都可以是一名乡村社会工作者。特别是作为今天乡村振兴主导力量的党政干部,了解社会工作和社会建设的基本理念和方法,以及对于文化建设和经济建设的意义,是非常必要的。乡村社会工作的基本任务就是以村民为主体的社会建设,而这本来就是党的群众路线的老传统。我们的干部应该弘扬这样的老传统,成为具有社会治理、乡村文教和产业服务综合能力的新型社会工作者。

这本书虽然由我编著,但并不只是我个人的见解,同时也是对"乐和家园"的共建者、同行者们共同创造的实践经验的提炼和总结。它凝聚的,有勇于社会治理创新的基层干部们的胆识,有以行动彰显主体精神的村民们的声音,有躬身田野陪伴探索的学者们的身影,有乡村一线乐和社工们青春的脚印,还有参与资料汇集和文字编辑工作的重庆社工刘园、湖南社工李柳英以及参与过相关工作的诸多小伙伴们的汗水,更有西南大学乡村振兴战略研究院潘家恩教授和西南大学出版社卢渝宁老师与她的同仁们不辞劳苦、细心编审的心血。在此,谨向所有为本书做过贡献的人们致以深切的谢意和敬意!

因时间与空间的有限性,本书未能涉及在乡村振兴道路上众多探索者们的宝贵经验,而更多是"乐和家园"以及"乐和社工"实践经验的理论思考与实务操作。但因为这是一场历时15年,历经川、渝、湘、鲁、浙上百个乡村的理论与实践并行的探索,其中有许多带有普遍性的现实问题和具有共同性的解决方案,希望能对乡村社会工作的关注,对乡村治理与乡村振兴关系的思考,对乡村社会化服务体系的建设,起到抛砖引玉的作用。其中不足不当之处,还望各位不吝指正。

2015年,各地"乐和社工"在四川彭州通济镇大坪村"乐和家园"集训。

第一章

脉要传下来——汲取传统智慧

一、社会工作为什么需要文化自信？

习近平总书记明确指出，"一个国家的治理体系和治理能力是与这个国家的历史传承和文化传统密切相关的。解决中国的问题只能在中国大地上探寻适合自己的道路和办法"。

这不由得让人想到一百多年前，当西学裹挟着炮火猛烈冲击着古老的中国大地，知识界把中国的苦难归罪于中国的固有文化而批判之抛弃之的时候，一位投身乡村建设的大儒梁漱溟先生冷静地指出："中国问题并不是什么旁的问题，就是文化失调——极严重的文化失调。"在太多的人对中华文化弃之如敝屣的时候，他预言"世界的未来是中国文化的复兴"。他坚定地认为："中国之政治问题经济问题，天然的不能外于其固有文化所演成之社会事实，所陶养之民族精神，而得解决。""它必须是中国的一套，一定不会离开中国社会的事实及民族精神而得到一个办法，在政治上、经济上如果有办法，那一定是合乎中国文化的。"

在当代社会工作课程体系和实务体系严重缺乏中华文化的内涵根基的时候，我们更深地领受了百年前梁先生所说的文化失调的苦果。2017年2月15日中共中央办公厅和国务院办公厅印发《关于实施中华优秀传统文化传承发展工程的意见》，以及党的二十大之后中央社会工作部正式成立，则让我们进一步体会到梁先生百年前基于文化自信的远见。假如一个民族对于自身的文化失去信心和信任,对自身的国情国性不去深究,就会对拿来主义失去准绳,西方工业文明的核心价值观诸如物质主义、利己主义和资本主义等就会长驱直入,与中国的世界观和价值体系产生激烈的冲突,其现代化的方案就有可能出现偏差而使国家承受太高的社会代价、环境代价和文化代价。毕竟,救国和治国良方都应基于自身的文化。

中国的乡村振兴是中国特色的农业现代化,不能沿袭西方的农业模式和西方的工具理性。中国的农村与西方的农场不同。中国有"德业相劝、过失相规、礼俗相交、患难相恤"的农村社会,有顺天应时、天人合一的农业艺术,有"耕读传家久、诗书继世长"的农人,更重要的是,有着"乐道尚和""尊道贵德""德主刑辅"的治理理念和自治、共治、礼治、文治、家治构成的治理体系,以及修身为本、家国天下的治理人才。

中国当代的社会治理,需要以历史的和整体的眼光看待。首先要追溯探寻中华文明智慧的历史传统和文化传承。同时不能就治理体系而谈治理,而是要用中国传统的整体思维,将中华道统的思想体系、学统的教化体系和政统的治理体系作为一个整体来理解和设计,从中探索有益于社会治理体系和治理能力现代化的内容。

二、什么是中华文明的传统智慧?

中华文明历史悠久,绵延5000多年而不断绝。为何能够如此?这一直是个谜。有人归为大一统,因为要用政治、军事的力量作为保证;有人归为汉字,因为书同文才能行同伦;等等。然而最重要的,是有一种超越民族、性别、阶层,超乎个体和群体利益的共识,这种共识就是"道"。

"道"可以被理解为宇宙存在和运行的规律,老子称其为"大"("吾未知其名,字之曰道。吾强为之名曰大。"),孔子称其为"一"("吾道一以贯之。")。用现代话语表述,"道"是以差异、互补、共生为特质的宇宙生命共同体,是全人类共同福祉的宇宙规律。"道"的体、"道"的理、"道"的德就是中国人的思想体系和信仰体系,它不是宗教,但比宗教更加深入人心、植入生活,是个体生命的源头和归宿。

这个差异、互补、共生的宇宙大生命,能够被认知,所以人可以知"道";能够被践行,所以人可以行"道";能够被体证,所以人可以乐"道"。子曰:"人能弘道,非道弘人。"人作为万物之灵,就在于他有知道、行道、乐道的能力。弘道的中国人创造了一种文化,叫作中华文化;缔造了一种文明,叫作中华文明;塑造了一个民族,叫作中华民族。以道为宗、唯道是从,就成了这个民族共同的信念和信仰。

中华文明的伟大不仅在于它发现了"道"并建立了超越宗教的思想系统和信仰系统,而且还创造了一套从家学、乡学到国学的教化系统,使得每个生存于其中的个体,能够通过孝亲、尊师、爱国、法地、敬天,保持着与生命源头——"道"的联结,由此而安身立命,这套教育系统就是中国人的"学统"——以"道"为宗的学习教化系统。

此教育体系所培养出来的人,在构建制度、制作器皿、发明技术等的过程中,遵循的不是唯利是图,而是唯道是从。所以有了汉字、中医、农艺、礼乐等的技艺,有了以修身为本色,以德治、家治、礼治、文治为底色的治理理念,体现为自治、共治、礼法合治的治理系统,即为政以德的"政统"。

尊道贵德的思想和信仰体系、以道为宗的教化体系以及唯道是从的治理体系,构成了发现"道"和实现"道"的文明,即道统文明,这就是中华文明的顶层设计。与之相应的还有"三堂"的底层设计,即作为公共空间的祠堂、作为学习空间的学堂和作为生活与精神空间的中堂。祠堂承载着公益文化,学堂承载着圣贤文化,中堂承载着家风文化,不论朝代如何更替、时运如何变化,承载着中华文明的家庭和村落的"三堂"文化代代守望,有着草根般顽强的力量。

发现"道"和实现"道"的文明必然会有守"道"与失"道"的博弈和抗争,必然会因各种各样来自内部的扭曲和外部的冲击而遭遇苦难与灾祸、血腥和残酷。但无数知名和不知名的守道、弘道和殉道者们的拼死抗争、喋血守望,这个超大体量的文明一次次浴火重生般活下来了,作为世界文明史上唯一没有中断的古文明,活下来了!

党的二十大报告指出:"坚持和发展马克思主义,必须同中华优秀传统文化相结合。只有植根本国、本民族历史文化沃土,马克思主义真理之树才能根深叶茂。中华优秀传统文化源远流长、博大精深,是中华文明的智慧结晶,其中蕴含的天下为公、民为邦本、为政以德、革故鼎新、任人唯贤、天人合一、自强不息、厚德载物、讲信修睦、亲仁善邻等,是中国人民在长期生产生活中积累的宇宙观、天下观、社会观、道德观的重要体现,同科学社会主义价值观主张具有高度契合性。"

近些年来,各地都在探索用传统智慧治理乡村的理论与实践,历时15年,历经川、渝、湘、鲁、浙上百个乡村的"乐和家园"也是其中之一。"乐和家园"探索了用传统智慧推进现代治理的规律,包括思维方式、理论范式、操作模式和实践样式,形成了"以党政为主导、以村民为主体、以传统文化为主脉、以社工服务为助力"的治理模式和样本。其中最有特色的,就是返本开新,在中国大地上探索适合自己的道路和方法,将乐道尚和的价值传统、阴上阳下的民本传统、多元一体的共生传统、德主刑辅的礼治传统、修身为本的自治传统、家国天下的家治传统、社会生态的综治传统、士当弘毅的君子传统融入今天的乡村治理和乡村振兴。

三、什么是乐道尚和的价值传统?

中华文明是道统文明,也就是共同体文明。共同体的本质是差异性、互补性和共生性的统一。无论时代怎么变迁,以共同体为"硬核"的中华道统必是中华文明的生命之根,乡土中国和乡土智慧必是中华民族的生存之基。共产党领导的新中国因为共同体的理想而立国,也因为共同体的信念才能兴国。而共同体文化的复兴,必须基于城乡社区的治理。

如何让中华共同体文化在今天的乡村复兴？关键是要找到一种话语，它既与传统相通又与现代相连，既为政府认可又为村民认同，能够走进百姓生活为百姓接受。"乐和"就是这样的话语之一。

"乐和"源自"乐道尚和"的古老智慧，传承"天地人和，乐在其中"的君子人格，体现着"和而不同""天下为公"的中国精神，蕴含着社会共治、利益共享、文化共识、环境共存、生命共惜的大同理想。"乐和"精神就是自立、互助、公益的共同体精神。自立就是"明明德"，即自明其德；互助是"亲民"，是相与之情厚，也是《吕氏乡约》倡导的"德业相劝、过失相规、礼俗相交、患难相恤"；公益是"止于至善"，在以向上之心一步步朝向共同福祉的过程中，实现个体和宇宙大生命的融合。所以"乐和"就是通俗版的"大学之道"。而这些本来就是源自良知的，只是需要被唤醒和激发。

在过去十多年的实践中，以"乐和"作为共同体思想的通俗表达，很受村民和居民欢迎。重庆巫溪的一位互助会代表对《农民日报》的记者说："说别的我们听不懂，一说'乐和'，都晓得了，好事，搞！"因为"乐和"有两个关键点：一是"和"的重塑，要和不要分，激发乡村固有的共同体意识，用村民语言来理解，"乐和就是一家人""乐和就是一条心"；二是"利"的重估，让大家意识到，这世上值钱的不只是钱。

很多感人至深的例子，让我们看到"乐和"所体现的中华共同体理念本身的力量。我们相信每个人心中固有的自立精神、互助精神、公益精神是本自具足的自性，这自性内在于每个人心中，是来自生命源头的根的力量。"乐和家园"的目标，就是去激活、激发和激励这种根性力量，让这种最初从乡贤身上发端的力量，通过培育公益组织、营造公共空间、分担公共服务、激发公共精神，在更大的人群里复苏和勃兴。

社会治理和乡村振兴是为了构建共同体社会，首先需要形成共同体意识。中华文明的元价值能否成为人类的共同价值？假设人类社会中的不同价值是树叶，人类共同价值是树干，元价值就是树根。我们看到，中华文明的深刻之处，就在于为人类的和平、发展、公平、正义、民主、自由等共同价值提供了"和而不同""天下为公"的元价值。这种元价值用现代语言来表达，就是差异、互补、共生，尊重、沟通、包容，自立、互助、公益。而这正是"乐和"的本源和本义。

四、什么是阴上阳下的民本传统？

在治国理政上，中国古代思想家讲求以人为本。《尚书·五子之歌》提出"皇祖有训，民可近，不可下，民惟邦本，本固邦宁"的古老政治训令。在党的十九大报告中，习近平总书记把"坚持以人民为中心"作为新时代中国特色社会主义的基本方略之一，强调"必须坚持人民主体地位，坚持立党为公、执政为民，践行全心全意为人民服务的根本宗旨，把党的群众路线贯彻到治国理政全部活动之中"。

为什么从古至今，中国的传统智慧都把民本作为执政的根基？因为中华文化的乾坤之道不只是哲学概念，更是社会系统。在这个系统里，政府是阳，社会是阴。孤阴不长，独阳不生，只有阴阳平衡、阴阳共生，才能有一个健康有序而又公正温情的社会。如果只有高高在上的政府而没有敦厚活跃的自然社区组织，阳往上升，阴往下沉，就会阴阳失衡，乃至阴阳离决，这种阳上阴下的卦象是为"否"卦。

中国乡村治理的问题千头万绪，也可以看作"阴阳失调"。自然村或者自然社区的社会组织解体，造成了严重的"阴虚"。乡村虽然有村支书、村主任，但那是行政村层面而不是自然村层面的。行政村的村支两委只有几个人的编制，而一个行政村通常有好几个甚至几十个自然村。这些被叫作村民小组的自然村，除了一位组长完成行政村村支两委交给的行政任务以外，基本是缺乏自治组织的，因此也就缺乏处理自然村层面的公共事务的能力，比如垃圾管理、矛盾化解、文体活动、老人照顾、孩子照应等问题。

于是，政府不得不通过加大行政化的力量来处理本来可以由自然村的乡村社会组织来处理的事务。而再多的行政人员相比散落的广袤的乡村来说仍然是"缺人"的,其结果是过去靠守望相助就能解决或者缓解的事务,如今变成了政府不堪重负的行政压力。由于缺乏乡村社会组织的支撑,政府的一些惠民项目因缺少沟通协商,老百姓不买账,有的地方甚至成为滋生贪腐的温床,社会矛盾的堆积、干群关系的恶化只是病症之一二。

"乐和家园"的同仁们根据中华文化的民本思想和党的群众路线的一贯主张,正视现代化过程中阴阳失衡以及阴阳错位的问题,通过党建引领,以社工站为技术支持、互助会为自治基础、联席会为共治平台,积极培育社会组织成长,发挥社会组织作用,把走群众路线落实和深化为走群众组织路线,以此将阳上阴下的"否"卦转化为阴上阳下的"泰"卦。也就是让阳在下位,阴在上位;政府在下位,社会在上位。阳气向上升,阴气往下沉,则阴阳交合,政通人和,这是"泰"卦的卦象,是儒家思想主张"民为贵,社稷次之,君为轻"的阴阳之道,也符合中国共产党"为人民服务,做人民公仆"的为政主张。

五、什么是多元一体的共生传统?

《中庸》曰:"至中和,天地位焉,万物育焉。"一个群体中,所有人都能各安其位、各负其责,这个群体就能欣欣向荣、生生不息。这种一体而多元、和而不同的生活方式和运作模式,是健康的社会生态。反观许多西方资本主义国家,在资本、政府和社会的三足鼎立中,政府往往成为给资本打工的代理。而中国政府作为以人民为中心的具有强大宏观治理能力的政府,有能力以唯道是从的方向遏制唯利是图的资本,通过社会治理共同体、生态文明、乡村振兴等大型国家战略,实践"和而不同""天下为公"的大同理想。

"一体"和"多元"不能分裂开来,只讲"一体"不讲"多元",社会也无法持续。在中国现代化的进程中,乡村原有的以家庭、家族、家乡、家国为谱系的社会组织系统解体,后来,以行政方式组建的单位制"大家庭"也随着市场化而解体,大量的乡村社区公共事务都被政府包揽,其结果不仅让政府不堪重负,而且因行政化而导致一定程度的形式化、官僚化,甚至因此抑制了社会的活力,削弱甚至消弭了社群和个人本应承担的责任,而责任的落寞可能造成以担当为本色的中国精神在根本处被瓦解。

为解决这样的问题,"乐和家园"探索了"大事政府办、小事村社办、私事自己办"的"三事分流"的治理机制,这是对多元一体的共生传统的体现和创新。它厘清了政府、社会组织和个人事务的边界,使得政府从琐碎的事务中抽身出来,集中处理大事,即国家公共事务,从而提高了治理能力。对于小事,即乡村社区公共事务的处理,通过培育社会组织来实施。对于私事,即家庭事务,则在必要时给予引导和指导。

在这个过程中,政府的服务功能得到了提升,政府职能得到了转化,乡村社区的社会组织行使了社区公共事务的担当,个人完成了对于自己家事的担当,通过重建自然社区组织给社会增能,给政府减负,从而实现政府与社会互补共生的阴阳平衡,让社会机体焕发应有的活力。而"三事"之间的边界讨论、相互转化与融合,又促成了政府、社会和个人之间的良性互动,形成了"三事分流"、责任共担的态势,让"各正其位,保和太平"的道统精神和多元一体的共生传统成为现代村社的新气象。

六、什么是德主刑辅的礼治传统?

中华文明有着礼法合治的悠久传统。早在西周时期,周公"经天纬地、制礼作乐",缔造了人类文明史上罕见的礼乐文明。春秋时期孔子删"诗""书"、定"礼""乐"以来,更是高扬人的理性精神,相信人可以通过理性的力量和礼乐的力量来立身行道。绵长的历史中,中国人以礼让为荣耀,视诉讼为不得已而为之的下策。一些开明的统治者也深谙孔子"道之以政,齐之以刑,民免而无耻;道之以德,齐之以礼,有耻且格"的秘籍,以礼治落实德治,形成了"礼法合治、德主刑辅"的治理方法。在自然村落这样的基层社会,在某种意义上,礼也具有了法的力量。套用法治的术语,这些关于礼的约定可被视为"习惯法"。

"乐和家园"的实践,传承了这样的礼治传统,并且发展出"明礼义、行礼仪、定礼约、成礼俗"的社会礼治系统。将大院作为礼治的公共空间,将圣贤之说作为礼义的内涵,将日常行为规范的常礼,如开笔礼、成人礼等人生大礼,乃至清明祭祖、夏至祭地、冬至祭天的祭礼作为村社的常规活动,而将村规民约作为"乡村礼约",并逐渐化礼成俗,从乡村社区开始重建礼乐社会,这是对于几千年乡土中国的乡约精神和礼乐文明的传承。

七、什么是修身为本的自治传统?

中国古代思想家认为,治国之道从本质上来讲就是正己正人之道。在集中体现儒家治国安邦之道的《大学》中,孔子正己正人、修己安人的思想具体化为格物、致知、诚意、正心、修身、齐家、治国、平天下的过程。"修身"是治国平天下的基础,是中国式治理的本质和特色。如何修身?"学而时习之";学习什么?"大学之道,在明明德,在亲民,在止于至善";在哪里学?私塾和书院;向谁学?圣贤和经典;怎么学?慎独其身。用今天的话语,就是管好自己,做好自己,自律自觉自省。

党的十八大以来,习近平总书记在一系列重要讲话、文章和著作中,以"明大德、守公德、严私德"为核心内容,以自律和他律相结合为基本模式,以君子和人民公仆为理想人格,以解决新时代人与人、人与社会、人与自然之间的和谐问题为使命,多次引用古代典籍阐述其修身观,具有重要的理论和实践意义。

修身关乎社稷、关乎治理国家的人才的品质,所以儒家修身思想更多的是一种为政的思想,而并非简单修身养性,是关于社会治理的大智慧。从根本上讲,治理体系是人进行自我管理的体系,治理能力是人治理自身的能力。缺乏治理自身能力的人,也无法构筑良好的治理体系。

中国的自治与文治密不可分。《礼记·学记》开篇就说:"是故古之王者建国君民,教学为先。"君子学习的境界和层次是能够"化民成俗"。以文化人,用文化的力量治理社会,这是成本最低的管理,也是最能切入人心的管理。儒家文化之所以在几千年里大行其道,就是因为这种本于天道、低成本高效率的管理,就是因为有开启心智的经典、代代相传的书院,以及被尊称为"读书人"的先生。民国初年停止了读经课和修身课,让今天的我们备尝苦果。

"乐和家园"一直在探索如何培育社会组织的文化意识,如何用文化的力量治理社区,发掘了"修齐治平+新六艺"的书院教育课程和书院建设操作方法,将过去的祠堂、学堂、中堂的"三堂"文化转化为今天的大院、书院、庭院的"三院"文化,并开展"耕、读、居、养、礼、乐"新六艺文教,通过喜闻乐见的活动,让圣贤文教渐渐成为人们"心中愿认的理儿,手上爱做的事儿,身边会布的景儿,嘴里愿说的词儿,戏里可演的角儿,群里能冒的星儿"!

八、什么是家国天下的家治传统?

《大学》言:"所谓治国必先齐其家者,其家不可教而能教人者,无之。""一家仁,一国兴仁;一家让,一国兴让;一人贪戾,一国作乱。"中华几千年的文明史留下了各种各样的治家格言、家规、家训、家史、家谱,记录着世世代代中国人对家的深刻认识和理解。

家是中国人最基本的存在单位、情感单位、道德单位、认知与知识单位、治理单位,是人的安全感、归属感和幸福感的主要来源。家是一个差异互补共生的家人共同体,一个联结着家族和祖先的生命共同体,一个以"天地国亲师"为生存场域,承担着家庭—家族—家乡—家国使命的共同体。中国人的德治,是基于家来实现的,所以本质上中国人的德治也是家治,这是以个体为单位的西学思想所欠缺的根。

而随着现代社会的演变,太多的家仅仅成了居所,成了仅仅是搭伙过日子的地方,太多的个人问题、家庭问题和社会问题,是源于家庭共同体的解体。由此,家成了无根的家,人成了无根的人。

"乐和家园"的"九九家风"项目是对家治传统的传承与创新。"九九家风"

以"九家九字"命名。"九家"即家庭的礼、家族的字、家乡的歌、家屋的景、家里的信、家人的安、家传的艺、家园的事、家国的情,是为德治;"九字"即孝、和、勤、俭、仁、义、礼、智、信,是为德性。通过建立家—校—社共育机制,让家风建设的九个方面成为学校的课程、家庭的作业和村社的活动,是为家校社一体的德育。同时,探索了家文化助力乡村振兴的路径,以家风堂为载体的德育、德性和德治,重塑现代人的家国情怀,重启家的根力量。

当下社区生活或多或少存在以下"三缺":理念系统中传统文化缺乏,治理系统中自然社区组织缺位和服务系统中家文化缺失。"乐和家园"试图对这几个方面"补阙"。首先通过"三事分流"培育社区公益组织,补自然社区组织的缺;继而建立社区书院,补传统文化的缺;再推进"九九家风",补家风建设的缺。营造作为公共空间的大院,作为学习空间的书院,作为生活与精神空间的庭院,建立村社共同体的治理系统、理念系统和教化系统,这是对祠堂、学堂、中堂之"三堂"文化的返本开新。

九、什么是社会生态的综治传统?

中国传统智慧将社会、文化、经济、环境、康养视为综合治理的社会生态。根据中医五行相生相克的思维,按照自然界的五行(金木水火土)对应人体五脏(肺肝肾心脾)来解释,乡村就是一个由社会组织、文化价值、经济发展、环境管理以及生命健康五个领域组成的大系统。

中医认为一个人发病的基本原因是五行失调,一个村存在的问题也可看作五行失调:一段时间以来GDP主义造成经济一头独大,而社会、文化、环保、健康等发展滞后或彼此脱节。这些问题表现在乡村,就是很多乡村不再是一个守望相助的生产生活共同体。村民都知道虽然现在口袋里的钱多了,但是原来村里的人情味少了,对于公共事务的态度冷漠是常态。

"乐和家园"建设从哪里入手来治理失调的乡村?首先是用乐和治理调理"肺经",把散了的社会组织起来。当一个村庄的环境坏了,精神荒了,最根本的原因是社会散了，所以一定要把一盘散沙的社会组织起来。紧接着是用乐和礼义调理"心经"，修复村社的文化。缺少文化内涵的社会组织是没有灵魂的组织，也很难凝心聚力。然后是用乐和生计调理"肾经"，把生计跟上去，否则即使有社会建设和文化建设的成果，也难以持续。继而用乐和人居调理"脾经"，有可持续的生态环境才可能有持续的生计，这时全方位大环保就会成为大家的共同行动。最后是用乐和养生调理"肝经"，以身体健康的需求去促成环境健康、行为健康、心理健康和社会健康。这五个方面相生相克、相辅相成。无论从哪方面入手都须是一个阴阳平衡、五行调和的系统的解决方案。

这样的中医思维、整体思维让乐和社工与基层治理的同仁们一起找到了产教社融合的方法论，就是改变产业发展、乡村文教和社会治理"三张皮"的现象，以产业发展的"产"蓄"精"、以社会治理的"社"聚"气"、以乡村文教的"教"凝"神"，产教社就是抓住乡村的精气神，用产业服务组织社会，用社会建设激活文教，用文教助力产业发展，又用产业发展助推社会治理。同时我们还找到了与马克思主义关于生产力、生产关系、上层建筑的学说的结合点，即用共同体意识的上层建筑的乡村文教，构建基于社会建设的良性生产关系，激发生产者的内生动力，促进生产力发展，夯实产教社，振兴精气神。

十、什么是士当弘毅的君子传统？

在国家由谁来治理这个问题上，古人推崇的是选贤任能原则。从《论语》等儒家经典以及中国历史中可以看到，君子是"喻于义、求诸己、怀德、周而不比、和而不同、坦荡荡、仁以为己任"的大丈夫。他们不属于某个特定的阶层或阶级，甚至不属于某个特殊的职业行业，他们以弘道为天命、传道为使命、明道为生命，他们"志于道、据于德、依于仁、游于艺"，以格物致知诚意正心为内圣之功，以修身齐家治国平天下为外王之责。山东大学政治学与公共管理学院院长贝淡宁指出：贤能政治过去是也会一直是中国政治文化的核心。这样的君子传统也应该是今天的社会工作者的现代风范。

社会工作分为非职业社工和职业社工。今天党政系统的工作者和其他各领域人士乃至村居干部如果具有社会工作的方法和能力,也都是当代广义的社会工作者。职业社工机构是以协同者的身份参与社会治理的,也是以社会工作的专业服务来发挥协同作用的。这种专业服务的内容、范围、品质和能力则多种多样,不拘一格。"乐和家园"提供的社工服务,是以中华共同体文化的传承与创新为使命,以古往今来的君子传统作为自己的人格基因和文化资源,致力于固本强根的社会工作服务。

今天的社会工作者应该具备现代君子的品格,从自己生命质量提升的根处着力,坚固尊道的信仰,坚守贵德的价值,融会格物的方法,催生务实的技能,练就一种通过培根固本而实现融会贯通的功夫,然后才有心力、眼力和能力去开展社会工作,包括社会调研、社会组织、社会活动、社会教育、社会宣传、社会记录等等。

在今天弘扬和发展中华优秀传统文化的时代大背景下,如何传承自古以来弘扬着中国精神的中华社工传统,如何让春秋时代孔夫子开启的中华社工之脉传承下来、传递下去,如何培养具有独立人格、互助精神、家国情怀的现代君子,在社会经历了原子化的分化的时候,运用传统智慧来实施社会重建,这是众多有识之士的呼唤,也应该是社会工作者共同的使命。

十一、为什么需要构建中华社会工作体系?

西学东渐百余年来,中华社会工作的理论基础与实操技术逐渐让位于西学。在基层社会治理领域,诸多的治理理念和方法也沿袭西方,头痛医头脚痛医脚的西医式治理方式颇为流行。为社会治理提供专业服务的社工体系,所沿用的多是西方的社工理念、课程和方法;社工资格考试国学经典和中国传统文化的必修内容匮乏。遭遇百年西方文化冲击后社会治理领域的文化自信,似乎还有待时日。然而乡村一天天老龄化、空巢化的现实危机以及乡村振兴的任务和需求,已经时不我待,以文化自信共建中华社会工作体系,已是当务之急!

不知从什么时候起,社会工作被业内不少人认为是西方的舶来品,这是一个由于失去文化自信而产生的重大误解和误区。殊不知几千年的历史里,修身、齐家、治国、平天下就是中国式社会工作的基本内容。而那些执政在朝廷的士大夫与活跃在民间的乡贤乡绅或者被称为知识分子的人们,就是中华社工的先行者。

从汉代的董仲舒到明朝的王阳明,从宋代的《吕氏乡约》倡导人吕大钧到民国的乡村建设倡行者梁漱溟,孔夫子和他的三千弟子开启的君子之风延绵不绝,在中华文明血与火的生存考验中代代相传,构成了中华道统文明传承的脊梁。如果用现代语汇,这样的士,也可以被称为古代的"中华社工"。而从南湖扬帆、走村串户起步的中国共产党,也可以被理解为近代以来的中华社工,因为共产主义的理想就是共同体的理想,就是古往今来仁人志士的大同理想。而那些活跃在乡村社区的不同年龄、不同职业、不同身份的义工和志愿者身上所延绵的,亦是中华社工的古风。

鉴于现代社会工作的理念和方法多数来自西方,课程以西学为主,我们不妨把以中华文化为理念、课程和方法的"中华社工"称为"国学社工"或"中国式社工",以体现中国人在社会工作这个领域的文化自觉。希望更多的有识之士,致力于中华社工理论体系的探索和课程体系的研发,致力于以中国文化为根基的社会建设,致力于修身为本的中华社工团队建设。

在这个文化自信和文化复兴的时代建设中华社会工作体系,一是为社工行业探索一条新路,用中国式社会工作方法服务中国式现代化,提升中国文化软实力,固本培元;二是丰富社会工作的根土化理论与实践,用传统智慧创新现代治理,用现代治理深化传统智慧,更好地解决中国的各种社会问题。

十二、中华社工应该具备什么样的特质?

中华社工应具备根土性、包容性、务实性、开放性、整体性、时代性等特质。

1. 根土性

中华社会工作的文化内涵是从中华文化的根脉上长出来的,而不是从西方社工文化移植过来的。为社会治理提供专业服务的中华社工,亟待完成的不只是西方社会工作的"本土化",而应是中华社会工作的"根土化"。

2. 包容性

中华社会工作的应用范畴广泛。从人群上划分,可以应用到青少年、老人、妇女、儿童等群体;从服务机构和领域上划分,各行各业都需要企业文化与社会责任。中华社工需要将优秀传统文化植入到已有的社工服务领域,作为社工服务的底色和本土价值进行输出。

3. 务实性

社会工作的一个重要特点是实务导向,即:强调实际应用,解决社会问题。中华社会工作是拓宽社会工作服务领域,夯实社会工作伦理,用中华优秀文化减少社工人才流失,突破社会工作人才就业瓶颈,培养当代具有家国情怀、德性与能力兼备的"君子"的积极尝试。

4. 开放性

具有家国情怀与社会担当的中华社工,在延续中华文化根脉和方法的同时,应吸纳西方社会工作的一些方法,由此,社工行业的发展道路可以走得更远、更为持久。

5. 整体性

中华社工应全面了解中国传统社会的结构特点、中国人的伦理精神和价值取向、儒释道医等不同知识体系,以更宽的视角服务社会,从修己到助人再到自助,己立而立人。

6.时代性

在当今社会道德滑坡、信任缺失的情况下,中华社工不仅要为社会提供服务,改善民生,更要提升社会工作的宏观视野,具备协同党委和政府以传统智慧重建社会的时代意识。在社会形势瞬息万变的今天,这可能成为突破社会工作行业发展瓶颈的发力点。

十三、如何以构建中华社会工作体系助力人才振兴?

实现乡村振兴,推动社会治理体系和治理能力现代化,都要靠人去完成。复合型人才的短缺直接成了重要的制约因素。无论是专业社会工作者,还是高等院校培养的学生,或是基层政府管理人员,往往只具备某一领域的专业知识和技能,缺乏对于自己民族文化中治国理政思想和理论的系统掌握,缺乏文化的力量和大教育的视角。为此,以构建中华社会工作体系助力人才振兴,就显得尤为迫切。

1.学习固本强根的中华文化通识课

中华文化是基于中华道统的宇宙观、价值观、生命观,以及修身、齐家、治国、平天下的学习系统和操作系统。中华社会工作是运用以中华文化为内涵的理念和方法,以解决社会问题、实施社会教化、构建社会共同体为主要任务的社会性工作。这样的中华社工课程也就是以修身、齐家、治国、平天下的大学之道的现代君子课程,包括以中华文化为底蕴的思维方式、理论范式、操作模式、实践样式和培训程式的操作系统。

各类涉农的技能培训、网红培训应开设乡土文化和乡村社会工作的通识课,既要有社工专业教育,又要加强传统文化的课程和乡村工作的培训。社工专业要加速根土化、乡土化进程。根土化强调文化自知和文化自信,乡土化重在熟悉乡村和融入乡村。大专院校和职业学校应增加乡土智慧和乡村社工的选修课或者必修课课程。政府和机构应开设专门的以乡村治理人才培养为重心的培训中心,使社会工作和乡村治理作为通识课进入乡村振兴人才的各类培训。鼓励大学生寒暑假回到乡村开展社会调研,体验乡村社会工作,参与乡村社会治理。

2. 提供产教社融合的课程培训

产教社融合的课程培训内容应包括农学、国学、社会学、生态学等的基础理论和技能;包括社会工作的"六技"(社会调研、社会组织、社会活动、社会教育、社会宣传、社会记录)、"六艺"(耕、读、居、养、礼、乐);包括具体的乡村振兴方法论和工具包,如示范乡村营造、乡村产业打造、数字乡村软件运用以及村学苑建设的路径方法。

在城乡融合的大背景下,社会急需农业的社会化服务和乡村运营人才。产教社融合的视角和课程体系,就是为这样的人才量身定制的。产教社融合的课程体系既能帮助学员构建以中华文化为根本的高维智慧格局,又能帮助其掌握社会建设、社会治理的方法,还能提升其参与产业发展和共创经济的能力。个体经济、互助经济、集体经济、公共经济和城乡联营经济等的多种形态共同体,本身就是乡村社会共同体和文化共同体的经济基础和有机构成,服务的人才应在其中获得自己生存与发展的价值。乡村社会建设本身就是经世济国的内容,也是可持续经济的基础,因而是新一轮经济体制改革的必然前提。乡村共同体,本来就是以文化为根本、社会为根基的整体,培养乡村振兴人才应该固文化的本,强社会的根,才能壮经济的干,茂生态的叶,养生命的果。

3. 建立和完善乡村人才培育机制

乡村人才建设可以与新时代文明实践的三级架构相结合,也可以与民政部关于三级社工站的建设相融合。2021年4月出台的《民政部办公厅关于加快乡镇(街道)社工站建设的通知》中强调,要加快建立健全乡镇(街道)社会工作人才制度体系,力争"十四五"末,实现乡镇(街道)都有社工站,村(社区)都有社会工作者提供服务的建设目标。中央社会工作部的成立以及相应的落地机制,更是对乡村社会工作者的成长提出了要求并提供了机会。

乡村社会工作者的培养可以三级社会工作服务平台为载体,联结相关部门、社会组织、涉农企业,提供乡村社工的招募、培训、陪伴、宣传、城乡联动、项目交流乃至投资引荐等多种服务功能。这样的三级社工服务机制应与农业农村部、文旅部、科技部等部委和部门的服务机制融合。

特别需要提示的是,社工站并不只是为职业社工服务而设立,更多的是为非职业社工,特别是为基层干部的社会工作提供服务的平台。事实上,现在的区县农村的职业社工少之又少,太多的农村社工站、社工室只是挂了空牌,但是对于基层干部特别是村镇干部而言,社工站则是社会工作的学习和实践空间,也是中华社会工作人才的成长空间和产教社融合发展社会服务能力提升的空间。

4. 壮大乡村社工和乡村治理的人才队伍

要从不同行业、不同专业领域中培养社会工作与乡村治理人才,特别是从高校毕业生和告老还乡的退休人员中壮大乡村社工和乡村治理的人才队伍。建议公务员考核与录取中将有着乡村社工与乡村治理经历者优先录用,鼓励年轻人在进入各级政府之前获得基层治理和乡村生活的实际体验;鼓励退休人员回到家乡成为乡村社工,参与乡村治理。

乡村振兴有待人才振兴,特别是乡村社会工作的振兴。参与乡村工作的社工已经不是一般意义层面的职业了,它是指弘扬和传承中华优秀传统文化并具备家国情怀、社会担当、治国理政之方的中华社工。要实现文化复兴和乡村振兴的伟大目标,需要兼具中华文化底蕴与社会工作能力的现代社工。

十四、如何以构建中华社会工作体系提升综合服务能力?

中华社会工作体系的一个重要内容是教育培训机制的建设,在党建引领的前提下进行师资队伍的培养和教育培训机构的培植,包括理念系统、课程系统、教学系统、服务系统和评估系统的研讨和交流、案例表彰和成果展示等诸方面的能力建设,完善固本强根、返本开新的人才培育体系。为此特别需要培养文化自信的认知、整体思维的格局、产教社融合的视野,提升两大能力——创新服务的能力和综合服务的能力。

中国的两个四字词语"守正创新""返本开新",揭示了创新能力来自返本守正,固本强根才能开枝散叶。一方面,乡村社会工作需要创新的能力。无论广义的非职业社工,还是狭义的职业社工,都是以解决不断出现的社会问题和提供相应的专业服务为目标的,只有具备创新精神才有活力。而这些创新源于对固本强根和传统智慧的汲取与运用,正如一棵树开枝散叶的创造力量源自强大而又看不见的根系。

另一方面,乡村社会工作需要综合服务能力。无论是基层政府还是民间社会,都需要具有综合服务能力的社工。因为乡村不同于城市,一家人如同一村人,从生计、社会、文化、健康以及人居,基本上什么都干,更需要综合能力。从社会工作者基本的职业技能来看,就是建设社会。社会本来就是一个包含治理、文化、产业、康养和环境的整体。乡村社会的熟人特质,更是这样一个有机的整体,无论政府还是村民,需要的也是综合性服务。

为"乐和家园"提供的社工服务,不同于许多常规的社工服务项目,它的目标是以中华共同体文化为内涵的社区共同体营造。这样一个项目目标涉及社会建设和文化建设乃至家风建设等方方面面,包括方法提供、能力建设、试点协力、资源链接、公益感召几个方面的工作,是思想性和实务性都要求很高的项目,是创新性和实验性的特点很强的高难度的项目。要求机构具有构建政府和社会的良性互动、互惠共生关系的能力,打通国学传承与社会治理乃至生态文明建设的内在融合的能力,满足从个体文化诉求、家庭的教育需求乃至社区的参与要求的整体设计的能力和环环相扣的实施能力,以及根据实验进程调整深化原有计划的能力。而这样的能力从根本上来说,源自中华传统文化的滋养,源自"士当弘毅"的君子传统。

笔者曾荣幸地获得"2016年度中国十大社工人物"的荣誉。获奖评语"传统文化与社会工作相融合的实践者"颇为恰当地表述了本人和乐和社工机构的服务特色。二十几年来，我们在实践中因为接受了传统智慧的滋养而不断地提高自身的创新服务能力与综合服务能力，深深地感受到传统智慧对于今天的乡村治理和乡村振兴有着多么重要的价值和重大的意义，深深地认识到共建以中华文化为内核的社会工作体系是多么必要和紧迫，愿以我们的切身经历与大家分享，期待更多的社会工作者共享传统智慧的福荫。

对于一个民族，返本才能开新，回归本源方能面向未来。如果我们带着温情和礼敬来看我们的传统智慧，如果我们愿意摘下文化殖民者给我们贴上的落后、僵化甚至愚昧的标签，那么传统智慧本身就是生生不息、包容开放、与时俱进的，是能够为社会工作和现代生活提供方向、方法和方案的智慧系统。

作为中国式现代化的主要内容，中国式社会工作正在成为时代的要求！

2017年，山东曲阜洙泗书院国学社工开班典礼。

第二章

脚要扎下来——注重乡村调研

一、调研者为什么要有问题导向？

调研由调查和研究两个层面组成，调查的同时要进行研究，而调查与研究都是为了解决问题以形成解决方案。这就有点像大夫问诊。调研者如果没有问题导向，就像大夫没有问诊的意识和能力。作为以社会治理为使命的社会工作者，更是要有抓住社会治理面临的主要问题的能力。

调研者的问题导向不是先入为主的判断，而是要有正确的认知模式，能够抓住事物的关键和本质，去发现那些带有普遍性和关键性的问题。比如：为什么对乡村的民生投入越来越多，村民的满意度却没有随之提高？为什么乡村的物质条件越来越好，村民的幸福感却没有随之提升？为什么政府管得越来越细，乡村社会的和谐度却没有随之增强？为什么很多地方政府的努力与村民的动力之间不成正比？为什么"干部干、群众看"的现象愈演愈烈，村民的责任感日益淡漠？

乐和团队对上百个乡村进行调研，发现上述问题是普遍存在的。造成这些问题的原因有很多，普遍性的原因是一些干部的工作方法出现了误区，而工作方法后面则是思维方式的误区。

误区之一：用行政思维代替社会思维，工作方法上用行政管理代替社会治理，抑制了群众的内生性和主动性，仅由政府提供的公共服务已无法满足村民多样化和自主性的需求，无法激活群众的内生动力。

误区之二：用沙化思维代替组织思维，不理解社会治理的关键是社会建设，也就是党建引领下群众自组织的建设，如果散沙般的群众没有真正组织起来，社会便缺乏服务和自服务的能力，也缺乏公序良俗自建设能力。

误区之三：用物质思维代替全息思维，单向的物质扶贫和GDP指标的价值取向，忽略了群众的精神需求，也忽视了很多无形的传统乡土文化的价值，因此减弱了来自乡土文化的原生动力。

误区之四：用碎片思维代替整体思维。形成产业发展、乡村文教和社会治理"三张皮"的现象，也加重了三者各自的难度。政府的大量物力和人力的硬件投入和产业投入，未能成为促进社会治理和公序良俗的动力，反而面临实施中有障碍、实施后难维护的一系列问题。

乡村社会工作的基本任务，就是用正确的理念和方法从事社会建设从而实施社会治理，进而促进乡村振兴。而社会工作的理念和方法是否正确，取决于是否对乡村的历史文化有深刻的了解，是否认识和遵循乡村社会的规律。当然，又需要历史的眼光和文化的自信。

二、调研者是否需要了解和遵循乡村社会的规律？

要完成乡村振兴的目标，必须遵循乡村社会的规律，这是许多乡建同仁的共识。在15年的"乐和家园"建设经历中，我们感到乡村治理与振兴至少有着四大基本规律可循。

1. 乡村治理的关键是乡村社会建设

人不是孤岛性的存在，不会满意于被命令，也不会满足于被服务。人作为社会性的存在，不仅是被服务的对象，也有服务和自服务的能力，需要责权对等的社会组织和社会生活，需要村落组织和公共空间来分担公共事务。家国共同体的凝聚，显然不能依托原子化的个人，而需要社区社会组织来联结和组织，把沙化社会变成有机社会。

2.乡村治理的灵魂是中国精神

人不只是物质的存在和被扶贫的对象。人作为精神性存在需要自主性、互助性和公益性来满足存在感、归属感;也需要情感、责任、礼序、理性和信任来满足价值感、责任感、尊严感、成就感和崇高感,而这些精神内需,需要在乡土文化中得到传承和滋养,在社会组织和活动中得到认可和实现。革命时期"劳工神圣"的口号,"往日穷人矮三寸,如今是顶天立地的人"的生命觉醒曾经激发了成千上万的民众参与革命,今天应该也能够激发村民的内生动力,激励他们参与乡村治理。

3.乡村治理是乡村振兴的基础

基于社会建设的乡村治理是乡村环境得以保护的条件,是乡村信誉体系的前提,是公共经济得以存在的可能,是乡村公序良俗得以维护的保障。轻视社会治理,导致产业发展、乡村文教和社会治理"三张皮",是这三个方面都困难重重的原因,而产教社融合的乡村治理和乡村振兴是走出困境的可行路径。

4.乡村社会工作者是乡村治理不可或缺的力量

用单一的行政管理来从事社会治理,是今天乡村振兴事业的一个重大缺陷,而解决办法就是重视乡村社会工作者的培养、学习和社会工作方法和技能的应用。"乐和家园"的实践表明,当政府引进以中华共同体文化为宗旨的乐和社工进村之后,或者党政干部自身掌握了建立互助会、联席会等社会工作方法之后,这个村无一例外地发生了可喜的变化。无论是职业的社会工作者,还是非职业的社会工作者,都应该了解和运用以中国乡土智慧为底蕴的乡村社会工作的思维模式、理论范式和操作方式,包括社会调研、社会组织、社会活动、社会教育、社会宣传和社会记录。

三、违背规律开展工作有什么后果?

在一次调研中,一位乡长与笔者谈起乡镇工作的种种困难和对此的反省,更为难得的是,他提出了几个让大家深思的问题:乡村治理的客观规律是什么?老百姓的内在诉求是什么?干部的行政要求又是什么?如果违背规律开展工作,后果会是什么?事实上,如果违背规律开展工作,通常都会出现以下情况。

1. 基层干部不堪重负

在今天,太多的村庄,基层干部除了要完成上级部门要求的种种任务,还得处理许多小事,如生产协作、矛盾化解、环境保护、老人照顾、孩子教育等。这些本应该由乡村社会组织分担的事务,由于乡村社会组织的缺位,都压到了本应完成政府大事的基层干部身上。由于乡村社会组织的缺位,缺失了守望相助的传统,种种本应由村民自己处理的私事也会找到干部头上。而这些年特别流行的"清单制",几乎大包大揽了乡村所有的公共服务。如此大量的公共服务,没有社会组织的分担以及大事、小事、私事的清单分流,只靠政府少数人是难以完成的。行政化难以避免的结果便是形式化,干部们为了应对考评常常忙得焦头烂额,形式化的问题也就难以避免。

2. 乡村社会缺乏活力

乡村社会组织是乡村的活力所在。如果这些社会组织解体,或者因为责权不对等而有名无实,就会使村民的责任感涣散,基层政权与群众之间就会出现组织断层,即有组织的基层政权面对无组织的群众。自然社区组织解体了,变为原子化、碎片化、边缘化、无组织、无力量的"个人",只能找科层体系解决五花八门的"公正"问题,自私、冷漠和抱怨就可能成为常态。当村民没有组织起来成为家园的主人,当然就很难焕发作为主人的责任感和内生动力。

3. 政府投入难以持续

如果乡村社会组织缺失,政府大量人力物力的投入也难以持续。持续做事情的动力来自需求。为什么会"干部干,群众看"?因为群众把政府的投入当成政府的事情，与自己无关，因为群众没有把自己当成乡村的主人。背后的问题是干部是不是把村民当主人？是不是给了村民自主、互助、公益的信任和赋权？村民作为人的需求不仅仅是物质的，同时还有安全感、重视感、自主感、价值感和成就感的精神需求，这是社会治理的规律，不尊重这个基本规律，村民的内在动力就无法被激发。国家投入越多，村民反而会因为没有顾及的地方而心生怨尤；干部做得越多，村民却只看到他们做得不够的那些地方而横加指责。当群众凉了心，不把自己当成主人的时候，干部也就寒了心，村里就会死气沉沉或者呈现一些由硬件投入带来的表面繁荣。

4.道德滑坡难以遏制

所谓"道德"，其基础是集体认同、集体主义。没有了集体组织，就没有了公益，道德就失去了载体，就会出现价值观"礼崩乐坏"的局面。个人利益得不到集体的维护，自私自利就成为理性选择，"不让自己吃亏"就成为"绝对真理"。自私自利的人越多，私欲越膨胀，人与人之间的矛盾就越多，关于公正的信仰就越淡薄，道德文明就越少。政府花1000万元为村子修路，但村民会为"我家"被占的1平方米的土地赔偿金额争讼不休。矛盾不能在村社得到化解，个人只好将诉求对象转向政府。基层政府解决不了，就转向地方政府乃至中央政府。数以亿万计自私的个人，事无巨细都找其实无力办小事的科层政府"投诉"。于是，个人问题转化为社会问题，村社矛盾转化为社会矛盾。

四、调研者是否应该提出参考意见？

调研者不仅要有发现问题的能力，而且要有提出解决建议的能力。无论是发现问题还是提出解决方案，都对事不对人，而且与调研对象要有解决问题的共同立场、共同的意愿。在千头万绪的现实问题中，我们用整体性的共同体的视角，看到有三个问题直接危及中华共同体的复兴和延绵。一是多年的个体化、市场化之后，民众的公共精神淡漠和对于公共事务参与度不高的问题;二是多年来在用国家力量推动现代性的进程中,政府和社会之间阴阳失衡甚至出现某些断裂的问题;三是片面追求经济增长而造成社会、环境、文化、健康等领域偏废的五行失调问题。有了整体性的共同体的视角,才能提出切合实际又抓住根本的意见和建议。

2009年,长沙县委、县政府做出打造新农村先行先试样板集镇"板仓小镇"的决策,试点村开慧镇葛家山村牵涉征地、拆迁、资金分配等一系列问题,村民连家里几片瓦被风刮掉了都往村支书汤书记家跑。汤书记家经常是早上7点就有人来敲门,晚上12点才送走最后一批客人,电话更是一天到晚响个不停。矛盾纠纷最多的时候,汤书记的爱人一个晚上泡了83杯茶。

2013年初,汤书记接到一位村民的电话,说自己屋后的护坡被雨水冲垮了,希望村上能帮忙解决。当他开着车迅速赶到现场,一看就知道是只需要挑十几担土就能解决的问题。没有想到的是,那位村民宁愿坐在麻将桌上消遣,也不愿意主动去挑土。一方面是村干部肩上的责任越来越重,另一方面是村民该做的事却不做,连家务事都"召唤"村干部上门解决,汤书记一度打起了退堂鼓。

如果就问题谈问题,汤书记的困境是无法解决的,幸运的是当时长沙县正为乐和乡村的开展进行调研。社工与汤书记共同分析造成这些问题的原因,发现是村里缺少互助会这样的社会组织来分担公共事务和提升村民的责任意识,也缺少解决问题的方法。社工与汤书记一起研究出了解决问题的方案,这就是在小组层面成立互助会,以权责对等的方式赋权,组建联席会让大家通过协商议事,开展"三事分流",进行投入改革。汤书记欣然接受建议并且立即组织实施,结果是汤书记的电话少了,负担轻了,脸上的笑容多了,与群众的关系顺了。小事有了互助会分担,他作为村支书抓大事的精力更足了。

调研就像中医诊脉,目的是开方,如果调研者本身没有诊脉的能力和眼光,那么就抓不到事情的本质。而找到了问题的症结却又提不出解决问题的可选择方案,就像大夫诊断之后给不出治疗方案。与调研对象的交流,是找到问题后要和对方积极交流,共同探讨解决问题的方案,在这个过程中进一步了解调研对象的意愿和需求。

五、调研者如何全面了解乡村情况?

开展乡村社会工作要注重调研,充分的调研是开展工作的前提。按照了解问题的层次,调研可以分为入村综合情况调研以及入户单独调研。入村综合情况调研是向村委了解这个村的文化、经济、行政等各个方面的基本情况。入户单独调研主要是为了了解骨干或者某一方面的事情而做的调研工作。按照人数多少可以分为个别走访、集中座谈。

1.如何选定调查内容

调研需根据社会调查的目的选定调查内容。调研内容包括村内道路交通、通信、人口现状、村庄产业结构、经营模式、主要经济收入来源、土地使用状况、住宅现状、公共服务设施现状、生活给水、排污、能源使用、村庄灾害影响及限制性因素、社会事业(60岁以上人员的生活补贴、合作医疗、养老保险等)、村庄自身具备的优势(民俗文化、自然风景等)、消费水平及生活质量等。

2.如何筛选和识别调查对象

选对合适的调查对象,对于我们收集信息会起到事半功倍的作用。社会调查中筛选和识别调查对象可以通过三个问题进行:第一是这个问题跟他有没有关系?第二是对于这个问题的解决推动他发挥什么样的作用?第三是愿不愿意或是方不方便跟我们分享信息?也就是要识别服务推动的关键利益相关方。每项调查内容信息的获取都要有具体明确的对象。比如要了解村里老人的基本情况,可以通过走访村委会,说明来意,了解村里老人的信息。如果得到了充分的信任,在保密工作做好的前提下,可以查看村里老人的花名册,按照姓氏、年龄、性别、低保、脱贫户、残障等关键词分别得到相关数据。如果要了解村里的孩子情况,就需要从妇女主任那里先取得初步的信息。如有必要还可以联系相关的教育机构,为下一步有针对性地开展工作奠定基础。

3. 如何有效收集关键信息

在我们知道要向谁收集什么信息之后,如何有效地收集便成为重要环节。社工站作为新生事物,并不是所有人都了解或是认可其服务工作的,如何在这种情况下利用有限资源收集信息?(1)可以借助行政手段进行身份的授予及关系协调工作。社工站建设推动部门为民政部门,社工在开展社工站调查工作时,应积极做好沟通汇报工作,获取民政部门在身份证明及关系协调方面的支持。(2)可以通过调动乡镇街道重要人士或是爱心人士协助开展工作。如可获取辖区村支两委、社会组织负责人、爱心人士等关键人物的支持,请他们协助调查工作的推广宣传、筛选合适人员、进行上门介绍等,助力收集相关信息。(3)借助大型活动或是其他人群聚集区开展调查工作。(4)做好调查工作的保密及告知工作,获取被调查对象的信任。在收集信息过程中应做好调研者的身份介绍、调研的目的和意义介绍,以获取被调查者的信任和支持。

六、社会调研的大致流程有哪些?

1. 调研设计

调研要有目的性和计划性,哪怕一件小事的调研也要有计划、有准备。调研分直接调研和间接调研。直接调研应注意从个人、家庭、邻里、村里层层扩展,从社会、产业、教育等各方面深入,从大事、小事、私事的解决路径循循善诱;间接调研主要采取二手资料分析法,可以从政府、村委会或学校等提取相关数据资料。

2. 调研实施

调研可以采取社会观察、个案访谈、集体座谈等方式。调研要有记录。可以拿到数据的不要反复询问。调研伴随事物发展全过程,包括事前、事中、事后调研。调研不可急于求成、浮皮潦草。

3. 调研分析

调研要根据基本信息和具体项目问题进行规划,对孩子、老人、矛盾、垃圾、产业等情况进行分析,抓住问题症结。可以通过小组讨论等多种形式,将调研到的情况进行分享,分类陈述进展、问题和工作计划,梳理故事,等等。

4. 记录存档

调研一定要有记录,为日后形成案例或故事提供第一手资料。社工要用文字、照片、录音或摄像等形式记录项目开展前后的变化,凸显项目成效。记录要定期更新,对比前后变化,突出社会工作模式的作用和手法。

5. 调研报告

每次调研至少要写纪要,最好形成报告。要根据实际情况形成纪要或报告,可以有繁有简,但是关键信息不能缺失。

乡村调研工作是否到位,并不是看是不是填了一摞表,能把一串数据说得头头是道,而是要在"关系"中判定。首先,看熟不熟,对村民是否知根知底,能否如数家珍。其次,看亲不亲,村民拉不拉社工到他家吃饭,把社工当家人还是一个外来的陌生人。再次,看铁不铁,村民是否接受社工的宣导和方案,愿意为自己的家园和共同体社会担责尽力。如果一个社工在村里居住或者工作了一段时间,对村庄的情况一问三不知,没有交到一个村民朋友,那么可以判定他的工作是完全不合格的,更遑论开展社会工作。

入户调查与探视探访是社会工作者日常最基本的工作内容之一,最需具备的是一颗尊重他人的真诚的心。只有设身处地地站在服务对象的角度看问题,认真倾听服务对象的需求,才能与其建立积极良好的专业关系,继而了解他们的真实需要,走进他们的内心。在此过程中,经常出现各种突发情况,非常考验社工的临场应变能力。因此,社工要在工作中不断接受历练,注意反思和总结,丰富自身的实务经验。

七、社会调研的基本方法和要求有哪些?

1. 空间融入

社工的工作对象主要是村民,故而工作空间不是在办公室,而是在田间地头、农户家里。办公室只是辅助场所,例如开会、写材料、培训学习等。尤其是做调研,除了座谈式调研会把村民集中到某个地方外,绝大多数调研场景都要求社工融入村民的生活生产空间,在田埂上、厨房里、院坝里、乡村巴士上、村民群里……处处都可以开展调研。社工也会因为出现在了各种场所而走进村民的心中,村民就会更愿意敞开心扉,把他们所知道的信息传递给社工。

2. 时间陪伴

社工每个星期至少要有一天时间用于带有调研性质的陪伴。社工与村民平时的每次接触、见面打招呼等都属于时间陪伴。社工要把握好闲聊和有目的地谈话的度。要时刻注意自己的意图,及时把偏离的话题拉回来,并预设一个合适的对话时间。有目的地谈话才会让时间的陪伴更加高效。

3. 角色认同

社工要通过学习了解乡土文化,秉持接纳、不批判、同理心、尊重的态度,从内心深处认同村民的角色,也让村民理解社工角色。农村是古老的名胜,古老的村庄更是如此,生命的、文化的、自然的历史源远流长,虚怀若谷才能海纳百川,社工唯有认同这一理念,才能与村民情同此理,同一条心才能从乡村挖掘源源不断的动力。

4. 感情投入

社工进行社会调研要掌握"近、敬、亲、情"四大原则。首先,社工要降低姿态,入乡随俗,真正走近村民。其次,要打心眼儿里尊敬所面对的调研对象,相信任何一个个体都有闪光点。再次,要亲如一家,善于"叫人"。例如在重庆酉阳的乡村里,不管认识不认识,社工都管祖辈的叫公、妐妐,管父辈的叫伯伯、叔叔、孃孃,管同辈的叫姐姐、妹妹、哥哥、弟弟,或者统称为"老师"。这种家族内部似的称呼,可以一下子拉近关系,村民会让社工到家里"吃开水"。这时候,社工就却之不恭了。当社工能够坐在村民家的火铺上,喝着村民给他泡的茶或者调的蜂糖水,基本上可以说是亲如一家了。正是因为"亲",彼此之间才建立了感情,村民才会跟社工交心,才会跟社工铁。这时候,社工才能去宣导自己想要宣导的事情,正所谓"通情达理"。要做好乡村工作,"通情"这一步非常关键,可以说是基础。

5. 问题探寻

社工进行社会调研,刚开始不要急着切入主题,可以以拉家常的方式,打开话匣子,寻找共同话题。再慢慢引入问题,从问题入手,探寻和发掘解决问题的方案。调研方法最核心的是启发人们发现问题,让人们明白村里公共的事情与自己密切相关,邀请村民参与讨论解决,问题的解决方案是"三事分流"(大事政府办、小事村社办、私事自己办)。具体的技巧是:启发村民思考他最想解决什么问题;解决不了的话,互助会来解决如何;再解决不了,大家商商量量提出需求,争取政府的支持。

6. 需求了解

一些需求的满足可以让村民更加信任社工,从而找到沟通的平台和机会。例如社工可以链接资源为村民义务测量血压,进行各种义诊,开展文艺活动培训等,力所能及地协助村民解决一些问题,在这个过程中见缝插针做调研。其实这个方法再简单点儿说,就是社工眼里要有活儿,要把村民当家人一样,随时能协助其处理一些问题。例如,碰到村民正在去苞谷籽,社工可以立马坐下来跟村民一起干活儿,一边干一边聊。这样一来,村民需要帮手的需求得到满足,社工想了解的信息也能很快得到。社工切忌纯工作性质地与村民"干聊",这样村民始终会跟社工隔着一层。

7.办法求教

社工在进行社会调研时要少说"我认为""我觉得",要多用"你看呢?""你有什么办法吗?"即使心里有想法也不要说出来,特别是已经把骨干找出来了之后,要引导骨干自己找办法。这一点很重要。

8.骨干动员

寻找骨干是衡量社会调研成果最直接最重要的成果指标之一。社工要多从退休老师、退伍军人、老党员、乡村医生、乡村能人、外出打拼把事情做得风生水起的村民中,以家文化为抓手挖掘和动员骨干。

9.信息存档

原则上每次社会调研了解到新的情况以后,社工都应把相关信息更新一次,特别是骨干档案。个人思想的纠结、问题解决的办法以及各方面产生的改变等都可以做记录。

八、调研的注意事项有哪些?

1.不失礼

整个调研过程必须遵循乡村工作的常礼,如在村里见到村民应挥手致意,切忌埋头走路,不理不问。对于无礼村民依然要以礼待之,切忌脏言粗口,面带愠色。凡收到村民馈赠食物或其他物品后,必以机构名义以等值礼物还之。凡和村民集体活动,社工必须专注,切忌与同事闲聊、走神玩手机。要接纳包容与自己有价值冲突、捣乱不和、认识浅的村民,切忌背后评论或与同事诉说其是非长短。凡正常休息以外的离村或者调动,要对村委会和互助会出必告、返必面,切忌突然消失又突然出现。凡驻村社工所在之村有红白事,社工可根据情况以机构名义带礼物祝贺或祭奠。由于社工原因导致的失误,社工应公开致歉或者登门道歉,切忌无所顾忌。社工凡工作要热情大方,若有情绪自当收敛,若非良好状态,须调整好情绪后方可工作,切忌把不良情绪带入工作。

2.不偏狭

社工在入户调查与探视探访中是问题的发出者和信息的收集者,应用理性的眼光看待相关的问题以及反馈的信息,给予相应的回应,避免用自己的认知作为标准,去评判被访谈者的观点、态度、行为。忌偏听偏信,应全面了解,充分论证。除了重点走访以外,也需要了解普通村民不同层次的想法和意见,从中感知骨干的为人处世以及问题的紧迫性和普遍性。

3.不批判

社工发现问题时要避免当即评判甚至批判,应避免脱口而出的批判性语言,如"你这老师(家长)怎么当的？你怎么能……呢?"等等。这些都是没有同理心、不尊重、不接纳的表现。社工要尊重和接纳既有事实,不可冲动行事或主观臆断是非,要运用矛盾转化的方法,对负面情绪进行正向引导,理性分析其历史成因,充分发掘村民自身的动力。

4.不承诺

在入户调查与探视探访中,最忌讳的是社工为了与服务对象建立某种专业关系,而做出一定的、缺乏实现可能性的承诺。过度的、不切实际的承诺,会带给服务对象一定的期待。当现实情况同其期待发生冲突时,其副作用会影响社工和服务对象的信任关系,导致二者之间工作关系的破裂。

5. 不越界

社工要避免卷入跟项目无关的村民个人是非当中,或者拉帮结派,或者跟村民产生冲突或不快。社工的主要工作是项目及与之相关的工作,不宜越界参与村级行政事务。

6. 不大意

社工要学会保护自己,注意安全,包括注意路途安全,警惕被狗、蛇、虫等咬伤,不要单独家访或去偏僻的村野山坡(尤其是雷雨天),不要太晚下村。实在需要时,最好结伴而行,以免发生危险。

九、入户调研和探视探访有哪些注意事项?

1. 充分准备

社工入户调研和探视探访应提前了解探访对象、掌握服务对象的基本资料及服务对象的居住情况等,避免入户尴尬,不知如何开口。探访对象的基本信息可以在村委会系统里查询,还需要咨询联村干部,了解其特殊情况。

2. 依时到达

在开启话题时,社工通常可以以健康状况、日常生活、时事热点及运动爱好等为切入点,就是俗称的"拉家常"。还可以通过进门时所留心观察到的家具布置、摆设(相片、晒着的瓜果蔬菜或鱼肉、手工艺品等)及村民正在收看收听的节目来展开话题。交谈的问题要以开放式为主。若探访对象沉默或明显地要转移话题,则不宜追问。交谈时,若有探访对象的亲属在场,可以留心他们之间的交谈和互动。

3. 耐心倾听

整个调研过程可按社工探访前制定的目标进行。社工可先了解探访对象的家庭系统和社会支持网络情况,与探访对象建立信任关系,拉近距离。

要降低姿态,虚心求教,让村民接纳自己。若探访对象是长者,要耐心真诚地倾听,哪怕长者重复唠叨往事也不要敷衍了事。交谈中,社工要注意自身的言辞。若探访对象的见解与社工相悖,社工应保持价值中立,避免引发争论、误解和矛盾,更不能将自己的价值观强加给探访对象。

4. 积极访谈

积极的访谈态度能够最大限度地拉近社工和被探访者之间的距离,打破两者之间的防御壁垒。社工在具体的入户调查与探视探访工作中,要将该项工作视为了解全新"知识点",甚至是探索"未知领域",保证自己始终保持积极的求知状态。当社工了解对象真实信息受到质疑或者遇到阻碍时,产生烦躁、无意义感等心理压力也很正常。这种状态下,建议社工先暂停探访,让大脑放空,并重新审视自己对入户调查与探视探访工作的态度及看法。

5. 谨慎记录

社工记录要注意使用场合和方式,充分尊重对方的感受。能不用纸笔的就不要掏出纸笔,要训练自己的强记能力,之后再来整理。是否照相和录像也应在聊天进行到一定的时候征求对方意见。信息记录是入户调查与探视探访工作的"产出"阶段,是为后期数据、信息分析阶段打基础的关节点。记录有效信息、剔除无效信息,是这个工作阶段的重点。在记录的时候,除了服务对象的语言表述,社工也应该将自己看到的、听到的、想到的内容记录到位,这样做对全方位了解服务对象的实际情况有着非常重要的补充意义。

从实践来看,当着服务对象的面做记录不适宜,特别是面对老人群体。老人群体本身就属于弱势群体,当面记录老人会提高防御机制,不利于真实信息的收集。除了老年人直言同意外,对于一些言语、文字表达起来有难度的场景尤其不鼓励当面记录。可以在被访谈者同意的情况下,进行拍照留档,便于后续的信息分析。但拍照不应太多,拍到的内容需要由被访谈者核准。

6. 入乡随俗

社工应融入村民生产生活的具体实践当中,调研要察言观色、适可而止,尊重村民作息规律和个人隐私,不打扰村民正常生产和生活休息。穿着应尽量简单朴素,戴着墨镜、踩着高跟、抹着脂粉、穿着吊带短裙等都不利于拉近距离,取得村民信任。社工调研时应语气平和,尽量使用当地语言。要寻找共同话题,例如身边发生的事情。多向村民请教,让他们有成就感。可以帮助村民干活或同孩子一起玩耍、做作业等。社工在村民家生活应该入乡随俗,充分尊重主人习惯和隐私,不挑剔、不浪费、勤快、讲卫生、作息时间规律(不睡懒觉),时时注意个人形象和与村民保持良好关系。遇村民留客吃饭或赠送东西时,要委婉拒绝;实在盛情难却时可酌情处理,当以不破坏相互关系为原则。

7. 适时回访

社工在辞别服务对象出门后,须及时将入户调查与探视探访情况摘录在随身的便笺纸上,以便回去填写完整的探访记录。若探访过程中评估到服务对象有进一步的服务需求,社工应继续保持跟进并制订合理的服务计划;通过入户调查与探视探访抓准服务对象的需求,建立社会支持网络,并及时进行回访。对于服务对象来说,社工的回访会让他们感受到关怀和温暖;帮助村民建立相互支持网络,及时掌握后续他们的关系建设等情况,可以从中帮助协调,方便他们自助。

十、调研中有哪些常用的沟通会谈技术?

调研须建立在相互信任和充分尊重的基础上,考验的是社工与村民沟通对话的技巧与能力。在具体的入户调查与探视探访过程中,相应的技巧是必不可少的。灵活的沟通会谈技巧能够保证入户调查与探视探访工作的顺利进行,在入户调查与探视探访工作中收集到最有效的信息。因此,掌握基本的入户调查与探视探访技巧,是社工必须具备的能力。

1. 诚恳热情

社工对服务对象保持诚恳的态度,是打破防御壁垒的重要手段。让服务对象清晰地了解社工入户调查与探视探访的目的和期待,是两者之间建立信任关系的关键。在入户调查与探视探访工作中,社工应该尽量用开放的态度对待服务对象,让服务对象感受到来自社工的真诚,从而保证入户调查与探视探访工作的顺利进行。让服务对象感受到社工的尊重和热情,是服务对象开口表达、坦诚发声的重要手段。用温度感染服务对象,是社工需要学习的。与此同时,也需要把握尺度,避免让服务对象产生不必要的困惑。

2. 问题量化

在访谈中,社工应尽量将问题具体化,避免问题的笼统化和模糊化。例如,当社工想了解一位老人的健康情况时,最合适的是将"健康情况"细化为饮食起居等具体标准,用"您一顿能吃几碗饭?能不能吃肥肉?"等代替"您身体怎么样?您饮食还好吧?"等问题。

3. 谨慎评判

调研时社工要注意话在口中含三秒,不要急于反驳对方或者表达自己的观点,保证在真正理解被访谈者阐述的内容后,再给予策略性的回应或者发问。要始终坚持一个原则,即入户调查与探视探访收集的是信息,而非观点,更不是情绪。因为信息是客观的,并无对错之分。观点属于信息范畴,是对特定事物的看法和认识,在入户调查与探视探访时应将服务对象的观点作为客观的信息看待,而不应发起过度的讨论。情绪亦然,可以作为评估参考的标准,如关于服务对象性格的评估等,但不应造成过度的情绪碰撞。

4. 通感并用

入户调查与探视探访表面上是动口,实际上是视觉、嗅觉、触觉等系统的联动工程。如在视觉层面上,社工应仔细观察服务对象在阐述不同话题时的面部表情，观察服务对象的居家环境、装饰品细节等；在嗅觉层面上，社工应注意周围是否有特殊气味，如酸腐味、中药味等；在触觉层面上，社工应关注访谈对象（如老人）的肢体温度等。通过非语言获得的信息，往往能够对信息的完整度进行有效补充，保证信息的整体性和完整度。在一定程度上，通感的使用，也能为入户调查与探视探访的话题展开提供启发。如当通过嗅觉发现服务对象家中有中药等气味时，相关的话题可以从身体健康角度展开；当服务对象是一位老者，相关资料也未标明其子女情况，通过观察也未发现相关的照片等材料时，关于子女的话题展开就需要特别注意。

5.顺势提问

社工的调研提问题要顺着上一个话题往下延伸，尽量避免同时展开多个话题。有系统的、有逻辑的问题，能让了解到的信息更深入、更完整，避免关键问题发生遗漏。为此，也要求社工在逻辑思维方面加强训练，避免因自身逻辑习惯如逻辑跳跃等，对服务对象造成困惑。

6.鼓励表达

入户调查与探视探访的关键字眼在"谈"上，而这个"谈"的意义体现在服务对象的表达上。社工适当保持沉默，鼓励和引导服务对象系统地阐述自身观点、情况等，是入户调查与探视探访工作的重要意义所在。

7.适当引导

当服务对象的表述已经较长时间或者较大程度上偏离了话题，社工可以直接告诉服务对象，对相关表述进行合理的限制。具体的方法是直接告知服务对象因时间限制或工作安排限制，希望服务对象就某个话题继续补充阐述，但不要穷追不舍，问得对方避而远之。

8.自我敞开

社工入户调查与探视探访时，可以适当进行自我披露，让对方感受到自己的真诚。例如给村民讲讲自己的事情。要知道他们对我们这些"外来者"也是相当好奇的。

9. 多维提问

调研者的提问可以但是不必都是"开门见山",最好从多个方面入手,比如问产业情况时可以聊聊市场、问问销路、谈谈其务农或打工的经历等;想了解对方是否愿意站出来发挥骨干作用,最好先聊聊他(她)之前的人生故事以及目前家人的情况等,还可以问问在某个时候做了某件事的感受。忌用"为什么""是不是"。这样的问法往往比较生硬,也令人难以回答。让我们比较一下封闭式提问与开放式提问的区别吧。

你为什么这样说?——你愿意解释你的意思吗?

你认为我伤害了你的感情吗?——是什么使你有如此的感受,是因为我的话使你感到难过吗?

你为什么认为你的父母亲不会帮你?——你认为你的父母不会帮助你,能讲讲你的理由吗?

为什么你现在沉默了?——什么事情让你现在沉默了?

10. 温馨告辞

社工结束交谈时,建议运用礼貌的说辞,例如:"跟你聊天很开心,但怕耽误你做事(如外出、做家务,准备午饭/晚饭)。""聊了这么久你也累了,先休息一下,我们下次再接着聊。"但可能出现的状况有:村民挽留社工用餐。这时社工要感谢对方的美意,但坦言工作上还有事情需要处理。如果村民向社工赠送蔬菜、食品,此时社工可先向探访对象表示感谢,只要确定是其自己产出,带走也无妨。中国人讲究礼尚往来,下次带点小礼物进门即可。服务对象要求添加社工的微信,这时可以留下工作微信号并告知对方工作时间看微信不是很方便,回复可能不及时,但过后会尽快回复,以取得他们的理解。

十一、社会调研如何为培育乡村社会组织做准备?

乡村社会工作调研的目的之一是培育乡村社会组织、修复乡村社会,为此调研的目标就是要了解和寻找村里的乡贤和骨干,因为社会建设从本质上说就是社会组织的建设。社工通过社会调研为培育乡村社会组织做准备,可以从以下几个方面入手。

1. 走访村委会

走访村党支部和村委会,了解他们的行政任务以及困难,认识"干部生活在群众中,群众生活在组织中"的群众路线的必要性,分析通过互助会分担公共事务的可行性,争取得到村支两委的支持,得到已有的或者潜在的乡村骨干的名单,根据名单进行调研。

2. 走访骨干

骨干主要有在村党员、在村村民代表、在村退休教师和老干部、舞蹈队的骨干、红白理事会成员等,要先走访这些人,同时最好请村委会给一个村里的人口普查图,可以把走访的人标注在地图上面。

3. 了解群众基础及素质

了解群众基础及素质、村民的整体素质及觉悟程度、政府与村民的关系如何等等。

4. 了解社会稳定状况及态势

了解有没有影响社会稳定的重大事件和遗留问题;有没有影响村民切身利益的政策矛盾,如征地拆迁补偿纠纷、商业资本入驻及其他影响社会稳定的因素,但应注意避免无端卷入上述是非利益当中。

5. 了解群众需求和主要矛盾

在互助会成立前要多方调研求证,了解群众的一般性需求和急切需求、主要社会矛盾,了解家庭、邻里、村村、干群关系,并梳理出问题需求清单,作为成立和激活互助会的重要依据。

6.形成互助会代表意向人选

摸清楚有威信、有公心、能够站出来当代表的人选,建立良好的关系,借助其威信和影响力,发动群众参与乡村治理。

社工刚入村时调研的目的性要很集中,就是为了找出骨干,成立互助会。前期调研不是直接帮助解决问题,而是找到骨干,从骨干那里了解问题和需求,对骨干加以引导,最后建互助会。这个流程可以表述为寻找骨干—问题入手—分析危机(引起重视)—导入需求—提出方案(强调一起商量、一起解决)—引出互助会—成立或加入互助会的意义—给予信心和支持。

十二、调研者怎样进行正确的理念宣导?

乡村调研的过程,是发现问题和寻求解决方案的过程,也是宣导共同体理念、用共同的梦想凝聚人心的过程。

宣导工作往往在社工刚进村的时候开展。对于村里人来说,社工是陌生人,村民对陌生人是充满好奇的。这时候,社工趁着村民的好奇劲儿,很容易找到话题亮明自己的身份。在与村民互相熟悉的过程中,社工可以高效调研,掌握到村里最有特色的、最具话题属性的信息,以便做集中宣导。

如果按照西方工具理性,调研就是一个纯客观了解情况的过程。然而按照中华文化的道德理性的视角,纯客观的信息是很难获取的,调研者自身的思维方式决定了获取信息并做出判断的真实性。比如带着城市主义的眼光看乡村模仿城市的绿化会觉得理所当然,但是带着生态的眼光和对乡土价值的认可,会看到其中破坏了乡村本然的生物多样性和文化多样性的问题,而主张"庄稼是最好的绿化""野草是天然的风景"。再比如,带着科学主义的眼光去调研乡村的文化,会将村民的自然崇拜视为"封建迷信"而试图改变之;用全息的乡土和历史的视角,则会认为这是非物质文化遗产。

工业文明促进了物质生产,但其带来的物质主义、利己主义、消费主义价值观也造成了人类共同体意识涣散乃至共同体社会解体并导致种种危机。西方工业文明背后的机械思维、碎片思维、对抗思维仍然在很多领域误导着调研者对经济、社会、环境、健康乃至公益本身的理解。在国学热潮和文化复兴的进程中,共同体意识和共同体社会的意义尚未引起各界足够的重视。

根据乐和社工的经验,调研的过程就是宣导乐和理念的过程。话语应当质朴但道理应该清楚。当村民抱怨乡村的风气,变得只认钱的时候,社工可以引导村民回忆和复兴乡村的公序良俗;当大爷大妈叹息人情越来越冷、亲情越来越淡的时候,社工可以启发重建互助组织;当调研中发现私心和贪欲乱象的时候,社工可以引导正能量的方向和路径。

什么是最有特色的、最具话题属性的信息?

最有特色的信息,一定是单单属于这个村子的信息,这类信息往往是地理的、文化的信息。例如有个村叫龙王村,那么社工就要去追问村里是否有泉水,因为有泉水的地方往往是人聚居的地方,而这眼呵护当地人生命的泉水往往被叫作龙泉,传说有龙王守护,因此叫龙王村。那么,它就是这个村独特的禀赋。社工在宣导项目时,如果能从村里人人都知道、祖祖辈辈都知道的信息入手,就能瞬间拉近彼此的距离。村民会觉得你说的事情不是照本宣科,而是与自己有关的重要信息。

最近村民热议的焦点问题,就是最具话题属性的信息。这也是调研的时候要着重挖掘的。大家都关心这个焦点,社工就可以根据调研到的信息,客观中立地讲述它,从这个话题的讨论或者相关问题的解决入手进行宣导。

十三、调研和宣导需要什么样的思维方式?

为了准确地"调查",即了解情况、发现问题,同时也为了能够深入地"研究"以提出解决问题的方法并进行宣导,调研者的思维方式是至关重要的。什么样的思维方式决定了什么样的问诊和什么样的解决方案。那种头痛医头、脚痛医脚的西医思维是根治不了时代大病的。这个时代的病症,恰恰是这种机械、碎片和对抗的思维方式的产物。我们不能用造成这些问题的思维方式来解决这些问题,而必须重回中华文化的母体去寻找解决问题的方向、方法和方子。

1. 全息思维

中国文化的宇宙观不止有看得见的物质的"有"的世界,还有更大的看不见的"无"的世界,也就是现代物理学说的暗物质、暗能量的世界,所以需要减少对物质能源无节制的消耗,而去发现作为快乐来源的心能和作为健康来源的体能的价值。基于全息思维,乐和社工引导村民把亲情、健康作为最重要的内容来看待。乐和倡导天地人和的世界观,在一家独大的工业文明中开启天地人和、乐道尚和的视野,营造包含物质却又超越物质的精神世界和精神生活。

2. 系统思维

乐和社工以系统思维开展基层社会治理时,把社会、文化、经济、环境和健康作为一个有机整体来系统思考,在利己主义盛行的时代,倡导整体主义的价值观,营造凝聚个体也保护个体的公共精神和公共生活。乐和理念的一个要点就是启发那些习惯于"一切向钱看"的人们,使之明白,世界上不是只有钱才值钱,人际关系、环境质量、精神文化、身体健康同样值钱,并且更值钱。

3. 和谐思维

如果用一个字来理解儒释道医各家的共同点,就是"和"。儒家说"和也者,天下之达道也";佛家说"身和共住,口和无诤,意和无违,戒和同修,见和同解,利和同均";道家说"万物负阴而抱阳,冲气以为和";中医更是以"精气神和"作为生命之本。仁、义、礼、智、信的每一种德行,核心都是和;诗书礼乐、琴棋书画、医道养生、茶道太极、孝道伦常,核心也是和——和而不同的和,天下为公的和。乐道尚和,乐在和中。和谐思维本身就是千百年里融入百姓生活的文化,也是今天应该被宣导、被传播的理念。调研的过程应该是倡导以共同体意识建立共同体社会的过程,用"一家人、一条心"激发大家的共同理想、共同愿景的过程。

十四、如何撰写调研报告?

在对调研信息进行归类整理后,就可以撰写调查报告了。调查报告是用文字的方式,简要呈现所调查的信息和结论,为社工站的建设运营提供重要指导依据。报告撰写可以遵循以下基本原则。

1.真实性

调查报告是社会调查信息的整合呈现,不是凭空臆想的产物,而是通过调查得出的客观事实的依据。调查过程中收集的素材资料要保证其真实性,不能虚报谎报相关的情况。调查员在调查过程中应学会及时做好调查的说明工作,并合理保障调查信息的真实性。调查报告的撰写也是基于对调查原始数据的真实统计和分析进行的真实呈现。

2.逻辑性

社会调查往往带有一定的目的性。调查报告的撰写最终要回应相关问题的解决。一般在调查报告的撰写上要体现一定的逻辑性,不能凌乱无序。比如需求调查报告的撰写可以从基本情况、辖区资源分析、辖区主要需求、社工站服务意见等方面进行撰写;也可以从现状描述、原因分析、服务建议等方面进行撰写。

一提到报告写作,许多人总是担心自己写作文笔不行。其实,调查报告不是文学创作,社工大可不必把自己当成作家。一般调查报告通常有四个要素:主旨、素材、结构、语言。理解"四要素",有助于社工更好地开展基于实践的写作。

3.关于语言

调研报告的文字语言不用多华丽,只要做到朴素、真诚、把事情讲清楚即可,还应尽量言简意赅,表达核心的关键信息。在处理一些大数据的时候,可以通过柱状图、饼状图等图文量表的方式进行呈现,使内容更加清晰简洁。

4.关于素材

要写好调查报告,需要找到好的、适合的素材。报告写作的素材不是调查者"想"出来的,而是调查者"找"出来,即调查出来的。调查报告的内容是对所获得的素材信息的整合处理,是将素材按一定的逻辑进行的归类整理。如通过需求调研,可以了解老年人在情感关怀、居家陪伴、健康医疗、精神娱乐、生活照料等方面的需求情况,发现满足老人某类需求方面的缺失,并提出相应的解决建议。

5.关于结构

撰写报告不是把收集调查的或者实践做出来的所有东西都一股脑儿地放进去,而是要根据调查的目标,把要撰写的内容有选择地、用合适的逻辑结构直观呈现出来,这就是报告结构。可以参考"是什么、为什么、怎么办"的呈现结构思路,根据调查的主体和内容进行具体化的呈现。如需求调查报告可以按照调查整体设计情况、调查的结果呈现、调查服务建议等方面进行思考,可以撰写的框架包括调研背景、调研目的、调研对象、调研方法、调研整体情况说明、调研结果分析、调研服务建议等方面。

6.关于主旨

调查、总结或表达观点前,先要提出关键问题,就是回应最初开展调查研究的主要目的是什么。要解决的问题、发挥作用的场景清楚了,实践经验、观点的特点价值就清楚了,报告的主旨立意就鲜明了。如需求调查的开展就是要摸清该村的核心公共性问题以及服务对象群体的核心需求,那调查报告就要回应这些问题。调查报告只要把该村的核心需求说清楚,并能根据现实情况提出社工站可操作可执行的服务建议即可。

从进村调研到撰写调研报告,从发现问题到提出解决方案,调研的过程应该是倡导以共同体意识建立共同体社会的过程,也应该是推动治理方法和治理理念转化的过程,即推动从物质帮扶为主的乡村扶贫思维,向以文化自信为根基的乡村振兴转化;从行政管理,向培育、培养、陪伴乡村社会组织的社会治理转化;从政府包揽的清单制,向政府、社会和个人责任共担的清单制转化;从"胰岛素"式的帮扶,向"酵素式"的激活转化;从片面追求GDP,向产业、文化、社会融合整体发展转化;从行政化、碎片化、工具化的思维模式,向社会治理共同体的思维模式和考评模式转化。如此,通过深入的"调查"发现问题与深刻的"研究"解决问题同步,让社会调研作为社会工作的有效方法,才能为下一步社会组织的培育和社会活动的开展打下坚实的基础,做好充分的准备。

2008年,作者在四川彭州通济镇大坪村废墟旁进行社会工作调研,与村干部和村民骨干讨论灾后重建。

第三章

人要团拢来——培育乡村组织

一、为什么乡村需要社工站？乡村社工站有哪些特点？

1.为什么乡村需要社工站

乡村振兴的关键是乡村治理,而乡村治理的关键是社会建设,特别是社会组织的建设,这就需要了解中国文化、熟悉中国社会的专业社会工作机构提供服务,2021年4月颁布的《民政部办公厅关于加快乡镇(街道)社工站建设的通知》强调,要加快建立健全乡镇(街道)社会工作人才制度体系,力争"十四五"末,实现乡镇(街道)都有社工站,村(社区)都有社会工作者提供服务的建设目标。

2.乡村社工站有哪些特点

根据15年的乡村社会工作经验,乐和社工所服务的社工站有如下特点。

(1)社工站是乡镇党委、政府在行政村设立的社会工作平台,是以社会化服务为特色,健全基层综合服务管理平台的落地措施,由乡镇政府主管领导担任站长,政府引进的社工专家或社工组织负责人做副站长。社工站坚持党委、政府主导与村民自治相结合,用社会工作的理念和方法解决社会问题,创新社会治理。

(2)社工站的主要功能是提供乡村社会工作的理念与技术服务,包括社会调研、社会组织、社会教育、社会活动、社会宣传、社会记录6类社会工作方法,发挥方法提供、能力培训、试点协力、资源引进、精神感召五大功能。同时,提供人才振兴服务,特别是社会工作方法和社会组织建设的咨询、培训和陪伴,并通过专业的组织管理、项目管理、信息管理、财务管理等自身能力建设,让社工成为有人生理想、社会责任感、综合素质和职业技能的产教社融合的乡村振兴综合人才。

(3)社工站是社工办公和学习的空间,内墙和外墙可张贴理念图、标语、乡建人物格言、社工站组织架构图、互助会建立及操作流程、骨干村民档案、联席会流程及会议制度、"三事分流"清单、活动历程照片等。总体风格兼具书香门第的古朴气息,又不失现代功能,应配备书架及相关书籍资料、投影仪、办公桌椅、便携式音箱、相机、电脑、录音笔、网络、电话、打印机等。社工站的工作通过每日播报、每周例会、每月简讯等制度来切实推进。

二、社工组织服务的功能定位是什么?

社会工作者大致可分为非职业社工和职业社工,后者专指以社工服务为职业的人,或者说专指社工组织。而非职业社工泛指具有社会工作能力并且从事社会工作的干部、乡贤和志愿者。这里说的社工主要指社工组织的职业社工。

乐和社工在实践中总结出了社工组织服务的功能定位的两大原则。

其一,对于政府来说,社工组织是发挥协同作用,即协同政府建设社会。社工组织不是行政组织,也不是行政工作的附属。社工擅长的是社会工作,有义务助力政府的社会工作能力建设,用以中国文化为内核的社会工作方法来助力社会建设和社会治理。更具体地说,社工可以为习惯于行政管理的镇村干部提供社会工作的理念、方法和技术,使之在熟悉行政管理的同时也擅长社会工作,并通过社会工作能力的提升进行有效的社会治理。有一种形象的比喻说,社工不要做行政的"六指头",因为政府已经有了强大的"右臂",不需要在"右臂"的"五指"上再添一根"指头",但是政府需要有效的"左膀"。社工服务之方法提供、能力培训、试点协力、资源引进、精神感召五大功能就是"左膀"的"五指合力"。

其二,对于乡村社会组织来说,社工组织是发挥激发作用。社工不应做"胰岛素",不能像"胰岛素"那样进行替代性服务,而是要像"酵素"一样激活互助会,发挥乡村社会组织的主体作用。

社工组织在进入乡村提供社工服务的时候,需要处理好与各种不同人群的关系,明确工作的边界。乡村的事情有时候是很复杂的,社工一定要有所为有所不为。曾经有个社工,留守儿童管她叫"张妈妈"。笔者及时提醒社工归位——我们不是替代,而是帮助孩子和自己的母亲修补感情,我们要的是村民的认同和接纳。我们进入乡村系统,是为了它的文化和组织能够激活。试想,张妈妈能帮助孩子多久?她走了之后呢?我们最重要的是建立一种造血机制,要做"酵素",而不是做"胰岛素"。做"胰岛素"就等于把别人应尽的责任担起来了。

在重庆南岸峡口镇,一次风灾之后,几十户村民的房顶被风掀掉了,有位社工第一时间就到了农户家,直接帮助他们解决问题,抵御风灾。笔者说这样做错了,错在哪里呢?错在社工没有明白社工的职责是建设社会,也就是第一时间没有去动员村民自己组织起来互助并理性表达利益诉求。这时候政府和村民之间开始对立,互相抱怨。政府觉得自己辛辛苦苦投入帮助村民建房子,由于天灾损坏了还找我麻烦;村民说,你修的房子坏了,不是你的事是谁的事情?这时社工及时调整好自己的角色,引导村民迅速召集互助会,晚上村镇干部和互助会一起召开联席会,结果政府和村民通过沟通协商达成了彼此的理解。第二天,大家都到场,分清了各自应该承担的责任,并商议好了联系当时负责建房的公司参与处理有关的事务,如此通过实际的社会建设化解了矛盾和冲突。

社工组织的两大功能定位都朝向一个目标,即通过社会工作的方法建设社会,助推党建引领的社会治理共同体。

三、为什么乡村治理需要社会组织？

对于乡村治理而言，乡村公共事务的处理就是村社共同体建设的主要内容，包括邻里关系、环境保护、生产协作、物业管理、养老养生、孩子教育、矛盾化解以及其他和每个家庭与个人相关的乡村公共事务。这些乡村公共事务谁来做？做什么？怎么做？这些问题在古代社会是由自然社区组织来完成的。新中国成立以后，乡村的公共事务主要由生产队组织完成。随着改革开放的进程，单位人成了单个人，乡村的村民小组的中青年外出打工，大多数自然社区组织近乎解体，无法处理公共事务，更谈不上处理的方法规则。如何重建自然社区组织，就成了社会建设和社会治理的关键。

改革开放以来，中国的乡村基本上是由党委和政府加上村民委员会进行行政管理。而这种政府行政管理系统处理乡村公共事务已经出现诸多的问题。一是村支两委的凝聚力减弱，村民长期处于沙粒一般的分散状态，对于公共事务漠然，并且缺少集体处理公共事务的能力；二是由于乡村强劳力外出打工以及乡村精英的不断流失，乡村空巢，既缺少人才也缺少和城市的有效连接；三是政府有限的人力独自承担处理公共事务因而不堪重负，大量的惠民政策和资金通过狭小的管道进入，又缺少集体力量的监督，有的地方成为少部分利益集团牟利的温床。

党的二十大报告指出，要"积极发展基层民主"，"健全基层党组织领导的基层群众自治机制，加强基层组织建设，完善基层直接民主制度体系和工作体系，增强城乡社区群众自我管理、自我服务、自我教育、自我监督的实效"。培育互助会这样的乡村社会组织，就是激活村民的自主性和责任感，改善政府和社会的关系，建立人人有责、人人尽责、人人享有的社会治理共同体的必要路径。

社工进入乡村开展工作的重心，就是协助当地政府培育互助会这样一种互助性、服务性、公益性群众组织。互助会代表由推举和选举结合产生，就是把村中热心主持公道、德高望重的人们推出来参与公共事务。这些代表不拿薪水的志愿者身份使得他们在村民中享有特殊的感召力和说服力。在温饱问题基本解决以后的参与愿望,又让他们对于村民的信任怀有一种特别的责任。互助会的成立让村民有了更多的知情权、参议权和监督权,也因此让互助会分担了处理乡村公共事务的责任,包括矛盾化解、环境保护、文化道德建设和生产协作四大方面。

社会治理的目标是建设一个社会共治、责任共担、利益共享的共同体社会,而重建自然社区组织和基层社会协商机制又是中国精神不可或缺的条件。梁漱溟先生深谙社会建设对于文化复兴的意义,把"团体组织"作为乡村建设的重心工作,将乡村社会视为中国有形的根。从某种意义上说,乡村建设本质上是乡村社会的建设,乡村社会建设本质上是乡村社会组织的建设。只有激活乡村社会这个有形的根,才能复兴道德文化这个无形的根。

四、什么是互助会?互助会有哪些特点?

1.什么是互助会

互助会是基于村民小组的互助性、志愿性社会组织,是2015年中央一号文件提出的"扩大以村民小组为基本单元的村民自治试点"的基层实践。它是激活农村现有组织形式的一种方式,属于自愿联合、自愿参与的组织形式。村民在政府的支持和社工的帮助下,以村民小组为单位自荐和推荐代表,组建互助会,修补基层治理中的组织断层,把村民自治落实到村民小组,让党员和村民代表在其中更好地发挥作用。

互助会的主要功能是维护公序良俗,分担小组层面的公共事务,例如环境保护、矛盾化解、文体活动、孤寡老人照顾、儿童关爱等,是对村支两委工作的有效补充。

互助会的合法性来自党委扶植和民政系统的社区社会组织备案制度,在村支两委和村民代表大会的领导下开展工作。互助会与村支两委是"拾遗补阙""强身健体"的互补关系。所谓"拾遗"是指通过在村民小组层面建立互助会来激活乡村社会资源,弥补行政村层面的行政组织所缺乏的社会组织;所谓"补阙"是指互助会分担村民小组层面难以落地的末梢公共服务功能;所谓"强身"是指通过互助会这种形式激发群众参与公共事务,增强村支两委的凝聚能力,调和村支两委与村民之间的关系;所谓"健体"是指通过让互助会参与公共资源的分配以及财务的监督,避免贪腐隐患。

2.互助会有哪些特点

互助会一般有以下特点。

(1)本土性。互助会的骨干是村社土生土长的人,熟悉当地的人和事,一般都认同邻里守望相助的传统,而且有依居住地组织起来的可能。

(2)扁平性。互助会不同于行政组织,不设过多层级,一般包括互助会会长以及按分工需要设立的副会长、互助会代表和普通村民。组织方式是自下而上、平等相待。

(3)综合性。互助会要有综合处理本组公共事务的能力,比如环境管理、矛盾化解、道德建设、生产协作等。有了这样以村民小组或自然村为单位的综合处理公共事务的互助会,还可以以行政村为单位扶植一些单向性、兴趣性的组织,如好日子协会、爱干净协会、和事佬协会、文艺队、娃娃团、书法协会等。

(4)伦理性。互助会传承"德业相劝、过失相规、礼俗相交、患难相恤"的乡约传统,秉承自立、互助、公益的共同体精神,大家自愿组织起来为村民共同的利益服务,有着共同的价值观和建立公序良俗的诉求与能力。

(5)志愿性。互助会会长和互助会代表是乡贤和志愿者,不拿日常的薪资报酬,在互助会运行过程中发挥带头和榜样的作用。在村的党员、村民代表、退休教师和老干部、舞蹈队的骨干、红白理事会成员等,都有可能成为互助会的重要骨干。

五、社工如何助力互助会的培育？

乐和社工助力互助会培育的一般流程是：社工组织得到基层政府的认可与委托→社工入户调研→发现骨干→吸收骨干为互助会代表→继续走村串户宣传理念→走访80%或以上的村民，使其基本了解项目后，组织一次全员项目宣导会，现场推选代表，成立互助会→互助会代表做承诺，合影留念，签署乐和互助会代表志愿书→继续跟进互助会代表，为其建立档案，建立代表入户联络制度→帮助完善互助会组织架构及运行机制→助推互助会代表工作例会与日常沟通。

这里特别重要的是社工为互助会成立现场做好准备工作，并且助力互助会代表的产生。

1. 为互助会成立现场做好准备工作

（1）对社工进行宣导基本功训练。首先，社工进行公众演讲和表达要注意速度、力度、亮度和温度。其次，要能切中主题，用群众的话语讲群众关心的事。要在前期调研过程中搜集足够多的演讲素材，最好能结合当地群众喜闻乐见的人和事来宣讲理念。再次，平时理念宣导的手段和方法可以多样化。例如：制作宣传品、印制含有相关理念的扇子或T恤，张贴横幅标语，进行广播、公众演讲、文娱节目表演等。

（2）细节考虑周全，使局面可控。社工应提前和镇村领导及准互助会代表沟通好各自发言的要点和内容，借助各方力量使理念宣导到位，让群众掌握关键信息，准备现场流程时要有替补方案。

（3）营造现场氛围。常用方法是：社工或村民以文娱表演的方式开场（表演打快板、小品、舞蹈、歌曲等），播放视频、照片或音乐，提问互动，有奖竞猜，等等。

（4）明确团队分工。一个唱主角，其他要补台。可以提前请老社工参与并给予帮助。一个村成立互助会时，周边村的社工可以来观摩学习。

2.助力互助会代表的产生

互助会代表的产生是互助会成立最重要的流程。互助会代表依据自然片区产生,数量根据自然片区地理位置远近和范围大小而定,一般一个自然片区推选5~11名代表为宜。互助会代表应长期居住在本自然社区内,是群众公认的有公心、有威望、热心肠的人,至少在某一方面具有带动群众的示范作用和能力(或有一技之长),是不拿薪酬的志愿者(义工),是反映问题者,同时也是带头解决问题者。

互助会代表的产生通常有"三荐"。一是自荐,自己报名愿意为大家服务。二是推荐,村民在推推让让、拉拉扯扯中,把有能力、被信任但不好意思自己站出来的人"推"出来,或者把虽有意愿但还需要大家推一把的人给"推"出来。三是举荐,推荐的人举荐某人并说明举荐的理由,也可以由村支两委的干部举荐并说明举荐的理由,包括适当考虑年龄分布、性别搭配、兴趣特长等综合因素。但村支两委的干部举荐要待自荐和推荐的环节完成之后,否则就成了指派。

一般说来,这样的流程走到了,就可以选出互助会代表。如有必要,也可采取无记名投票、现场唱票的方式推选。一般情况下,80%以上自然片区内的村民同意、具备基本能力素质即可成为互助会代表。

无论是自荐、推荐还是举荐,在场人的掌声都是必不可少的。社工的重要作用之一就是烘托气氛,带头鼓掌,为这些愿意站出来为大家服务的代表喝彩。

互助会代表选出来以后还有一个环节就是代表发言,社工在这个过程中可以担任类似主持人那样的角色,现场采访,引出代表的心声,还可以设计代表与参会者之间的互动。

接着是落在纸上的承诺,如同参加互助会要写申请书一样,都是表明参加互助会或成为互助会代表的意愿和责任。

代表选出来之后接着就是由代表开会选出会长,并按照类别进行公共事务分工。也可以根据分工来商议出副会长,分别负责乡村的各种公共事务,如生产协作、环境保护、矛盾调节、老人照顾、孩子关爱。如果每个代表联系哪些农户、负责哪个片区都有所商定那就更好了,就能将互助会的工作落到实处和细处。

在实际操作中,互助会的成立并非完全"按常规出牌",关键是找准工作切入点,顺利打开工作局面,见缝插针,因势利导。特别是在众多没有社工组织服务的村庄,村镇干部就担起了培育、培养、陪伴互助会的任务,这个时候村镇干部也就成为广义的社会工作者,也可以参考上述社会工作方法来培育互助会。

六、如何用社会工作方法助力互助会成长?

社工组织用社会工作方法助力互助会成长,主要有以下做法。

(1)搞调研。要求社工走访到位,并且有调研记录,拿出调研成果。互助会成立后,社工要趁热打铁,督促互助会代表履行职责,建立联络机制。

(2)建档案。社工要跟进代表入户填写村民正式入会申请书,并及时更新服务记录。每名社工每月要定期定量走访在本人责任村组范围内的农户,并更新相应的档案及服务记录(每个自然村组应至少有三位互助会代表)。边搜集信息,边鼓励代表动员村民的决心和提高其动员能力。

(3)开例会。社工不只是记录员和拍照者,还应帮助互助会开好会,包括如何确定主题、如何主持、怎么提问、如何发言、怎样注意会议礼仪、如何做会议记录等(参见本章第七条)。

(4)明责任。社工要帮助互助会梳理"三事分流"事务清单和相应的职责;实施单体实验,提出整体设计。

(5)立规矩。社工要帮助建立做事的道义规则,即村规民约,立了规矩之后要帮助自我督察和表彰。村规民约由大家共同讨论,一件事一承诺,形成共识。

(6)能带动。社工要帮助互助会代表带动联系户,经常进行走访。

(7)做义工。发动村民自己出钱出力,参与公共事务当义工。

(8)搞活动。组织节气活动、传统节日、公共主题日活动。

(9)出故事。形成故事,包括口述史、村民评讲等。一人一故事、一事一案例。

(10)送简讯。社工每月一次通过简讯或快报的方式将工作情况传递到代表和群众手上,上通下达。

(11)有激励。制作光荣榜;定期培训,走出去引进来;评比××之星、××人家。

(12)促交流。组与组之间召开现场会交流各自经验。

(13)接外力。与外部的志愿者联系,链接资源。

(14)能传播。能够表达,鼓励互助会承接考察接待和参与培训。

(15)传帮带。有新的互助会成立时,让先做过的互助会代表参加,现场传经送宝,分享经验和心得,相互激励。

互助会完善的依据和标志主要有以下几个方面。

(1)有组织。有管理架构,有联系制度和档案。(2)有章程。有运行机制,有村规民约。(3)有会议。根据情况不定期开会,定期会议每月至少一两次。社工应该帮助互助会学会开会,但不主导会议,而是幕后助推者。(4)有活动。根据二十四节气或者节日等,找到活动由头。(5)有记录。帮了多少户、开了多少次会议、调解了多少起矛盾、组织了多少次活动等要做详细记录。(6)有故事。有来龙去脉,背景交代,变化的过程记录。故事可以上升到案例。(7)有话语。互助会代表能用村民自己的话语讲解相关理念,包括互助会成立过程、意义,以及参与的原因和感受。(8)有骨干。每个社工要对互助会核心代表的情况如数家珍。

上述标志也就是互助会能力的标志,而互助会的能力建设是社工的重要任务,其中帮助互助会提高开会议事的能力尤为关键。

七、如何帮助互助会提高开会议事的能力？

在成立互助会后，社工要尽快动员代表召集第一次互助组会议。要辅导互助会学会如何围绕工作目标开会，这是互助会自我运行和激活的关键。首先很重要的一个环节是社工带着开会的主题在开会前和会长或者会议主持人做深入沟通，对开会的每一个议题可能有的若干个讨论结果做事先的判断。其次，社工要事先针对会长或者主持人，将抛出问题、开始讨论、举手发言、记录方案、表决方案、分工执行等环节辅导到位，做到心知肚明，方可开会。开会时如有必要，社工可以坐在会议主持人的边上，协助和引导他开会。

开会要点如下。

(1)开会筹备。开正式会议或有重大决策之前，要开小范围的筹备会议。

(2)会前热身。开会前鼓动村民唱歌，用鼓掌等方式来活跃气氛，避免冷场。

(3)会议主持。互助会代表主持，抛出议题和流程，大家商讨。也可以根据不同事项让互助会骨干轮流主持，锻炼主持的本领。

(4)宣布会议礼仪与规则，并专人督促。会议礼仪要到位，会场不喧哗。不抽烟，不随地吐痰。

(5)抛出议题。会议目标要明确，朝问题解决的方向努力。

(6)大家发言。发言要举手，完毕要鼓掌。遵守议事规则，先讲什么后讲什么，沟通要充分，交流要礼让有序。

(7)会议小结。需要时，社工可以帮助总结并做会议记录，推动大家确定下一次会议的议题和主持人，养成民主议事的习惯。

(8)会后跟进。要督促互助会代表一起针对会议中讨论的事项进行回访调研，以免遗漏重要信息，并在走访中调研互助会实施力度、效果和发现需要解决的难题。

八、互助会给村庄带来怎样的变化？

村民有了互助会这样一种自治组织作为参与的平台，责任感和道德感受到激发。2010年的重庆巫溪白鹿镇大坪村曾是一个矛盾突出、上访不断的"告状村"，上磺镇羊桥村曾是一个村民间不喜往来、各自为政的"自私村"，通过以互助会为核心的社会治理创新，都变成了乐和村、公益村、零上访村。原来的上访骨干分子变成了乡村建设的领头人。实施"乐和家园"的那些日子里，村民们会义务清理全村和周边的垃圾并建立垃圾管理规章；会捐钱为公共空间植树并进行管护；会主动捐木头出义工建造公用大门；会以低于市场价格一半的方式拿出自己的土地给村里的公共空间；会在寒冬的火炉边一起商议怎么"德业相劝"，一起打造生态品牌；会组织起来不打麻将，而是每晚唱山歌、跳坝坝舞。

湖南长沙县2013年开展"乐和乡村"建设，不到一年的时间，30多个基于自然社区或村民小组的互助会稳步而健康地成长，每处都有感人的案例。几个试点镇的互助会工作总结中的动人之处让人难忘：在老旧的信纸上写着互助会化解了几起矛盾，怎么管理的垃圾，搞小水利大家是怎么出工出力的，哪家有困难是怎么帮助的；一些突发事件是怎么处理的，比如火灾是怎么抢救的，抗旱是怎么互相帮助的；还有一些文体活动，比如外嫁女回娘家等。

参与乐和乡村建设的社工说："社工通过走访把互助会激活了以后，大家就觉得做什么事都能够找到人了，知道可以找谁了，有个商量的人了，并且有个带头人了。乡村是个熟人社会，它做任何事情，当有一个正能量发声的时候，正能量的声音就会成为主流。"

互助会的一个重要功能就是和谐村民与村委会的关系。很多试点村的村支两委都肯定了互助会的协同作用，尝到了"自己的事情自己办"的自治机制和自主精神的甜头。重庆巫溪白鹿镇大坪村的村主任曾说："自从有了互助会，村里的很多事情就好办了，很多矛盾都能够化解了。"三宝村村支书说：

"互助会给三宝带来了新的希望,其实就是群众参与的新希望。过去村支两委做事情,群众监督,群众还不满意。现在是群众做事,村支两委来监督和服务,群众反而还满意了。"

九、互助会与村支两委的关系是怎样的?

互助会有了知情权、参议权、监督权,可以为党政输送新鲜血液,激活村民代表和党员活力,从多个方面巩固党和政府的执政地位,提升其执政形象,扩大其执政基础。

互助会会长与村民小组组长是什么关系呢?他们都是乡村社会的骨干,带头处理村社公共事务,但是各自的职责定位有所不同。组长属于行政系统,主要是对上负责,会长属于社会系统,主要对下负责;组长作为村支两委行政系统的末梢处理与国家公共事务相关的大事,会长主要处理与村组的公共事务相关的小事。所以在小事上互助会会长与村民小组组长不是领导和被领导的关系,而是互助关系,组长鼓励和帮助会长发动群众处理本组的公共事务。只有在国家公共事务的大事的领域,组长以及村支两委与会长是领导与被领导的关系。

组长和会长是不是同一个人不做明确规定,而是充分尊重村民自荐和推荐的意见。有了不同意见怎么办?本着认事认理不认人的原则,组长意见不一定就不能反对,会长的意见也不一定正确,要广泛听取群众意见乃至上级部门和外来专家的意见,通过互助会和联席会做出决定。组长与会长要经常交流。互助会决议后召开联席会,小事告知、大事请示,既给互助会自主空间,又在小组层面通过联席会保证党政的领导和主导。

如果组长和会长是同一个人,则具有双重身份。作为组长执行村支两委的任务对上负责,作为会长对于组里的小事有决定权。不是事无巨细都要请示,要给互助会留出自主空间。

对于村支两委来说,互助会代表们不仅分担了工作压力,加强了群众监督,也为村支两委输送了公共服务的人才。自立、互助、公益的理念不仅激活了原有的村民代表的热情,同时引导了更多的人参与乡村公共事务,一些以前默默无闻的村民获得了展示自己的公共精神和能力的机会。互助会代表的积极作为也激发了一些党员更好地发挥模范带头作用。在这个过程中,村支两委不仅解决了基层廉政的问题,提高了自身的耐腐蚀性,也获得了更多的工作助力,发现了更多的人才。互助会的一些骨干因此被吸收进了村支两委,有助于提升村支两委的能力和形象。

湖南长沙福临镇金坑桥村党支部书记说:"互助会帮我们减压减负,调和了干群关系。以前是我们村干部为村民做主,现在是村民通过互助会自己的事情自己做主。"原白沙镇双冲村(现开慧镇白沙村)党支部书记说:"之前我的群众路线是和两千多村民一户户来往,但没办法让大家都满意。现在我的群众路线就是帮助把群众组织起来,通过每个组的互助会自己的事情自己办,通过联席会大家的事情大家商量办。这是群众路线的创新。"

十、如何保证乡村社会组织的长效运行?

保证乡村社会组织的长效运行,需要注意以下几个方面。

1. 政策保障

村一级要明确哪些事情可以交给互助会来做,如通过召开村民代表大会明确哪些事情交给互助会完成。运行成熟后,建议从县级层面发文,制定相关政策,确立互助会的地位和长效运行机制。

2. 经济支持

对乡村社会组织的经济支持,主要方式有以下几种。(1)利用政府涉农项目参与式投入改革配套资金对乡村社会组织的经济支持。互助会可以向村支两委提出活动方案,申请活动预算,由村支两委申报给予一定的经费支持。

互助会运行最好的效果是能够让政府直接购买其公共服务。(2)申请国内有关基金会或社会组织的项目资金,以及企业社会责任支持等(由村委会监督实施)。(3)建立互助会的公共基金,多渠道输血,进而造血,例如乡村旅游市场服务中的提成。

3. 参与协商

村支两委需要互助会来分担处理公共事务时,社工要协助村委会通过开会商议的方式,让互助会感到受到尊重,自觉地分担村委会的公共事务,要防止村委会直接给互助会下命令或者通过社工来通知互助会做一些公共事务。如果村支书能够坚持半个月以这样的方式来开互助会,受到尊重的代表一般不会拒绝承担力所能及的事情。

4. 活动维系

可以帮助互助会订立定期的活动机制,例如一周开一次例会,半个月搞一次节气活动,半个月一次K歌,半个月一次观影活动,等等。然后把具体的活动落实到具体的人头身上,经常辅导互助会工作,动员大家给服务者点赞。

5. 骨干培育

任何一个组织的成长都有赖于这个组织中的骨干挑起主要的职责。从建立互助会之日起,应把能力建设和骨干培育相结合,培育出互助会中能够讨论开会的人,能够讲解宣传理念的人,可以组织活动的人,能够积极主动联络争取资源的人。

6. 项目激活

社工组织帮助互助会申请项目,应对互助会从项目申请到执行、记录整个过程都给予辅导,把互助会的能力建设和制度建设放在项目中进行。

7. 有效鼓励

政府和社工鼓励互助会代表的积极性主要有以下方法:

（1）带头组织和引导互助会的工作，村委尊重、口头表扬、奖励互助会代表；

（2）推动村委会召开联席会议，讨论互助会提出的意见和方案，充分给予回应；

（3）转发和强调村民的赞扬和回报，让其获得荣誉感；

（4）给予派出去学习交流的机会，增长其见识；

（5）促成其参加县镇村的联席会，让其感到"有面子"，受到尊重；

（6）推动其充分履行互助会代表的知情权、参议权和监督权；

（7）经常走访，扶贫济弱，真正关心其生活；

（8）从小事要事入手促成问题解决，帮助其树立威信；

（9）在突发事件中挺出互助会代表，充分发挥其作用；

（10）加强宣传，提高互助会代表的被关注度和知名度；

（11）建立优秀评比制度，让评优成为定期活动等。

十一、什么是联席会？

党的二十大报告指出："全面发展协商民主。协商民主是实践全过程人民民主的重要形式。完善协商民主体系，统筹推进政党协商、人大协商、政府协商、政协协商、人民团体协商、基层协商以及社会组织协商，健全各种制度化协商平台，推进协商民主广泛多层制度化发展。"

联席会就是落实党的二十大报告，推进协商民主广泛多层制度化发展的具体措施。联席会是党政主导的共治平台和社会协商机制，由村支两委、互助会、社工组织和其他共建单位等多方组成。社工组织是乡村联席会的一员，可以运用社会工作方法助力联席会的能力建设。

联席会坚持民主集中、少数服从多数的原则，实施大事政府办、小事村社办、私事自己办的"三事分流"、礼法合治的方法，公平合理地商议和处理乡村公共事务，包括公共资源的分配和公共责任的分担。联席会原则上每个月至少召开一次,根据工作需要可临时召开;村支部书记负责召集和主持联席会议。联席会相关各方互相给力又互相监督,体现着互补共生、和而不同的和谐文化。

联席会议制度程序通常由各方汇报、交流、讨论、决议几个环节组成,以实现如下目的:其一,保证村支两委执行的方针政策和行政任务的下达、民情民意的上传;其二,落实联席会成员的知情权、参议权、监督权以及分担公共事务的义务;其三,帮助社工组织和相关单位了解情况,以便从各自的渠道提供相应的公共服务;其四,讨论公共基金的使用情况和实施流程监管。

社工如何助力联席会的运行？其一,社工在走访过程中,要注意发掘互助会代表对某件事情的兴趣或者发现带有普遍性的问题,推动互助会在一起开会,提出解决问题的方案提交联席会协商。其二,社工将提出的问题和村委进行沟通,并一起讨论解决问题的方案,协助村支书列出会议的议程。即使已经有了解决方案,也要给村民讨论的机会,让代表们感觉是他们自己发现的问题和想出来的办法,而不是村委会指派给村民来处理。其三,协助村支书召集各方开会。社工必要时可坐在村支书旁边,帮助引导议事的流程,提醒书记征询互助会代表的意见,比如做这样的表述:"今天把这个事情提出来,听听大家的意见,看有没有必要去做,大家多多发表意见啊。大家既然觉得有必要,现在留几分钟讨论,一会儿请大家举手来提出方案,好不好?"其四,社工应提醒联席会主席做好会议总结和对会议讨论的结果进行公示,按照"三事分流"的原则和方法达成共识,厘清职责,并建议村支两委召集下一次联席会议。

十二、如何通过互助会、联席会激发基层党员的活力？

党建工作的重要任务是引领群众。但是当群众没有组织起来的时候,党员针对无数个人开展服务的难度是很大的。不少基层干部发动党员进入千家万户服务一个个的困难群众,却忽略了去组织群众。有些地方党员干部进社区定点一对一帮扶,虽然起到了救济贫困的作用,但由于缺乏群众组织的集体参与,反而激起了当地群众对于公平的质疑,引发了一些次生矛盾。

将党的群众路线深化为党的群众组织路线,是党建引领的落地实践,也是增强基层组织活力的有力措施。目前基层党建工作中的难题,一是有的基层党员活力不够。某些村庄开个党小组会都很难把人召集起来。二是有的基层党组织脱离群众。这些活力不够或者脱离群众的党员有点像鱼缸里的鱼,没有鱼群的刺激,自然活力不够。而互助会这样的乡村社会组织好像"鱼塘",将鱼缸里的鱼儿融入"鱼塘",在"鱼塘"中得到鱼群的动力和压力,便能更好地发挥带头作用。让党员参与到社会组织中去进行党建,让党员去组织群众,将联系群众深化为培育群众组织,将党的群众路线落实为党的群众组织路线,使得党员至少可以在三个方面充分发挥带头作用。

第一,党员首先带头修身齐家,积极主动处理好自己的私事,在组织群众的过程中修身齐家,可以更好地发挥好先锋模范作用。儒家提倡的君子人格,与习近平总书记提出的领导干部既严以修身、严以用权、严以律己,又谋事要实、创业要实、做人要实的"三严三实"要求是相辅相成的。

第二,党员理应积极参与村社小事,即乡村公共事务。党员既是党组织的成员,又可以是互助会等群众组织的骨干,在参与公共事务中可以更好地发挥带头作用。党员参与到乡村社会组织互助会中,其他的群众就会对党员提出要求,促使党员在为群众服务的社会组织中发挥先锋模范作用,这就为提高基层党员的活力,以及解决发生在社区的小事提供了更好的路径。一方面党员积极参与并担当村社的公共事务,既可以在这些群众自治组织里起到先锋作用,又可以与这些群众组织的骨干形成常态的沟通融合的关系;另一方面,党员还可以通过村党支部主导的联席会议,加强群众组织和村支两委的交流沟通,实现自然社区组织与村支两委的关系"拾遗补阙""强身健体"的互补效果。

第三,在大事上,党员将国家政策、法律法规等大事的理念和政策传播到群众中去的同时,还能够了解社会舆情与动态,及时反馈给上级党委。一方面,乡村党组织可以开门办党课,以请进来的方式,把群众组织骨干请进课堂接受党的教育;另一方面,乡村党组织可以采取走出去的方式,积极动员党员培育、培养和陪伴社会组织并在其中作为骨干发挥先锋作用。

教育、引导和发动群众的群众路线是党的优良传统,与群众打成一片,是基层党组织与生俱来的"天职",是每个党员特别是党组织班子成员不可推卸的责任。"乐和家园"通过"变覆盖为参与"的新时期群众路线,通过重建群众能广泛参与的自然社区组织,以这个"扁平"组织,经由村支两委,对接基层政府,实现阴阳互补、上下相通,创造了一个让党员在社会治理中发挥模范带头作用的典范,发掘了群众天然的组织资源,找到了群众与干部交流的话语系统,找到了群众与干部密切接触的组织机制,也为党委、政府就找到了重要的执政资源——新时期的群众路线。

十三、什么是"三事分流"?

"三事分流"是指政府、社会和个人在综合社会事务中各自的责任边界和关系。"三事"是指属于不同领域、不同层面而又彼此相关的社会事务。"三事"依据国家相关法律法规和各级党委、政府各项规章制度界定的权利和义务,以及本地传统文化礼俗约定的责任进行划分,在实际工作中,大致可以做如下的界定。

"大事",一般指国家的公共事务和公共服务,即大公事。这些事务中,一部分与村民有直接关系,比如拆迁、低保、生态及生育政策,一部分无直接关系,比如卫星上天、国防外交。对于乡镇而言,更多的是涉及全镇、全村经济社会长远发展、由政府负责或者牵头相关部门办理的事项。例如:(1)村经济和社会发展规划及年度计划,村建设规划;(2)与镇村相关的修路建桥等大型工程;(3)土壤改良、农田改造、人居环境整治;(4)土地征用方案和征用、征收土地的补偿;(5)扶贫和村级救济、最低生活保障、养老保险和合作医疗等福利事业方案;等等。

"小事",一般指村社的公共事务,即小公事,包括乡村的规划参与、生产协作、环境保护、矛盾化解、老人照顾、孩子关爱、文体活动等等。"三事分流"中最关键的是讨论什么是作为村社公共事务的"小事"。由于村支两委人手限制和诸多行政事务的重负,需要扶植乡村社会组织和引进专业社工组织来实施。而村支两委主要承担路线方针政策方面的引导,主要工作之一应该是培育、陪伴和培养乡村社会组织,尽可能将乡村的"小事"交给互助会这样的乡村社会组织,让村委会能够腾出手来,集中精力办好"大事"。

"私事",是指村民家庭、个人的内部事务、私人事务,由村民家庭或个人负责完成。例如:家庭成员的衣食住行、吃喝拉撒、婚丧嫁娶、养老抚幼等家庭事务,包括家庭的伦理关系、邻里关系、房前屋后的环境卫生等等。

十四、为什么要进行"三事分流"?

1. "三事分流"的由来

进行"三事分流",一方面是因为自然社区(村民小组)层面缺乏自治组织,因而缺乏处理村社公共事务的能力,一些很小的村社事务和个人事务因得不到有效处理便可能形成积怨,甚至通过上访、冲突等形式表现出来。很多时候,当政府用妥协的方式解决个人事务的时候,却可能引起更多的矛盾和不满。另一方面,当政府的公共资源(比如扶贫项目、公益岗位、低保、慰问金等)下放到村里时,缺少社会组织的吸纳、动员、执行和监督,不仅没有得到感恩,反而可能引起更多的矛盾。再者,当政府陷在人手不能及的小事之中,必然会影响做大事的执政效率,由此又可能引起更多的不满。同时,因为缺少自治组织分担公共事务,使得村民淡漠了甚至丧失了责任意识和家国情怀。"三事分流"就是为解决这些问题的社会治理创新的一种探索。

2. "三事分流"的目的

"三事分流"就是明确政府、社会和个人各自的责任,让政府从小事和私事中解脱出来,办好大事,提高现代执政能力;让社会组织发育激活,管好小事,锻炼处理村社公共事务的能力;让公民责任意识加强,做好私事,培养良好人格和家风。

3."三事分流"的意义

"三事分流"的意义是创造了责任共担的模式。第一,明确个人责任,个人担当责任,把自己的事情做好;明确个人参与村社公益的责任,理解协助大事的责任。个人有了组织、信念和责任才会有健全人格。第二,界定村社责任,创造村社分担公共服务的路径,无论是自动提出的还是政府下沉的村社公共事务。第三,明晰政府责任,帮助政府减负和职能归位,重建信任和改善干群关系。"三事分流"也让自立、互助和公益的公共精神有了生长的平台。

"三事分流"不是分离。政府的许多工作进入村社,就成了小事,当小事走出村社又成了大事。两口子吵架是私事,但是惊动了邻里需要调解,就成了作为村社公共事务的小事。作为小事的垃圾分类需要个人进行分类,同时需要政府组织清运,作为政府大事的文明创建也需要村社协同和公民参与。

十五、怎样进行"三事分流"?

"三事分流"的推进分两个方面,一方面需要整体设计,另一方面需要进行单体实验,因时因地,循序渐进。

"三事分流"的整体设计由乡镇与村委会商议,然后互助会从自然村有哪些公共事务入手,讨论有什么事,这些事该怎么分责,形成互助会承担事务的清单,最后是召开联席会征求各方意见,民主协商后经联席会通过,各方签字而生效,若有调整亦可通过上述流程实施。

"三事分流"可以从基层政府"清单制"入手,通过梳理"三事清单",改变政府包揽的倾向。这个过程是对乡村事务的盘点,会将政府自上而下的行政了解和村民自下而上的系统反馈有机结合起来,找准乡村的真正需求,建立信息反馈机制。清单梳理可以是从上到下的事务梳理,也可以进行从下到上的事务梳理,即社工站、村委会、互助会、联席会、部门、领导小组六个层级,特别是村支两委和互助会要讨论透彻。

"三事分流"的单体实验是指具体的事务处理,大致可分为七个环节:(1)事,问题搜集和反映要全面;(2)会,无论是分流根据还是内容调整,都要召开互助会和联席会讨论商议;(3)责,抛出初稿征求意见后,要在誊写的决议上签名或按手印(习惯法),做好现场纪要,入户补遗;(4)约,形成乡约或共识及细则,签名或按手印生效,宣告张贴;(5)履,按照大家约定的任务分头实施、合力完成评估;(6)评,互助会例会评议民约执行情况,评估和上榜;(7)记,文字、视频、录音、图片存档,形成经验案例。

"三事分流"对于基层干部而言是将行政工作与社会工作相融合的尝试,特别有助于自身社会工作能力的提升,也是推动以互助会、联席会为抓手的社会建设的契机。比如推动互助会代表定期召开工作例会、互助会成员大会,就群众反映的意见、建议和问题进行商讨,按照大事政府办、小事村社办、私事自己办的原则,合理分出大事、小事、私事,及时处理。例如:因基础设施缺乏、不完善、损坏,发生灾害需要抢救等紧急事务需及时处理的问题,鼓励互助会讨论提出意见,继而召开互助会代表、村支两委、乡镇政府组织以及相关机构参与的联席会进行商讨,联席会明确具体责任人、具体措施、完成时限,及时公示责任人和责任时限。如因历史原因、法律法规、现实条件限制不能做到的,联席会应明确责任人、具体时限,对村民解释说明,并尽量出具相关凭证作为依据。又如:邻里之间出现较大矛盾纠纷、干群纠纷等社会矛盾问题,也可以运用"三事分流"的方法,召开联席会商议,明确村委会和互助会各自承担的责任,选出公道正派、德高望重、群众基础好的3~5人组成和事堂进行调解,并及时将调解人员、时间、地点进行公示。

十六、社工如何助力"三事分流"?

社工在"三事分流"的每一个环节都可以起到积极的助推作用。具体说来有以下几个步骤。

（1）调研采访：了解不同利益相关方对"三事"的理解。

（2）分类分责：根据公私、大小原则，提出"三事清单"的建议。

（3）讨论分流：与部门、乡镇、村支两委、代表和村民分别开会讨论，明确"三事清单"。社工可以辅助合并、分类、排序、分析并建立"三事清单"。

（4）减压增效：推动镇村联席会议，确定哪些事务需要下放、如何下放、如何监督等。

（5）各归其位：推动政府、互助会、村民各担其责、各执其权、各获其利，监督执行。

（6）公共投入：推动公共事务与公共资源的投入方式通过互助会和联席会商议确定，上下结合。

（7）形成文案：以文字形式积累"三事分流"成果。

长沙县开慧镇葛家山村在"乐和乡村"建设期间，全村34个组成立了互助会，选出了172名乐和代表，实现了互助组织的全村覆盖，召开联席会37次，乐和代表召开碰头会70余次，在乡村治理方面取得了非常显著的成效。首先，社工调研采访，掌握服务实情。社工从调研到的200多条事项中，整理出可交由互助会监督的事务68条，可交由互助会讨论的事务37条，可交由互助会共同参与的事务45条，可交由互助会具体实施的事务50条。互助会代表参会的热情高涨，有人出行有困难，就有人主动来解决问题。针对"稻田挖鱼池、栽树、建房违法违章现象管控""涉农补贴发放"等政策的讨论，都有人持不同的意见，有些不免偏狭和自私，在互助会上，就必然会有人站在共同体的角度表达看法，最终往往能够得到公允的议事结果。

十七、为什么需要参与式投入机制？

一方面，长期以来，农村产业化服务或者公共事业工程大都采取自上而下的模式，即市县发放指标，镇村承揽项目。一方面由于缺乏政府与村民之间的信息互动和村民的广泛参与，在这种模式下所开展的项目时常会引发一些村民与政府之间或者村民之间的矛盾纠纷。另一方面,公共事业负担繁杂冗沉,仅靠政府的力量独木难支,在各种矛盾纠纷的影响下,很多项目无法顺利实施,或者实施的效果不大理想。

政府通过流程化、标准化、项目化的方式在处理大事方面卓有成效,然而过度使用科层化办大事的方式来处理基层的小事,往往捉襟见肘。单一化的自上而下分配公共资金与物资到村委会和居委会的方式,往往手续复杂,缺乏灵活性,进展缓慢,一笔几千元的资金拨付可能需要数月之久,效率很低。村民和居民因为不能参与到项目申请、执行和监督资金使用过程之中,很难体会在这个领域的"当家做主"。而以项目外包的方式落实的资金政策,弱化了村民和居民的需求导向,忽视了基层民众的广泛参与,其结果是不但不能给予自然社区组织资源的支持,有时候这种方式还成了基层干部权力寻租的温床,留下了基层贪腐的隐患,引发基层社会矛盾。

解决这些问题,需要改革政府对基层公共事业投入方式的管理,让政府的惠民资金真正成为激发群众参与的杠杆。"乐和家园"就探索了政府和村社负责、互助会协同、公众参与的农村项目参与式投入机制。

参与式投入机制的主旨是:在"三事分流"的基础上,通过鼓励和引导村民自主管理、使用、筹集和监督公共事务资金,充分调动村民参与公共事务的主动性,切实落实村民、村支两委和县级政府各自的责任与权限,降低公共事务运行成本,提高公共事务资金的使用效率。

参与式投入机制和"三事分流"是互为前提、二位一体的关系。如果没有"三事分流"的责任共担,很难实施参与式投入机制。当按照"三事分流"的原则对村社事务进行了各归其位的责权利划定后,相应地,就需要推进参与式投入机制改革。两者的目的都是为了提高村民公共事务的参与度和满意度。

十八、参与式投入的一般流程是怎样的?

在多年实践的基础上,我们将公共事务参与式投入机制改革的一般实施程序归纳如下:

(1)由互助会开会讨论相关的村社公共事务,并对公共事务进行"三事分流"的责任划分,据此确定此项公共事务所需资金和劳工投入的总额与划分;

(2)互助会代表串户调研,告知村民互助会对此项公共事务投入方式的讨论过程和结果,征求村民意见;

(3)互助会汇集村民意见,就具体公共事务的参与式投入机制撰写报告,递交村支两委,并且附上义务出工、协调矛盾、后续维护等承诺;

(4)村支两委根据报告的相关内容,与互助会召开联席会议,并进行现场调查,形成上报乡镇的申请报告;

(5)乡镇依据报告,进行项目审核调研,审批通过后,拨付部分款项用于项目实施;

(6)村民根据报告内容,出工出力,外出打工家中无人的家庭也可以以出资请人代劳的方式,完成项目;

(7)乡镇进行项目质量检查,质检合格后,拨付剩余项目款。

长沙乐和乡村建设项目实施之后,五个试点村均进行了"三事分流"和参与式投入机制实验,取得了非常好的效果。

通过这样的模式,长沙县白沙镇双冲村(现开慧镇白沙村)简东沅组完成了生态路的修建。因为村民自主筹资筹劳,修建生态路的资金比以前同样道路的修建经费节约将近30%。之后,用同样的方式,简东沅组又完成了骨干山塘和张家冲水库的修建和维护;开慧镇葛家山村罗家组用修2公里的钱修了4公里的路。随后,葛家山村村级建设的主要方式不再是依靠上级投入,而是村民自主筹资筹劳。2013年年底,村民筹集资金120余万元,完成了10公里的村级道路硬化,修建了13口标准山塘。除了节约成本、效率较高等优点外,"三事分流"和投入机制改革的实施,还改善了乡村基础设施的工程质量。

十九、参与式投入的实施要点是什么?

参与式投入有以下实施要点。

(1)提高用乡村建设促进乡村治理的自觉意识。对于村民热情高、急需的尚未实施的项目,各部门和镇村要首先考虑,借助村民需求,以此为切入点,加快成立互助会,引导村民推进实际事情,例如水利等基础设施建设项目,增强人们对互助会的认可和信心。

(2)通过"三事分流"的方法明确相关责任。实施方案要分清镇、村、部门的责任,并尽快探索构建具体实施细则,包括项目申报、落地实施、评估、运营维护等。村民意见要作为申报的重要参考。实施前要鼓励群众投工投劳,实施中要让群众参与监督。

(3)村民从立项到后期维护全流程广泛参与。通过村委会、互助会、联席会、村民大会的综合治理机制,让村民参与立项、实施、评估和运营维护。

实施要点的关键是要尊重参与式投入的流程。这里再以长沙县的几个村镇的实验为例加以说明。

按照"三事分流"原则,乡村的部分基础设施——村级道路、末梢水渠等,是属于乡村内部的公共事务,可以交由村民自行决策和管理。当五个试点村成立了互助会之后,通过与村支两委、镇政府的相关部门多次协商后,开慧镇葛家山村、白沙镇双冲村(现开慧镇白沙村)、高桥镇金桥村、福临镇金坑桥村均将村级道路和末梢水渠设定为村民自己的事,是否修、修什么样的路、需要多少资金和劳工、修建完成之后如何维护等问题均由村民自行决策。因为镇政府的相关部门需要负责拨付项目款项,所以项目的审核权和工程完工之后的质量监督则归属镇政府。

根据这样的权限划分,在这些村形成了一个新的乡村基础设施建设流程:(1)村民通过互助会商议之后,确定本组所需修建的基础设施项目。(2)互助会根据项目所需的建材投入等核算出项目资金,统计本组的劳动力情况,与村民共同达成出工方式。一般来说,可以出工的出义务工,不可以出工的则按照本村基本的出工费用商量一个费用标准以替代出工。(3)互助会继续根据项目所需,就项目完成后的维护和维修问题,与村民达成一致意见。(4)互助会根据上述意向撰写项目申请报告,递交村支两委。(5)村支两委收到项目申请,审核之后递交镇政府。(6)镇政府根据项目申请的内容,到小组进行实地调研和考察,最后确定项目是否实施。(7)项目确定实施后,镇政府的相关部门拨付部分款项,由互助会组织组员完成项目修建。(8)修建完工后,由镇政府的相关部门进行验收,验收合格,镇政府拨付剩余项目资金。(9)互助会按照之前的项目报告,组织村民进行项目的维修和维护。

参与式投入是公共投入机制的改革,解决的是村民对于公共投入特别是惠农资金投放机制参与度不高的问题。探索的突破口一般包括部分乡村综合服务资金的调配,也包括像垃圾管理这样的公共资金配置以及低保、公益岗位配置、年终慰问等公共资源分配机制的改革。过去与村民没有关系的项目,现在要由他们来参与决定。村民们学习新的流程,比如由代表征求意见,然后互助会讨论,再由联席会讨论后报镇的相关部门审批。如果批下来,互助会要负责投工投劳、材料和质量控制以及验收之后的质量跟踪和维修。

参与式投入改革让涉农基金、惠农资金直接落在了互助会身上,并以联席会的民主协商进行监管和沟通,这些都是用乡村建设和产业服务促进社会治理,又用社会治理保障乡村建设与产业服务实效的可贵实验。这样的经验其实可以广泛应用于政府投入的产业社会化服务项目。

二十、如何建立和管理乡村公益基金?

1.如何建立乡村公益基金

一般来说,乡村公益基金是由当地捐赠者发起成立,为所有生活在一个确定地理乡村社区的人提供服务的。它为非营利组织和本村社活动提供资助,解决乡村社区中的相关问题,通过向政府、企业和本地村民居民等筹集资金,实现可持续发展。

村社公益基金的建立,通常由村委会发起,也可以由互助会发起,给村委会报备,这就需要与村委会沟通,介绍清楚基金的建立意义、程序、管理和使用的办法,明确村委会在中间扮演的角色,取得村委会的理解和大力支持。然后,走访互助会代表,介绍公共基金的事情,试探他们的感受,并解释基金的用途。可以通过介绍别的地方的基金如何建立、如何管理以及使用的好处,帮助其理解。接下来,协调村委会和村民代表骨干讨论此事,建立公益基金管理委员会和理事会,确定章程、规则以及项目劝募书。最后,在一个大的活动中间,互助会会长用劝募书发起劝募,活动后张榜公布,包括公益基金的使用办法、使用情况等,并建立有村委会参与的监管制度。

2. 如何管理以互助会为主体的乡村公益基金

以下为基金管理办法参考。

建立互助会理事会和公益基金管理委员会(以下简称管委会),制定章程和管理制度,设立专账、专户,专人专管,专款专用,也可考虑外聘专业人才参与。基金管委会受村委会、互助会的监管以及联席会和村民的广泛监督。

公益基金来源渠道主要有公共经济提取,个人、社会捐赠,政府投入等合法收入。具体包括:(1)村社产业的利润提取;(2)政府对其公共财物和公共活动的资助;(3)社会团体、企业及个人的捐赠(含本社区);(4)公益性基金会项目的专项支持;(5)基金的利息收入;(6)其他合法收入。

公益基金使用范围:(1)公共经济发展的扶持;(2)特困人群的关爱;(3)公共文化活动的开支;(4)公共环境卫生的整治;(5)公共设施的投入及后期维护;(6)其他经互助会商议决定需要开展的活动等。

乡村公益基金的使用和管理流程通常有如下环节。

(1)项目设计。广泛征集村民意见和建议,拟订季度、年度项目计划。做出项目资金预算,并由村委会或互助会讨论。

(2)项目申报。项目负责人向管委会提交村社公益事业活动项目申请。资金预算要符合实际情况需要。

(3)项目审批。管委会受理村社公益项目申请,对计划书规范、资金预算合理、符合原则和范围的项目应及时予以批复。

(4)资金拨付。管委会根据互助会理事会签署的项目批复,按照相关财务管理制度和程序及时拨付资金。

(5)项目实施。管委会按照项目计划书负责组织实施,对社会组织和专业社会机构完成的服务项目,村委会及互助会负责协调、配合,并监督执行。

(6)评估监督。建立基金会运行情况公示制,每个季度将基金管理、运行、使用效益情况向互助会代表通报、进行公示,并接受村委会和联席会的监督,以了解基金的筹措和使用情况,切实强化基金管理。

2010年,重庆巫溪白鹿镇大坪村互助会、联席会融洽了干群关系。

第四章

事要做起来——开展乡村活动

一、谁来组织乡村社会活动？

这里说的乡村社会活动，指乡村的公共事务。过去的村庄，村民会因为红白事、逢年过节、公共事务、突发事件等聚在一起。群体生活拉近了村民之间的感情，减少了彼此之间的矛盾，满足了村民的社会属性，给村民以安全感和归属感。现在的乡村，由于青壮年大量外出，不少村子内人丁稀少，死气沉沉，更需要社会活动来提振精神、活跃气氛。经常搞活动的村子，村民更容易组织，相关理念的宣传更容易被村民所接受，有些矛盾也更易得到化解。而那些从来没有集体活动的村子，所有政令、乡村建设项目都要靠村委会的干部和几个临时帮忙的小组长来自上而下灌输，耗费很多人力、时间，未必会有好的效果。"干部主动，群众被动""干部动，群众不动"，或者"干部干，群众看"的状态成为今天乡村社会的普遍现象和痛点。

一个村总有一些公共事务需要大家参与共同处理，这就是我们所说的乡村活动，也是乡村生活非常重要的部分。那么，在中国几千年的乡村社会里，这些社会活动是由谁来组织的呢？

中国的许多传统村落，曾是基于生物多样性与文化多样性，基于祠堂、中堂、学堂的自然、自治的共同体。这些乡村没有化肥农药，但是种出了高品质的庄稼；没有洋学堂，但是培养出了一代又一代的大师，给我们留下丰富的精神遗产;没有福利机构,但是老有所养,幼有所教,有些被认为有前途但家境困难的孩子甚至由村里凑钱送出去读书。

以祠堂为公共空间的自然村落组织,负责处理生产协作、矛盾化解、环境保护、老人照顾等公共事务。一个乡村的小孩子在公共区域撒了一泡尿,被一个人看到了,于是受到一顿训斥。这个孩子当天在村里玩,可能走到哪里都被人笑话,让他无地自容。回到家,甚至被他爹扇了一巴掌。农村是熟人社会,一个孩子的成长,全村的长辈都会参与教化,个人的道德是在社会环境和家庭环境中塑造的。那个时候没有现在的基础设施投资,但是有祠堂和公共空间处理村里的公共事务;村里没有律师和监狱,但是有矛盾调解机制。

西方社区一般有三个系统,第一个是法理系统,就是父母和孩子吵架都可以上法庭,由法庭处理,所以欧美的律师特别多。第二个系统是宗教系统,有了心灵问题找教堂。第三个是公共服务系统,找西方意义上的社工。但是在我们古老的乡村,这是三位一体的,我们有共同的信仰,大家守望相助。笔者的一位老师说,以前他们村里每年都会交高粱或其他粮食作为公共事务的费用,即使很穷的人也要交。没有怎么办?邻居就会相助,既帮助保持了个人的尊严,又体现了守望相助,这样就营造出了德业相劝、过失相规、礼俗相交、患难相恤的天然共同体。这个乡村的孩子长大了,出去经商或当官了,告老还乡做乡绅,继续培育乡村的苗苗们,它是这样一个自洽的自循环系统。我们不要以西方的水晶鞋来切割我们的大赤脚,我们知道,中国乡村这双大脚是要穿中国的老布鞋的。

新中国成立以后,村和社按照生产大队和生产队来进行行政化管理,但依然是共同体的生活单位。随着城市化推进,人力流失、个体化的社会离散以及行政化的加强,村社往往是靠一个村民小组组长听从村干部的行政指令行事,基于自然村落的社会组织解体了,其结果便是缺乏处理公共事务的能力,几乎所有的事务都落到政府身上,特别是落在"上面千条线,下面一根针"的村镇干部身上。

所以解决问题的根本办法,还是在党建引领的前提下培育和依靠乡村的互助组织。这些互助组织可以是综合性的互助会,也可以是专项队伍。综合互助会以地域为单位开展活动,处理这个区域的综合公共事务;专项队伍包括坝坝舞队伍、主妇联盟、老人协会、娃娃团、专业合作社等,都可以各自组织活动。此外,如果村里有驻村社工,社工也可以辅助社会组织的成长和社会活动的开展。

根据"三事分流"的方法,参与各方明确自己的活动内容、任务和责任:政府着力"大事",即国家公共事务,包括乡村建设的硬件投入和硬件建设;乡村组织承担小事,即乡村公共事务,如村民议事、生产协作、矛盾化解、环境保护、老人照顾、儿童关爱等;村民处理自己的私事,即个人和家庭的事务;社工提供相关的专业服务。

本章所说的乡村活动,除了执行国家的乡村建设硬件工程,主要是指乡村公共事务,包括以公益为内涵的空间营造、以共富为共识的生产协作、以孝道为根本的互助养老、以教育为内容的儿童陪伴、以家园为感召的环境保护等活动。

二、乡村为什么需要公共活动空间?

乡村的形成,有地理的、经济的、文化的原因。我们追溯古老的乡村脉络,会发现"一方水土养一方村"。村庄不是凭空产生的,而是像树一样一点儿一点儿扎根和蔓延长成大树的。这样的村我们把它叫作"自然村"。它们往往有一个很"自然"的名字,例如张家村、王家沱、白鹿原、大石村、三溪村等等。顺着村名,都能摸到这个村庄的脉络。

在自然村,村民往往会自发地在某个地方聚集:村口的一棵大树、热情好客人家的院坝、祠堂、学校、卫生所等。这些公共的活动空间,日复一日、年复一年地见证着村庄的生长收藏、寒来暑往,也承担着议事、活动等公共服务功能。很多村级层面的小事,在这些公共空间里就能得到商议和处理。可以说,公共空间是村庄的必需。没有公共空间,很难有公共活动;没有公共活动,很难培育公共精神;没有公共精神的村庄,只能是一盘散沙。

随着时代的发展,越来越多的青壮年外出务工,很多自然村衰败甚至自然消亡,政府不得不将附近的自然村合并成行政村。南方零散型村落比较多,合并起来的行政村一般面积都比较大,由于缺少公共活动空间,村庄冷冷清清,村委会和村民日渐疏离,加上一些政策落实、土地占用等方面的矛盾,越发让不少村民站到了村委会的对立面,公共精神几近消失。

修复原子化的乡村,需要公共活动;要开展公共活动,必须有大院这样的公共活动空间。大院根据功能需求和客观条件,其配置要素包括:露天活动院坝、室内议事空间、食育坊(厨房)、国学堂(小型学习场所)、小剧场(多媒体空间)、宣传栏等。以上配置基本上能够满足村里公共活动的需求,因为有这些配置,大院得以具备开展公共活动、公共议事、宣传展示、教育引导、娱乐休闲等多元功能。大院的各个功能室可以合并。

"大院"是公共活动空间的别称,在乡村社会治理中发挥着至关重要的作用,需要用心营造。能在有条件的地方新建大院提供公共空间固然好,但对于大多数的村庄而言,只要把原有的空置场所比如废弃的小学、空置的旧屋乃至村委会的大院加以内容上的调整充实,都可以成为大院。这就需要在充分调研的前提下,掌握村民自然聚集的情况,找到那些天然的场所,加以引导、升级、完善。

凭空建设的大院往往没根,很难在短时间内培养起村民的使用习惯。在村民原本就聚集的地方进行软装、美化,并把一些必要的基础设施以小项目的方式完善,投入小,效果好,甚至会有一些意想不到的收获。比如,让乡村社会组织在建大院的过程中提高自己的组织能力,可以培养公共精神。

三、如何用社会治理营造公共空间?

因为乡村居住分散,为方便村民参与大院活动,一个村有多少个自然村就应该有多少个大院。目前尚在村民口中经常出现的"生产队",基本上和原来的自然村重叠,所以也可以理解为有多少个生产队,就建多少个大院。湖南长沙一个村民小组龙顾组的互助会就靠自己筹钱出工,又得到政府的部分资金支持,建起了自己小组的大院。在重庆酉阳的何家岩村,村民组成互助会以后说服几户人家将闲置的老屋变成公共空间,并动员大家出工出力建成了村里的第一个大院。在重庆南岸峡口镇大石村,村民们还有一种特别的发明,就是把村民比较宽敞的自家庭院装饰出来,变成这个小组的村民可以共享的大院。在这个过程中,发生了许多动人的故事,堪称用社会治理营造公共空间的典型样本。

大石社有一位姓周的妇女,社工叫她周孃孃,她热情好客、勤快、爱笑,附近村民都喜欢聚集在她家院坝聊天、乘凉、跳舞、做手工活儿。"乐和家园"建设期间,社工很快发现了周孃孃家院坝总是有很多人的情况,于是主动将很多公共活动放在这个院子举行。久而久之,这里就成了"乐和大院":大院墙上,有互助会结构图、"三事分流"表;乐和动态墙上张贴了丰富多彩的活动照片;院子外面的健身场每天都有村民过来锻炼身体。这样一个"乐和大院",成了远近闻名的文化大院,前来参观考察的团队络绎不绝。那么,这个"乐和大院"是如何建设的?花了多少钱呢?

之前,从公路通往周孃孃家的小路既狭窄又布满青苔,路面坑坑洼洼,尤其是下雨天更是行走困难。由于女儿、女婿在外打工,家里缺乏劳动力,她没有精力和能力去修缮这条小路,还为此摔过好几次跤。

2014年3月13日,大石社互助会在周孃孃家院坝里召开。会上,代表们投票选出了互助会会长,并决定将周孃孃家作为大石社"乐和大院"。有代表提出来,周家院坝小路又陡又滑,以后开院坝会经常进出可能比较危险,希望峡口镇能够帮助出一些材料,代表们出工把路修整一下。社工听取代表们的意见后,就把会上提出的解决办法写成了申请反映给了镇有关部门。

3月26日的早晨,峡口镇镇政府组织运来了一货车河沙和水泥。互助会会长带着村民们拿着铲子、铁锤等工具前来帮助周孃孃修路。周孃孃一边忙活一边对大家表示感谢。春耕农忙时节,大伙儿放下自家的农活儿来帮她修便道,还不收一分钱工钱,果然是远亲不如近邻啊。公路上大伙儿忙着和水泥河沙,厨房里妇女们忙着中午的饭菜。中午,大家乐乐呵呵地坐在一起吃饭,饭桌上会长还给大家做思想工作,谈乡村建设是有时间和过程的,只有思想提高了,政府和社工才能带领大家干起来。一顿饭下来,大家吃得很开心。周孃孃感慨地说,这么多年的邻居了,好几个村民都是第一次到自己家吃饭,感觉大家的关系又更进了一步。

随着大院活动的开展,原来的院坝场地太小不能满足需求了。2015年3月,大石社互助会在"三事分流"理念的指导下,经会议讨论提出拓宽现有院坝的议题。代表们分别收集群众意见,并于6月10日提交到大石村联席会讨论,按照大事政府办、小事村社办、私事自己办的原则,形成了扩建院坝、修建健身场的意见,由周家无偿提供土地,互助会负责工程组织实施,镇村负责协调建设资金和体育器材,明确了各方在大院改建扩建方面的责任。然后,互助会通过大石村公益站向重庆南岸民泰社区基金会申报了"乐和大院"扩建项目,经基金会现场考察并审批通过后,大石社"乐和大院"正式进行扩建,并于8月中旬完成了铺设地坝部分。9月1日,大石社互助会召开会议,提出由互助会组织完成收尾工作,如修建栏杆、粉刷墙壁、平整运动场地坝等。代表们经过讨论后做好了初步预算,安排组织人员出工出力,进行了为期三天的工作。此次收尾工作中,有10名互助会代表及村民参与。按照市场价,每人应得工钱200元/天,但大家为了支持大院建设,主动提出150元/天。最后由于实际经费不足,在互助会高会长的建议下,大家又让出每天20元的工钱,只按130元/天领了工钱。此外,因安装健身器材需要水泥和石粉,当社工与周孃孃一起去向附近正在修房子的人家购买时,得知是为了公共设施,大石村杨主任无偿提供了一袋水泥,一位姓王的村民无偿提供了300公斤石粉。

大石村有5个村民小组,就建了5个大院。以上述的方式,5个大院都挂了统一的标识牌。通过有频次的互助会活动,大院聚集村民活动的属性慢慢得以彰显。

修缮乐和大院,本身就是培育公共精神、提高社会组织能力建设的过程。而大院的建成,既鼓励了互助会参与公共事务的积极性,又为村民进行公共议事、开展公共活动提供了空间。自从有了乐和大院,互助会定期在大院召开会议,讨论解决公共事务,接待考察专家和来乡村旅游的游客,开展娃娃团活动、妇女团技能讲座、跳坝坝舞等集体活动。在社工站的引导下,互助会积极组织端午、中秋等传统节日活动,由村民自愿参与出资,互助会组织举办乐和宴,凝聚了乡里乡情,提升了村民的公共意识。

四、大院如何进行日常维护和运营?

大院一般由乡村社会组织来商量维护,不必雇专人维护。大院日常维护和运营应注意以下几个方面的问题。

(1)大院建成之初即要组织互助会,共同商议出使用大院注意事项,即"大院公约",包括大院的功能、宗旨、卫生须知、安全注意事项、免责须知等,将其张贴出来让村民共同遵守。

(2)大院如果是私宅公用,大院主人又长期在家,一般情况下由主人承担大院的日常保洁和接待运营;如果是完全的公共空间,可以由互助会商量,确定轮值维护计划。

(3)大院的运营需要一定的成本支出,包括水、电、气、柴等,最好由互助会自身的公益小基金承担。以重庆南岸峡口镇大石村大石社大院为例,经互助会商议和当事人同意,周嬢嬢负责大院的维护,每个季度从互助会公共基金中支取50元水电费。大石社的公益基金是通过做培训、接待住宿及餐饮的费用按比例提留的,由互助接待组支配,受村委会监督。

(4)大院可以实现自负盈亏。即大院还可以做成"共享茶馆"等,以商业的方式,提供茶水、简餐、休闲等服务,收益按照比例提留出运营经费。

（5）社工应助力大院的营造与活动。首先，社工在政府支持下帮助村民组织起来，选出代表，建立互助会，处理公共事务；其次，推动建立由政府、互助会和社工构成的联席会作为协商机制，使村民学会通过定期的联席会沟通交流，分担公共服务，共享公共资源；最后促成大院的硬件设施建设，并建立由乡村骨干为主体的大院活动和管理制度。

（6）大院需要上墙的最关键的几个内容有：互助会架构、互助会代表联络户、联席会流程、"三事分流"介绍、村规民约（可以是只针对大院的）、活动时间表、活动图片、互助会成员全家福等。

大院建设的核心是通过"三事分流"的责任清单和分项的村规民约激活互助会。尤其需要注意的是大院的建设要充分尊重村民意愿，以村民义务投工投劳献计献策为前提，以简约为原则，根据现有条件打造大院。不可过分强调项目投入，以免劳民伤财。

五、为什么要建立家风堂？如何以家风堂为载体开展乡村活动？

家风堂是以家文化为核心打造的空间载体，是乡村治理的重要抓手。家风堂既可以以农村社区为场域组织起来，又可以以邻里乡亲的农村社群为场域组织起来。前者是村社家风堂，后者是小微家风堂。

村社家风堂是基于村社层面的集学习议事、公共活动、产品展销、青年创业等于一体的家文化公共空间。村社家风堂的基本配置包括村史、姓氏来源、家风故事、家谱家训、村庄名人、共享厨房、宣传公示栏、基本活动经费等。村社家风堂与前面说的以自然村落为单位的大院是一体的，也可以说是大院的家文化内容和形态。

小微家风堂则是植根于农户家中的以党员或者村民骨干为核心的小微综合体，也就是在村民小组的架构里或者网格的架构里再细化为几户人家或者十几户人家的小微社会体，是前面谈到的互助会的细化，又是互助会的家文化内涵的充实。其基本配置包括家文化氛围营造、家文化展示、共享茶具、基本活动经费等。其基本功能是在更细更小的空间激活农村社群的自治力量,开展议事和互助活动,如生产协作、环境保护、矛盾调解、老人照顾、孩子关爱等,是用家文化激活落实、落细、落小村民的自我管理能力的重要举措。

以家风堂为载体把村民组织起来,使得农村社区和农村社群的组织有了文化的灵魂。家风堂可以开展社会类活动、文化类活动和经济类活动。作为乡村社群经济的载体和保障乡村信誉体系重建的小微经济体,以家风堂为单位组织生产协作,通过家风景观打造和活动开展,发挥村民爱故乡的主观能动性,用少量资金撬动爱故乡的能量,形成浓郁的家文化建设氛围,随之衍生的家文化产品还可以带动文旅产业和生态农业,为产教社融合的发展模式赋能。

无论在大院这样的村落共同空间还是在家风堂这样的小微社群空间,对于乡村社会工作来说,都要抓住乡村社会活动三要素,即价值观、方法论和行为范。其一,价值观是通过组织这场活动,希望传递什么理念?这个理念是活动设计以及结果评估的起点,是活动生发的引擎。切忌为了活动做活动,尤其是带着项目进村,为了完成项目的一个任务而设计活动,村民往往是在"配合",一旦没有活动,村民就停步不前了。其二,方法论,即将通过活动要传递的理念及活动所采用的策略、方法体现在一个方案中,包括主办方、活动流程、材料清单、预算,构成活动的主体部分等。其三,行为范,即经过活动,希望参与者形成怎样的行为上的改变。

六、如何用社会治理带动乡村建设?

这里说的乡村建设,不是20世纪二三十年代以来包含社会、文化、产业、环保、康养等的整体建设,而是狭义的硬件建设和硬件投入。这些年出现的一个普遍问题是社会治理和乡村建设"两张皮",解决的方案只能是乡村建设和社会治理的融合。

先看一个真实的故事。巫溪县政府曾经准备启动200万的资金改造巫溪上磺镇羊桥村的低洼地,但是村民各自为政,只想着自家的田边地角,无法形成共识,无奈这个项目只好被收回。几年后羊桥村开展"乐和家园"建设,村民们组织起来成立了互助会,才开始懊悔当初为什么因为各家的狭隘错过了这样一个对大家都好的项目。于是通过互助会讨论、联席会"三事分流"商议,向村委会和乡镇政府提出改造低洼地的请求和申请,承诺由互助会协调各家的田边地角可能的矛盾,安排为施工队进场做好服务,并保证工程的后续维护。其结果是村民的申请得到了政府的支持,项目得以成功实施,村民对此感激不尽,大大和谐了干群关系,提升了村民对政府服务的满意度;互助会也兑现了自己的承诺,提高了分担公共服务的自治能力。

在长沙县,以前经常出现政府为村民做"湿地工程""生态路""小水利"而村民不买账、不配合的情况,村民为工钱讨价还价、为一棵白菜的赔偿叫板也司空见惯。其中重要的原因是村民由始至终没有参与到项目的立项、执行和实施中。乐和乡村建设后,政府组织了两次县级层面乐和乡村建设投入机制改革调研会,启动了投入机制改革的整体设计和单体实践,探索投入机制的新模式,无一例外都取得了成本低、质量高、参与度高的效果。开慧镇葛家山村罗家组互助会用2公里的指标,通过义务投工等方式独立完成了4公里的生态路的铺设;荷家组完成了3口总面积8亩的标准塘建设,修通了400米的连村公路,让村民们几十年来首次能便捷地到邻镇赶集。

大量的投入是需要以村民自治的社会治理以减少矛盾、提高效率、和谐干群关系为保障的。社工的作用,一方面为社会组织进行能力建设,另一方面助力政府,通过村民自治+"三事分流"+公共投入机制改革,让互助会、家风堂等村民组织参与到公共事务的申报、实施、评估、后续监督、维护等各个环节。同时,助推村级项目执行方式的改变:第一,将自上而下的筹建过程变成自下而上的申报过程;第二,将投标、雇工完成项目的模式转变为村民根据自己的需要自行设计、修建和维护;第三,将政府从被动地包办进行过程管控,变成在小事上充分授权,根据结果评估,还乡村社会组织为治理主体,使其灵活使用资金和资源来处理自己的事务。由此,不仅节约了项目的经费支出,而且提高了项目的修建效率,确保了项目为村社切实所需。更重要的是,通过公共投入改革,在部分基层小事上分责授权,成了政府训练基层协商民主、激发社区组织参与、还政府以信任的有效举措。

七、如何用社会治理带动环境保护?

中央农村工作领导小组的一位领导曾在一个论坛上痛心疾首地问:农村的垃圾问题你们能不能解决呀?后来在分论坛上笔者介绍说:乡村治理是环境保护的前提。农村的垃圾管理问题,在所有的乐和乡村都不是难题,一些乡村还自愿搞垃圾分类。

以前环境管理问题属于乡村治理中的难题,很容易引发干群矛盾。乐和理念进入乡村之后,基于互助会的成立,分散的村民重新获得了相互之间的认可,并密切了人际往来,由此而激发了公共意识和集体责任感,曾经的环境管理的公共事务难题也就不再是难题了。这正是社会建设和文化建设所带来的生态建设效果,它让村民在这个过程中学会理性地表达和积极地参与而真正成为家园环境的主人。

以乡村垃圾管理为例。在乐和试点村,通常互助会成立之后第一件自动去做的事情就是垃圾管理。通过联席会讨论并确定各自的责任,由互助会负责组织和管理村民们义务分片管理垃圾和定期清扫,村支两委负责协调垃圾转运的事务。很快,乡村垃圾问题就得到了解决。

比如在长沙县白沙镇双冲村(现开慧镇白沙村),简东源组互助会成立环保小队,疏通沟渠,除草保洁;长沙县春华镇金鼎山村的互助会把公共环境卫生划分到户,全方位开展村民房前屋后、村道社道及公共场所的卫生整治,并定期组织评比;重庆巫溪上磺镇羊桥村互助会还组织村民义务清理羊桥河边堆积了三十多年的垃圾;山东曲阜的一些互助会组织推广用厨余垃圾做环保酵素,用实际行动向村民证明环保酵素的功效,减少化学洗涤剂对于农田和水源的污染,既健康又省钱。

再如生态民居和节能建筑的推广,在很多乡村难以实施,而在四川彭州通济镇大坪村却得到了良好的解决。2008年7月,当地政府引进北京地球村作为社工组织和社工站的技术力量,支持村民组成大坪村生态协会,建立了该协会和村支两委以及地球村组成的联席会,通过联席会邀请到由刘加平院士和他的生态建筑师团队作为义工来到大坪村设计生态民居。经过联席会组织村民与义工团队协商,探索出了一套非常适合乡村的"乡野生态屋""乡情小聚落"的低碳建房操作模式,并由专业总工程师对每一户被称为"乡土工程师"的村民进行系统教学,同时对每一户建房进行现场督导和工程评估。最终建成的生态民居系统,较一般的乡村砖混建筑至少节能减排50%。

农村环境整治的"双控"始终是难题。所谓"双控"指的是控制违规建房,禁止私搭乱建和控制违法用地。通常情况下,"双控"的解决方式是行政手段或者花钱雇"看护员"或者交给村支两委监管,但解决问题的能力很弱。为此,很多地方对于违规行为采取强行压制的方式,结果引致执法冲突,干群关系进一步恶化。而在重庆南岸峡口镇,政府把"双控"作为社区公共事务交给了互助会。通过联席会由村支两委、互助会、社员代表大会共同商议建立"双控"协管机制,由互助会在村民中选出11个协管专员,并讨论形成了协管专员的基本工作模式:"一天一电话、一周一总结、一月一汇报",在社工站的配合下,互助会向村委会反映具体情况,向镇政府汇报总体情况。由此,本来由外来力量监管的事情,成为村民自己要承担的自己的事情,"双控"取得了良好效果。

八、如何用社会治理带动乡风文明?

以互助会和家风堂为载体,农村社区和农村社群的组织便有了文化的灵魂。通过家风堂来保存和修复家谱家训家规、族谱族训族规,是进行民风教化、维系公序良俗、带动乡风文明较为切实有效的路径。辅助村民将"敬天地、守国法、奉祖先、慕圣贤、崇礼义、孝父母、和夫妇、友兄弟、教子弟、尊师长、交良友、睦邻里、勤本业、尚节俭、亲自然、乐公益"这样的中华古训以及各个姓氏宗亲留下来的家文化遗产与社会主义核心价值观相结合,开展文化类活动以及互助乡厨这样的集社会和文化于一体的活动,都是乡村社会工作的重要内容。

如果不从社会建设方面来重建公序良俗和"积德"的民风,只依赖"积分","积分"可能被异化成一种被动的刺激以及物质交换,"积分"的评议还可能造成新的矛盾,增加治理成本,损害自立、互助、公益的精神。有了乡村治理,就能够道德复兴。通过社会治理,才能够道德复兴。这是15年的"乐和家园"建设最重要的体验。很多过去看起来特别冷漠,什么公共事务都不参与的村民变了,他不只是义务投工投劳不要钱,还会自己出钱来做乡村的事情,还照顾其他人。这样一种自立、互助、公益的共同体文化,需要社会组织起来,这种道德才能重生。

长沙县的村民们将"乐和"理念总结为:"困难邻里众人帮,公共事务众人管,社会正气众人扶,乡村文化众人兴。"邻里守望相助、相互扶持,一时间蔚然成风。谁得了重病,常常会得到互助会组织的村内的慰问和捐助;孤寡老人、留守儿童因为守望相助的文化复苏而得到乡亲的照顾。抗旱期间,长沙县福临镇金坑桥村棉花坡组一对夫妇因交通事故双双住院,不能收割自家稻谷,乐和代表自发组成一支队伍,在他们最困难的时候伸出援助之手,帮助该户收好稻谷和芝麻,喂好猪。开慧镇葛家山村桥上组的一位村民突发重病,这个并不富裕的乡村全组一次性捐款加起来竟有45000多元。全组乡亲的这份恩情不仅令病人家庭感动不已,也让村民们感佩于心。

在杭州上虞永和镇项家村"乐和家园",公共基金捐款已经成了村民常规性的活动和机制,互助会选出代表组成专门的公共基金管理理事会。公共基金的一个重要用途就是服务于村里的孤寡病残老人,为此村里还给两位妇女发放了少量的志愿者津贴,以保证其为老人们提供必要的服务。

九、如何用社会治理破解留守儿童难题？

在中国的许多乡村,由于城乡分割的二元制社会结构体制和自身经济条件的限制等诸多因素的制约,大部分农民外出务工时把自己的孩子留在了农村,由此产生了数量庞大的农村留守儿童群体。乡村社会的空巢化和碎片化,使得留守儿童放学回家后既缺少父母的关爱,也缺少乡村社会的照顾和教育。留守儿童的成长发展令人担忧。既有的解决留守儿童问题的方案,大多集中于物质的帮扶,并且大多是集中在学校。而如何通过乡村社会工作和社会治理解决留守儿童放学以后在家的看护和精神上的帮助,是一个值得重视的大问题。

在重庆的巫溪、酉阳和黔江的十个试点村里,30名"乐和之家"的社工不分寒冬酷暑,在个案、小组、社区、学校、工地的"五点",提供"学业陪读、情感陪护、生活陪伴、能力培训、人格培养"的"五面"服务,历时三年的项目受到普遍好评,其理论和案例的专业报告,给以乡村治理为基础的留守儿童关爱事业留下了厚实的理论和实践成果。

十年前巫溪"乐和之家"项目启动时的一篇文章《乐和之家:以社会管理创新破解留守儿童难题》中提出的解决方案现在看来依然没有过时,摘录如下。

第一,建立协调组保证党政统筹督导,解决学校和社区脱节的难题。为了让留守儿童从学校到乡村都得到关爱,"乐和之家"试点县组成了由县委领导,政府负责,妇联、教委、农委、旅游局、文体局、团委等相关部门组成的协调小组,统筹督导"乐和之家"项目的实施,将关注点由校园进一步扩大到农村社区,探索政策创新,协调部门任务,督导项目实施,在乡镇和乡村层面指派专人负责落实部门任务。通过建立协调小组、设立专人对接、保持信息沟通、保证基本硬件、纳入行政考评、探索政策创新等方式,让留守儿童项目成为政府的新农村建设和社会管理创新工作的一个实际的助力。

第二,引进社工队提供专职服务,解决乡村公共服务人力不足的难题。

留守儿童不仅需要书包,而且需要陪伴读书的人。社工进村,与大学生村官和义工一起建立社工站,服务留守儿童。社工的主要任务是协同有关部门和当地村社组织服务留守儿童,包括调研留守儿童所在乡村的家庭信息和学校乃至父母工作地的信息平台。组织娃娃团,提供安全、国学、体育、保健和环保教育,并组织相应的活动。助推邻家妈妈和邻家的留守儿童结爱心对子,并提供教育培训乃至生计培训。与留守儿童所在的社区和学校沟通,并通过交流让乡村留守儿童与社会爱心人士沟通。

第三,成立互助组结爱心对子,解决乡亲淡漠、邻家孩子无人过问的难题。发掘自然社区的潜力,让邻家的妈妈爸爸组织起来,让邻家的乡亲照顾邻家的孩子,是解决乡村留守儿童难题的有效路径。"乐和之家"的一个重要内容就是以自然村为单位推举本村的热心人士,组成互助会或者义工队,协同村支两委工作,按照本村实际的地理条件与亲缘关系,组织爱心爸妈和留守儿童结对子,社工帮助建立爱心档案。爱心爸妈对留守儿童的一般安全问题给予关注,协助留守儿童家庭成员督促孩子完成作业,关照孩子的身心病痛,必要时接送孩子等,在很大程度上弥补了留守儿童亲情缺失的问题。

第四,建立娃娃团,让孩子有自己的社会空间,解决孩子放学以后分散孤独的难题。娃娃团是一个由孩子自我管理、自我教育的互助团,主要解决放学以后或者学校之外彼此之间的交流问题。娃娃团内成立多种兴趣小组,让孩子们放学后重建自己的良性小社会,与同龄人之间正常交流,形成集体归属感,来弥补缺乏亲情相依的家庭之爱,并在这个过程中学会自立与互助。有了娃娃团,孩子们一周至少会有一次聚集在一起,做功课、读经典、习礼仪、玩游戏。娃娃团的活动由社工、村干部及以退休教师等人群为主的专业队伍承担,政府部门协调相关的师资、教材、教具。

第五,建立联席会,使留守儿童管理组织化,解决乡村社会管理涣散的难题。联席会在乡镇层面由乡镇党委召集,在行政村由村支两委负责召集统筹,由乐和互助会、社工组织、学校代表、帮扶单位,以及党员代表、村民代表、企业代表等共同组成。联席会每个月至少召开一次,商量村务,也讨论留守儿童的情况和疑难问题。乐和互助会负责爱心爸妈结对子和相应的事务,社工组织提供专业服务和培训。联席会搭建了"立足乡村、对接学校和连接企业"的平台,让过去分散的个人的帮扶行为变成有组织的互补互助的管理机制。

第六,组织亲友团,设立留守基金,由各方共管,合理使用,解决社会慈善资源与村社管理断层的难题。有了联席会这样的共管机制,也让乡村有了调动聚集社会资源的能力。开江县在县的层面建立了留守儿童的专项基金,调动全县的企业和个人的资源来帮扶;巫溪县的几个村也成立了乐和基金,接受本村村民捐款,以及县内外政府、企业、社会团体和个人捐款,并建立了以"乐和互助会执行、村支两委监管、乡镇备案、群工部审计"的使用方式。这样做的好处是可以把资金不仅用到真正困难的留守儿童身上,而且用到爱心爸妈们的公益支持上。针对留守儿童因为有打工父母的支撑经济上反而较宽裕的现状,乐和基金不是直接把钱给予留守儿童,而是用于为他们培育一个良好的家的环境及亲情上。同时动员当地社团和能人志士,或者进村服务,或者捐钱相助,利用他们的社会能力,发挥他们的模范作用,养公益之风。

第七,办好活动站,为留守儿童提供乡村活动空间和精神营养,解决村级活动站功能不足的难题。为了给村民以及留守儿童提供活动场所,大多数"乐和之家"试点县的试点村已经成立了以村(社区)公共服务中心为依托,整合基层党员干部现代远程教育设施、农家(社区)书屋、群众工作室、综治及相关公益组织的资源和功能于一体的"乐和之家"活动站。在村支两委和社工组织的辅导下,爱心爸妈和结对帮扶的孩子、娃娃团的孩子们在这里开展各种各样的活动,或诵读经典,或做养生操,或唱歌跳舞。这些教育活动填补了留守儿童校外教育的盲区,同时也提高了村级活动站的功能。

第八,搭建生计桥,为爱心爸妈解决后顾之忧,解决公益行为与经济效益脱节的难题。搭建生计平台也是"乐和之家"的重要任务之一。一是发展生态产业和绿色种植农业,农委负责进行农业技术培训,公益组织帮助开发公益市场,通过爱心爸妈的公益故事打动人心,以合理的价格将农产品卖到市场;二是由公益组织引进外来资源,为城里人做手工布鞋、小挂件、剪纸等手工艺品;三是发展乡村旅游,以农家乐的方式,吸引外来游客,旅游部门进行乡村旅游培训,给爱心爸妈以优先经营权。一些试点县正在以"乐和之家"为契机树立公益品牌,建立以产业转型、公益购买和生计培训相结合的生计平台,让照顾留守儿童的乡亲得到爱心人士对其生计上的市场支持,让经济效益与公益行为挂钩,以乡村公益精神促进经济发展,以逐步实现"妈妈留下""妈妈回家"这些解决留守儿童问题的治本之策。

十、如何用社会治理推动互助养老?

1. 以互助乡厨作为互助养老的切入点

鉴于农村老龄化、空巢化的问题日益严峻,如何以社会治理解决乡村互助养老的问题,就成了乡村社会工作必须要面对的重大任务。2017年,在曲阜"学儒家文化,建乐和家园"活动中,乐和社工与书院、村互助会骨干一起商量如何为本村的老人做点事情,创造了让村里老人AA制每周一起吃一顿饭的方式,为老人补充营养以及缓解心灵的孤独。之后在四川彭州通济镇大坪村、重庆南岸峡口镇大石村也相继展开这种活动,探索了以社会治理为基础的农村养老模式——互助乡厨。

互助乡厨是以互助养老为切入点,以村委会为主导,以村民(老人)为主体,以社工为助力,由老人子女出一部分资金,基金会补贴一部分资金,每个节气做一次的城乡互动志愿服务行动。一般情况下会在乡村大院或者具备基本餐食条件的村民家风堂的院坝举行。南方乡村多零散型聚落,一个村民小组选一个就餐点为宜,方便附近的老人步行10分钟内即可到达。如果将互助乡厨就餐点升级打造为老人食堂,那么就要选择相对有历史沉淀、有文化内涵、无产权纠纷、为绝大多数人接受的场地。

2.互助乡厨的操作原则

(1)由党支部牵头。充分发挥村级党支部在互助养老活动中的领导作用,发挥党员在互助养老活动中的模范带头作用,建立党员轮值陪同老人就餐聊天制度,充分动员党员及其家属报名参与互助乡厨做义工,动员符合养老条件的老党员、退役老军人、老干部、老教师等参与活动;积极发动党员同志为互助乡厨捐资捐物捐时间。

(2)以村民为参与主体。把培育互助会和义工的队伍建设、组织能力和凝聚力作为重点工作目标,力争实现村委会监督,互助会等乡村社会组织自主运作的目标。帮助建立互助乡厨义工轮值制度、义工筛选更新制度。通过村际交流提升村民参与的主动性,通过召开村级表彰大会给予荣誉奖励,激发其荣誉感。鼓励费用均摊或者由家人为自家老人出一部分钱,避免村委会或外部义工包办代替。重庆酉阳铜鼓镇兴隆村村委会以老年食堂为抓手培育互助会,让互助会自主承担本来由村委会完成的老年食堂的任务,既给村委会减负,又给互助会增能。

(3)以文化为本。始终把激发孝道敬老回归、激发邻里互助情谊来改善村风作为工作的根本。对于积极参与互助乡厨活动,为自己父母买单或爱心助人的人员,给他本人或本人的工作单位送表彰信或感谢信,并通过多种形式的媒体宣传其孝心善行。在有条件的地方,特别是有社工服务或志愿者服务的地方,融入耕、读、居、养、礼、乐"新六艺"内容,开展老人才艺展示、义工厨艺大赛、党员谈心、健康常识播放等活动逐步丰富老年人的精神文化生活,促进老年人的人际交流,而不是单纯局限于聚餐吃饭的物质性活动。

(4)实现健康持续发展。重视开源节流,根据村情制订互助乡厨服务标准和收费标准,避免开支过高不能持续,或标准太低没有吸引力等情况发生。通过发动乡贤捐资捐物、申请村镇有关慰问资金、申请村镇养老资金等来获得更多的支持,通过精细计算来保持财务盈亏平衡。

(5)财务公开透明。制定财务定期公开制度,建立互助乡厨财务流水账制度，自觉接受全体老人监督，保证经费使用过程透明、合理有序。酉阳县红庄村互助会发动村里人和外出打工的人为互助乡厨捐款，并以家风堂为载体组织互助乡厨活动，将互助乡厨的公益基金严格管理、细账公开，受到好评。

（6）提高志愿者服务质量。要明确志愿者岗位职责。志愿者应爱整洁，保持好厨房卫生；勤俭节约，不浪费公共食材；公私分明，不侵占公共资源；服务热情，对老人态度和气；团结协作；增强服务技能。让老人学会保健、娱乐身心、增进交往、获得支持，进而促进村风家风的建设。每次活动除了吃饭，还可以增加一些其他内容。例如：一套操，伸伸腿（社工或者义工带做峨眉明目功或者拍打功）；一组拍，拍拍肩（做一个前后拍肩摇背的游戏）；一支歌，张张嘴（组织老人一起听歌或者唱一首歌，或者有人表演一首歌）；一堂课，讲讲事（围绕健康、老人防骗、儿女关系、法律常识、生活窍门、新闻见闻等来讲）；一席话，聊聊天（促进老人自由交流，谈论今天讲课的话题以及生活中的事情）。

十一、互助乡厨实施中有哪些需要破解的问题？

1. 互助乡厨的经费来源如何持续

（1）鼓励家里的子女为自己的父母交费；

（2）建立本村孝亲敬老基金，成立基金管委会，号召全村打工人为老人们捐钱；

（3）引导村集体经济按照一定比例定期注入一部分资金；

（4）整合乡镇民政、妇联、文化教育口等的有关慰问金、活动资金；

（5）积极组织乡贤、企业主、公职人员，利用春节、元宵节、端午节、中秋节、重阳节等节日发动募捐；

（6）村集体的公田产出，按照一定比例注入孝亲敬老基金。

2.互助乡厨操作中如何进行分工协作

互助乡厨操作中,分工协作是至关重要的。

(1)乡镇政府:安排分管领导专门负责,责任到人;与村庄协商选取试点;组织试点村班子到曲阜书院村学习培训;安排党员干部轮值下村同老人交流、共餐;协调农业、妇联、民政、科技等部门有关活动与互助养老中心老人的活动相结合;结合既有资金,酌情支持村庄互助养老活动中心建设。

(2)村支两委:组织安排村委会成员到试点村学习互助养老模式;安排村委班子专人负责此事;选址并建设互助养老活动中心硬件;发动组织参与养老的老人以及互助养老义工队;动员党员及其家属作为义工参与其间;动员老党员、老军人、老干部等参与活动;表彰为老人做饭的义工队成员。

(3)互助会、家风堂:安排年轻的老人轮流为年长的老人做饭并管理账目;社工准备互助养老操作手册和管理制度章程;为参与的试点村镇组织培训,帮助实施;到试点村镇项目点为义工进行辅导;到项目点辅导老人开展文化娱乐活动;培训分配义工到试点村组织老人进行文化娱乐活动。

互助乡厨启动需要村委会投入时间参与,之后可以倡导村中党员及党员家属作为义工参与其中。最关键的是互助乡厨由社区互助组织操办,义工轮值做饭,一旦形成机制,运转起来了就不需要村委会天天负责。而且互助乡厨的频率并不高,最开始可以一月一次,慢慢变成一个节气一次,几乎不需要占用村委会成员太多时间。

3.如何体现互助

(1)培育乡村社会组织,由该组织来筹办互助乡厨,而不由政府出面组织。

(2)引导年轻的老人帮厨,服务年老的老人。

(3)鼓励子女出钱为老人出餐费,先亲亲,也鼓励"不独亲其亲",允许打工游子为村里的其他老人捐餐费。

(4)老人定期聚集在一起,拉家常,交流健康养生经验,情感上互相抚慰,形成乡村特有的互助风景。

4. 如何推动城乡对接

每次搞互助乡厨,都可以提前招募城市志愿者或者亲子家庭。志愿者可以是不同身份的人。到了现场可以开展义诊、义务理发、节目表演、按摩推拿、文艺教学、技艺传授、现场慰问等。活动为城市人了解乡村、走近乡村提供一个入口。还可以通过亲情乡情,向打工游子发出倡议众筹资金,向政府、企业、乡贤等募集一部分资金,共同构成孝亲敬老基金,成立基金管委会,每次活动收支条目清晰,及时公示。

5. 如何做好一餐饭

(1)要适合老年人身体需求,饮食宜清淡、健康,最好根据节气时令更换菜单。

(2)餐宜简,粗茶淡饭,细水长流,不宜大鱼大肉。

(3)环保生态。在场地布置、食材选择、餐前礼仪、餐后整理、背景音乐等各个环节践行低碳理念,禁用一次性餐具,倡导光盘,有效回收厨余,将环保细节做成沉浸式生态课堂。

6. 老人不愿意参与互助乡厨怎么办

老人不愿意参与的原因一般有以下几种情况:第一种,面对新鲜事物,老人不好意思,需要有人带头;第二种,老人以为主要是吃个饭,没有感受到活动的意义;第三种,部分老人及其儿女容易将这样的活动和"敬老院"等联系起来;第四种,老人及其家人担心老人出门的安全问题。

怎么办呢?从实施方法上,可以组织几次免费用餐,邀请外部志愿者和社工以及本村有文艺特长的人表演文艺节目,提升氛围,感染老人参加活动;可以请参加过并且受益的老人分享体会;可以用孝道文化请外出打工的经济条件较好的儿女给老人做工作并带头为自己的父母支付孝道餐的费用,以及支持部分公益基金。

7. 安全问题如何解决

开展互助乡厨之前检查路面质量,如果存在老人行走的安全隐患需及时解决,必要处加上路标。路面问题可通过互助会、联席会自行解决,也可以反映到乡镇或有关部门共同解决。注意天气情况,避免下雨或下雪天搞活动。最好是选择中午举办活动,避免天黑时老人行走不便。弘扬孝道文化,请儿女回来参加活动或搀扶老人。发扬互助精神和志愿者精神,搀扶有需要的老人,或者送餐到行动不便的老人家中。最好请参加活动的老人家里人向村委会或互助会提出自愿参加的书面申请,并明确相关注意事项。

十二、互助乡厨有什么重要意义?

1. 缓解农村养老压力

该模式在继政府的托底性敬老院以及城市社区的经营性养老院之外,为农村的老龄化社会探索了一个基于本土互助的养老模式。该模式针对农村普遍存在的老人孤单、缺乏互助和饮食单一的问题,通过村民轮值为老人做互助乡厨,满足了老年人社会交往和文化娱乐以及改善伙食的普遍需求。基于熟人社会的互助,老人儿女为老人出钱,政府和村集体以及公益基金给予少量补贴,让养老敬老的成本大大降低,并且通过互助乡厨这个抓手推动乡村养老的其他互助内容,修复守望相助的乡村生活,具有可持续性和可推广性。

2. 激发农村文化复兴

优秀传统文化在农村的复兴关键在回归家庭孝道、回归邻里情谊。方式上是如何以村风带家风,以家风促村风,以行感人,而非以教说人。在中国乡村的生产互助、红白礼事互助以及传统节庆节日互助等互助文化急剧淡漠的情况下,互助养老本着"老吾老以及人之老",有助于激活农村的互助文化,凝聚邻里感情。通过村委会主导、社区组织实施的互助养老,有利于树立敬老行孝的村风,进而感召村民敬老行孝。通过节气餐的准备以及可以延展的活动设计,有助于守望以节气为时序的乡土文化,复兴以耕、读、居、养、礼、乐为内容的乡村生活,为共建乡村书院、复兴乡村文明助力。一次活动之后,社工挽着一位老人的胳膊把他送回家,正巧被老人女儿碰见了,感动得老人女儿想掉泪,说:"我平时忙,都没时间陪俺妈,你们组织了活动还把她送回来,谢谢你们。"

3.助力村级社会治理

党的十九大报告提出了健全自治、法治、德治相结合的乡村治理体系;提出了加强社区治理体系建设,推动社会治理重心向基层下移,发挥社会组织作用,实现政府治理和社会调节、居民自治良性互动。互助乡厨以妇女参与为主,可以培育农村社区组织,辅助村级搞好养老服务,探索一条实现自治、法治、德治"三治并举",社区、社会组织、社会工作"三社联动"的有效路径。更重要的是,为村镇党员干部找到了一个常态化、生活化的密切联系群众的途径。通过轮值,与老人座谈交流共餐,可以改善干部与群众关系疏远的现状。而村镇支持建设互助养老活动中心能在很大程度上赢得村民的认同。在曲阜开展互助乡厨活动时发生了这样一件事:有位老人原来占用了公共农场中间的土坡种菜,村委和社工屡次劝说无果。老人参与了互助乡厨后受到感动,自动放弃了占用的土地,并和当初劝说的人员和好。

4.促进城乡连接

互助乡厨在激活乡村内生力量的同时注入外援,既为乡村老人提供了物质及精神上的帮助,又促进了城乡连接。城里人用物质和时间等扶贫乡村的同时,也反过来被敬天惜物、守望相助的乡土文化"精神扶贫"。村社家风堂由村庄互助会或合作社运营,通过共享厨房做互助乡厨,对内解决老人集体生活、节气养生、孝爱文化弘扬等需求,对外为爱故乡的人们提供回望乡村、回报乡村、回归乡村的渠道。互组乡厨对于引进城市消费者,带动乡村经济发展,缓解农村养老压力,推动乡村文化复兴,助力乡村基层治理,以及推动城乡良性互动,发挥了积极的作用。

十三、如何用社会治理推动产业发展?

1. 社会治理是产业发展的基础

生计生产本来就是乡村生活与乡村活动的基本内容,乡村社会工作当然不能脱离村民的生产活动。但这并不意味着社会工作就是为一家一户的生产活动服务,而是要用社会建设来推动生产协作和产业发展。

纵观农村经济体制改革历程,新一轮的农村经济体制改革明显滞后,其中一个重要原因,就是对于农村经济体制的认知和方案只从经济学上考量,低估或撇开了乡村社会和乡村文化的价值,低估或漠视了乡村的社会化体系建设。家庭联产承包责任制的实行激发了农户的生产积极性,但是也冲散和解构了原有的互助经济、集体经济和公共经济,因而也失去了乡村自身对于社会和文化的支持,而这又反过来制约了经济可持续发展的品质和能力。因此,在城乡融合的大背景下,农村经济体制改革应该走产教社融合的共创经济之路,推动互助经济,修复乡村集体经济,发展公共经济,发展多种形态的经济共同体,这将为乡村社会共同体和文化共同体的生发与壮大打下坚实的经济基础。

2. 家文化是乡村信誉体系建设的灵魂

以和、孝、勤、俭、仁、义、礼、智、信为核心价值的中华家文化,在今天的治理体系和信誉体系建设中起着关键的作用。由几个或十几户农家组成的"家风堂"就是一个保证信誉的小微经济体,而信誉保障是产业品质和产业发展的基本条件。

作为社会建设的微观载体,家风堂和家文化建设强调组织赋能,促进乡村社群经济共创。实现乡村治理的高效有序离不开治理结构的优化调整。从组织目标确立、组织设计,到资源配置、权责匹配,再到治理运行机制的形成,需要不断地调节,以适应时刻变化的内外部环境,最终保证基层组织的长久生存与发展、村民的有序参与和资源信息的精准交互。推动村民互助组织建设,以家文化为核心,开展公共文化活动空间营造、建立系列家文化组织,并且与诸多伙伴合作开发以家文化为核心的文旅、文创产品都是大有可为的领域。需考察乡村经济要素、经济结构及经济功能等,通过挖掘乡村特色产品存量、产业发展潜能而逐步扩张经济规模,形成农业产业集群。毫无疑问,乡村公共经济发展的关键是乡村治理,乡村治理的实现离不开村社、社群、个体农户的社会建设和村民的广泛参与。

3. 用乡村社会工作方法提供社会化产业服务

(1)修复乡村集体经济。助力村支两委和乡村社会组织促进党建引领的共富经济,通过土地入股的方式建立以村庄为单位的共同体公司或曰"强村公司",内置由善于经营的CEO组成的"运营公司"。一些擅长于此的村委会成员、返乡青年乃至外聘的专业人士,可以由村民大会或股东大会选出或委任为CEO团队成员。同时社会力量和社会资本以"赋能公司"或"服务公司"的角色提供赋能型或联营型服务,打造以本村的产业为特色、以本村的集体经济为底色、以本村的乡村文化为亮色的产业品牌。

(2)推动共享经济。聚沙成塔,将散沙一样的农户组织起来,同时,吸引部分市民参与,互助共享,增强共享经济在市场经济中的公信力和竞争力。共享农园,就是要修复先辈的农园,振兴未来乡村,让每个城里人都可以通过参与共享农园,成为乡村创客,来回望乡村、回报乡村和回归乡村。共享农园共享什么?一分田、一个院、一窝蜂、一个园……它不是简单意义上的投资,而是通过众筹构建小微经济共同体,通过联营构建乡村共同体,通过共享营建城乡共同体。这里的关键不仅是出钱,更是用心。线下的互助会+线上的互联网,为众筹联营共享的机制提供了社会和技术的条件;自立、互助、公益的中国精神,则为这样一个家人社会的经济模式浇铸了灵魂。

(3)发展公共经济。无论是乡村集体经济,还是共享经济,都应该留出一份"公田"或提留一份公共基金,用以支持乡村的公共事务,包括该村的社会建设、文化建设和普惠性的经济建设。政府的涉农资金可以考虑支持专项的公共经济,而一些新的业态,比如旅游产业、健康产业、研学产业等则可以预先设计公共经济所占的份额,发展公共经济、建立公共基金、分担公共服务、培育公共精神的"四公"理想便有望实现。这样多种形态的经济共同体,本身就是乡村社会共同体和文化共同体的经济基础和有机构成。

4.以参与产业社会化服务拓展社会工作者生存空间

运用社会工作方法和社会建设的成果,推动农村经济体制改革走向共创经济之路,是乡村社会工作的重要职能。在这个过程中,社会工作者能够提供的服务不止是社会建设和文化复兴,还有产业发展。社工可以参与助力的工作很多,比如推动以互助会或家风堂为单位组织生产协作,可以重建乡村信誉体系,推动建立城乡社区的联结,发挥其作为小微经济体的功能。可以以家风堂为单位整合乡村的一分田、一个院、一窝蜂、一棵树等资源,对接新农人和专业人士,促进乡村小型闲置资源的众筹联营共享。可以打包小微家风堂、村社家风堂、专业合作社,发起"寻找共享农园新农人"的招募计划,链接城乡。还可以以家风堂为载体开展乡村家风游活动,为中小学生研学旅行、劳动教育以及城市消费者开发以家文化为核心,综合乡村风物、故乡传说、家族故事、传统房屋营建、乡村美食、传统节日、姓氏家谱家规家训、家传手艺等为一体的体验型文旅产品,推动村庄组织建设以及接待能力提升,带动乡村经济发展。

对于社工组织而言,产教社融合的社会工作服务创新有可能解决社工服务的可持续问题。社工参与其中,可以参与农业社会化服务的项目,发展自己在产业的品牌打造、社会建设和文教服务乃至乡村研学方面的特长,为发展乡村经济,特别是助力集体经济和公共经济、积累公共基金做出贡献,并获得自身的发展机会和回报。这样,职业社工的服务就不只是政府购买,而使得乡村本身具有支持社工服务的能力。而对于更多的回乡创业的人而言,产教社融合的社会工作方法,就是进入农业社会化服务乃至乡村运营的必要的能力建设。

十四、如何以产教社融合的方法实现农业现代化服务?

产业服务的内容很多,按照现在时兴的三位一体的方法论,大致包括生产、供销和信用三个方面。为众多的分散的小农提供这样的服务,困难是可想而知的,而依靠大户也难以完成,所以特别需要有互助会、联席会来构建乡村社会共同体,让村民成为决策主体、管理主体和利益主体,并以此吸引更多外出打工者返乡、热爱乡村者回乡。

过去很多年里,"公司+农户"是一种较为流行的模式,从纯粹的农业产业来看,是有一定作用的,但是把农业与农村、农民综合起来考虑,其存在的缺陷也是显而易见的。对于没有组织起来的农户而言,他们的身份基本上只是单个的"土地出租者+打工者"。在这样的身份和格局中,人与土地的感情和责任被剥离了,人与人之间的互助和温情被淡漠了。还有一些形式上的集体经济,因为缺少产教社融合的社会工作和社会建设,许多农户只是将自己的土地流转出去、将自己的劳动力交付出去,依然只是打工的状态而不是主人的状态。既然这样的"乡村打工人"无法建立主体性,不能成为决策主体、管理主体,又如何保证其成为收益主体?缺失了主体性,又如何拥有主体性带来的"内生动力"?在"乐和家园"的一些试点乡镇有人提出"公司+互助会",不失为一种可贵的探索。

当然,因为产业、供销、信用的服务是比较专业化的,所以需要专业人士,但这并不意味着放弃农民主体,而可以对乡村组织进行经营方面的培训,特别是对年轻的返乡回乡群体进行运营培训,现在不少地方专门开办"乡村CEO人才培训"就是积极的探索。不能因为专业化就抛开乡村社会力量的培育而将产业服务全然交给外来的商业公司。须知商业公司的本质就是利润最大化,就是从低买高卖的差价中盈利,所以不少商业公司做的服务并不是"社会化"服务而是"利润化"服务,国家大量的帮扶资金、惠农资金本希望福荫"老乡"在一些地方却变形为福荫"老板"也就不足为奇了。因为指望商业公司真正实现"社会化"与乡村"共富",存在着机理上的障碍,除非商业公司与本村的集体经济组织和村民主体的"强村公司"能够形成合情合理又合法的合作机制,或者商业公司成为纯粹的"赋能"公司,由村集体经济或基层政府根据其贡献和能力购买其服务。

能够提供产业的社会化服务的还有一种企业形态即"社会企业"。顾名思义,社会企业就是以社会利益最大化而不是本公司利润最大化为宗旨的企业,就是要以建设社会共同体为使命,就是要以利益的共享共富为分配原则。在我国,由社会企业来承担社会化的产业服务方兴未艾。社会企业可以由一些具备专业能力的公益机构、社工组织转型而来,也可以由一些有情怀的商业公司、企业人士转化而来,还可以由一些有着共富理想的返乡人、回乡人组合而成。社会企业的发展对于社会化的产业服务是可贵的。社会企业需要的,是有志于此的创业者的理想与行动,是政府的政策扶植和社会的理解与支持,是产业技术、供销渠道、信用体系以及社会、文化、生态诸方面的产教社融合的社会化服务能力建设。

无论是中药材产业、茶叶产业、粮油果蔬,都可以以产业服务为抓手,辅助农户组成互助会或家风堂互助小组,通过以原有生产队为单位的互助会建设和以邻里屋场为单位的家风堂建设,形成大社会小社群、大生态小场景的组织再造,以及服务自服务和被服务的组织互助,为生产、供销与信用的全面服务和从测土、配肥、技术、管护到包装营销的全链服务提供社会条件,让名副其实的集体经济得以成长,让名副其实的社会化产业服务成为可能,让返乡人回乡人得到更多的发展空间,让必要的行政服务和辅助的商业服务成为激活以村民为主体的社会化服务的"酵素"而不是替代性的"胰岛素"。

产教社融合的社会化服务的成效不仅是产业体系的发展,而且是信誉体系的构建。众所周知,没有社会建设就没有信誉建设,或者说社会建设本质上就是信誉建设。有了从乡村社区到乡村社群的坚实的社会建设,组织起来的农户便可以进行信誉互保、经济互助、质量监督,而这本身就是农产品和文旅研学产品的品质建设和品牌建设,如此的信誉保障、品质保障就是市场营销最重要的前提和前景。由此还可以创造城市爱乡人士与农人所在的互助社群形成"共享农园",将消费者变成投资人。"共享农园"运行良好还可以提留一部分收益进入社群公共基金。在村社层面培育建立村社家风堂,公共基金由村社家风堂共同管理,用于开展公共服务,从而促进村民自治,助力乡村组织振兴,如此又使产业发展具有了强大的内生动力和再生活力。从这个意义上说,基于社会建设的社会治理本身就是生产力。

产教社融合是对我国农业社会化服务事业的一种创新,是用"精气神"的中医思维治理乡村的一种实验,也是马克思主义关于生产力、生产关系、上层建筑的学说在我国新的历史时期的一种探索。"产"对应的是生产力,即在一个村庄体系内如何调动生产力发展产业;"社"对应的是生产关系,即通过社会化团体组织重新构建符合共同体观念的劳动生产关系,以解决仅使用经济手段建立经济关系,而将农村的劳动生产关系异化为单一的买卖关系后所出现的一系列问题,如乡村守望相助精神的淡化,农民对土地的敬畏与保护意识的淡漠,人们变得只认钱不认人,乡村社会变得缺乏人情味,而失去了乡村人情味的乡村产业也就变得难以为继;"教"对应的是文化或者说上层建筑。

于是,乡村社会工作不只是社会建设和乡村文教,而是推动产教社融合发展,即用体现在大院、书院、庭院里的中华共同体的文化这样一种上层建筑的"教"去改善生产关系,也就是用互助会、联席会、爱乡会这样社会治理的"社"的共治,从而建立生产关系的共富以及乡村公共事务的共担,以社会化、生态化、数字化的生产关系来促进生产力"产"的发展。从产业服务入手组织社会,通过社会建设复兴文化,再通过文化为产业发展讲好故事,为产业铸魂,用社会建设这个有形的根、文化复兴这个无形的根,为产业开枝散叶,以此培养固本强根、产教社融合的综合人才。夯实产教社,振兴精气神!

2016年,湖南长沙县乐和乡村生产互助新气象。

第五章

文要化开来——进行乡村文教

一、怎样认识乡村的文治传统和今天的文教困境？

在脱贫攻坚战取得全面胜利、人们的物质生活有了很大改观的今天，中国乡村依然面临很多问题。如果说乡村面临城市化带来的空巢化的问题，那么更严重的问题是空心化。"一切向钱看"的唯利是图的价值观，冲击着中国道德文化这个"无形的根"；一些极端利己主义的做法则冲击着中国乡村社会这个"有形的根"。中国乡村文教传统的衰落甚至凋敝，是今天社会治理和乡村振兴面临的深层问题，而深入认识中国乡村的文治传统，是走出文教困境的必由之路。

晚清名臣张之洞说："古来世运之明晦，人才之盛衰，其表在政，其里在学。"这里的"政"的实质是治理，即礼法合治等制度设计引人向善，"学"的实质是内省教化激发良知，两者互为表里，缺一不可。

在中国传统社会，"政""学"原本一体。《礼记·学记》第一段就说："发虑宪，求善良，足以謏闻，不足以动众；就贤体远，足以动众，未足以化民。君子如欲化民成俗，其必由学乎！"这段话非常深刻地论述了文教与治理的关系，从今天来看，就是治理与文教两手抓，以文教实现文治。以文化人，用文化的力量治理社会，这是成本最低的管理，也是最能切入人心、激发人的内在活力因而行之有效的管理。如果说乡村治理是乡村教育的根，乡村文教就是乡村治理的魂。根与魂的关系就是中国治理中最富特色又最为深刻的智慧,即政学一体的智慧。

中华文教传统的"文"是指以汉字为载体的圣贤之学,"教"是以道为生存之根和性命之理的修行功夫,"修道之谓教",尊道贵德、唯道是从。我们办传统文化与社会工作培训班时第一课是《尧典》。尧帝自身克明俊德,然后亲和九族,平章百姓,协和万邦,古圣先贤就这样用道与德缔造了中华文明。多少年来,中华深奥的道德文化早已成为中国人挂在嘴边的俗语,比如"知道""积德"。"知道"解决的是人生"何为正确"的问题,"积德"解决的是人生"如何正确"的问题。

实现文教的机制是一个"家校社共育共治"的系统模式。这个模式以"治学一体"为特色,无论是在学堂、私塾还是书院,都有成套的文教系统规范着师生关系。一个私塾或者一个学堂往往就是一个村庄的文化中心。在这里,土生土长的先生发挥着"以文治世"的功能;在家庭中有"天地君亲师"或"天地国亲师"的信仰系统,大部分家庭又有自己的家规家训,来规范和约束家人的行为,这样就形成了一套治家系统;在祠堂,宗族中有乡贤担任族长,主持地方事务和公共服务,发挥着德业相劝、过失相规的自治功能。

中堂的家风文化、学堂的圣贤文化、祠堂的公益文化,构成了乡村的价值体系、教化体系和治理体系,家、校、社天然地就是一个不可分割的整体,发挥着"共育共治"的功能。从时间维度来看,家校社的分离从新文化运动就开始了。自从改学西方具体科目知识,中国传统价值共识在家庭、学校和城乡社区逐步没落。20世纪90年代工业化和城市化之后,原来基于村小和村庄的家校社"共育共治"的系统在空间上被一步步分裂,加剧了中国留守儿童问题,使其在2000年前后集中爆发。村小的教师无暇顾及学校之外村庄社会的文化教育、治理情况,村支两委也难以常态化联动学校活动。"拆村并校"则让中国的乡村小学濒于绝迹,传统乡村的家校一体的教育体系基本上不复存在。

这不是否定现代教育，更不是否定现代化，但是确实应该思考什么是中国式的现代化，确实应该思考现代教育如何接续传统教育的根脉。要看到现代化教育在带来分工和效率的同时，也在用工业化思维肢解着教育。不知从何时起，大众对于家庭、学校、乡村社会之间的隔离习以为常，直至家庭教育成为社会普遍关注的议题。我们在对学校教师开展调研的时候，时常听到教师说，不懂家庭教育的父母对孩子所造成的负面影响，使得孩子在学校教育中也难有良好的成绩，甚至导致青少年犯罪与自杀等社会为之痛心的严峻问题。在乡村，家校社共生体系的解体，是造成乡村文教困境的基本原因；而文化自信的失落，则是造成乡村文教困境的根本原因。

二、为什么说乡村振兴的关键是振兴中国精神？

如果我们把乡村振兴理解为一棵树，那么乡村产业就像树干，乡村治理好比树根即有形的根，乡村文教则是树本即无形的根，固本强根才能枝繁叶茂，而乡村文教的核心就是中国精神。

中国精神是什么？作为中国人的宇宙观、世界观、价值观和人生观，中国精神是差异互补共生的宇宙大道的人文体现。中国精神是《论语》的"修己安人""和而不同"，是《礼记·礼运》"大同篇"的"大道之行也，天下为公"，是北宋《吕氏乡约》的"德业相劝、过失相规、礼俗相交、患难相恤"，是王阳明的自有良知、守望相助、为善去恶，是梁漱溟先生的"反求诸己明""相与之情厚""向上之心强"，是费孝通先生的"各美其美，美人之美，美美与共，天下大同"。

作为现代的社会工作者，我们将古圣先贤所诠释的中国精神用现代语言来表达就是自立、互助、公益，也就是中国人的独立人格、互助精神与家国情怀所构成的共同体精神。在过去近20年的乡村研究和乡村实践过程中，我们将中国精神或者说中华共同体精神简明通俗地表达为"乐和"。乐和的要义是自立、互助、公益。自立就是自明其德，自省其心，各美其美；互助就是亲民，相与之情厚，美人之美；公益就是止于至善，向上之心，美美与共，天下大同。

第五章 文要化开来——进行乡村文教

明代王阳明的乡村治理是从人心入手的。自有良知是教化理念的核心内容：肯定人人都有良知之性，这就是自性具足，可以自立自强，可以引导自我发动，自我组织，比如乡约自治。为善去恶是教化实践的主要方法：从"十家牌法"的严管，到社学乡约的宽抚，都是导之以德、齐之以礼的为善去恶之举，对于极少数怙恶不悛分子，会严惩不贷。守望相助则是互助精神和公益精神的集中表现：王阳明在《南赣乡约》和其他告谕文书里多次讲到的死丧相助、患难相恤、息讼罢争、讲信修睦就是守望相助之意。

梁漱溟先生认为，不管是人生问题，还是人类问题，中国精神就是要从人本身的理性中间去找到解决自己和社会问题的办法。它是向内求的而不是向外取的。他说："儒家没有什么教条给人；有之，便是教人反省自求一条而已。""中国自周孔教化以来，除以伦理情谊领导中国人外，便是发挥人向上精神，一切以是非义理为准。"他也用更简明的话语来描述即"向上之心强""相与之情厚"。"向上之心"是对于神圣性的向往和联结；"相与之情厚"是亲亲仁民爱物的日用伦常和世俗生活，而世俗性和神圣性的结合以及反求诸己、自明其德的生命自觉，一步步在朝向共同福祉的过程中实现个体和宇宙大生命的融合，就是中国文化最深刻、最可贵的特性。

儒家精神强调实际践行，也强调与时偕行。毕竟当代的历史条件与王阳明时代、梁漱溟时代有了很大的不同。今天的乡村建设是在道德滑坡、文化断层、信仰缺失、乡村空巢、环境污染和生态恶化等问题显现背景下进行的，现代化带来的诸多挑战日益明显。所以今天的乡村建设有着与以往不大一样的任务。互助养老、乡童教育、养生常识、自然农法，用道德理性来评判和选择现行科学技术，构建生态文明，解决生态转型和食品安全问题等，都是这个时代乡村工作的重要内容。梁先生在当年的历史条件下主要依靠乡村建设研究院的知识分子和民间的力量，今天的乡村建设则以党委和政府为主导来组织民众，乐和社工为党政主导的乡村振兴提供国学和社会工作服务。但其中的共同点都是用重建自然社区组织的方式振兴中国精神。自治、法治和德治,都是以改良的方式从乡村基层开始修复中国文化的道德根基,从而建立一个互补共生的共同体社会秩序。

所有的乡村建设和乡村振兴工作都是为了激发中国精神,这在今天的乡村建设和乡村振兴领域正在形成共识。正如有的乡建同仁所言:"中国人的信仰是天与地,天与地的精神中心在乡村。""乡村振兴的本质,就是要重塑中国人的终极人生观、价值观。"

三、如何以"三院"文化陶冶中国精神?

中国精神如何能够传承?中国传统乡村的共同体社会结构本身就是一种传习结构。每个个体在生下来之后的家教和蒙学、小学、大学中,要学会通过格物、致知、诚意、正心在共同体中生活,并且通过修身、齐家、治国、平天下为营造共同体尽力。从乡村走出去的人功成名就之后大多数会回归乡里,成为参与公共事务的乡绅和继续教育乡童教化乡民的先生。

中国先贤都注重乡学村学的模式,这样的模式是基于对于中国精神的乡村传习机制的认同和再造。尤其从宋代开始,中国基层社会发育得较为充分,民间出现了大量发挥基层教化功能的"三堂",即祠堂、学堂和中堂。祠堂作为公共空间,处理公共事务和组织公共活动;学堂作为学习空间,成为为社会输出人才的地方;中堂作为家庭的精神空间和生活空间,成为家庭教育与家庭文化的载体,天地良心的信仰支撑了生活,天地人和的生活留住了信仰。

不论朝代如何更替、时运如何变化,承载着中华文明的家庭和村落的"三堂"文化代代守望,有着草根般顽强的力量。中国文明的道统、学统和政统的顶层设计,历经磨难而又一次次浴火重生,其根本在于有乡村的中堂、学堂与祠堂的"三堂"文化,承载着"乐道尚和""尊道贵德""德主刑辅"的治理理念以及与之相应的自治、共治、礼治、文治和家治构成的治理体系。

可是渐渐地,人们鲜于说积德,就像鲜于说良心,因为唯利是图、一切向钱看的拜金主义、物质主义的价值观悄悄侵蚀着这个民族的机体和心灵。因为经济至上、GDP至上的发展观忽略了精神营养,产业成了几乎是唯一的目标,道德没有那么重要了。中国的乡村,曾经是家一样的社会,维系着"相与之情厚,向上之心强"的家一样的道德。社会瓦解了,道德必然沦丧;文化失落了,社会必然解体。

中国乡村有着以祠堂、学堂、中堂为载体,以礼治、文治、自治为特质的教化系统,对"三堂"为载体的全人教育和终身教育的遗产,我们如何来重估、礼敬和学习?很多乡村建设团队都在进行积极的有益的探索。"乐和家园"从中国精神得以存在的空间和载体入手,探索了以大院、书院和庭院"三院"为载体的乡村文化复兴之路,即以大院为公共空间培育公益精神;以书院为学习空间,开展耕、读、居、养、礼、乐的"新六艺"教化;以庭院为生活空间,进行家训、家规、家谱为内容的家风建设。大院、书院和庭院的这些具有思想性又有着操作性的传习方法,是社工协同政府和协助村民,在知行合一的共同实践中逐步形成并继续完善的。

上一章谈到了大院作为公共空间处理公共事务的功能,下一章将谈及庭院的家风文化建设,而本章主要谈一谈书院的功能。乡村书院作为乡村的学习空间,对传承和陶冶中国精神发挥着至为重要的作用。振兴乡村须振兴中国精神,振兴中国精神应振兴传承和陶冶中国精神的乡村书院,而振兴乡村书院,首先要了解书院传统的功能和贡献。

四、怎样认识书院传统的功能与贡献?

在古代,书院、官学、家学三者并行,构成了中国的教育体系。书院与家学互为补充,家学直接为书院提供人才,书院为家学提供师资,两者形成了人才的自循环。书院制度萌芽于唐,完备于宋,清末改书院为西学,前后共有千余年的历史,对中华文明的传承传播、古典学术的发展弘扬、人才和德性的涵养培育,做出了重大贡献。

中国古代书院传承的是孔子总结提炼的中华文明之大道精神。孔子继承上古三代历史文化,形成了博大精深的思想体系,包含了系统完备的教化学说,影响中国可谓至深至巨。文德教育是孔门教学的灵魂,是古代书院教化的中心所在,其方式、方法、路径、目标,无不与孔子的施教方法和教学体系深度契合,对今天进行传统文化教育有极大的启发与指导意义。

第一,书院推动了中国古代社会以诗书礼乐、汉字经典为载体的"文教"系统,从而优于同时代西方的神教系统;第二,古代书院推动中国社会形成了以文官治理为特征的"文治"政府,而不同于同时代西方的贵族继承制政府;第三,书院延续了以天道信仰和圣贤教育为特色的"文化"系统,区别于西方的教会组织系统。古代书院与社会政治密切相关。就像许许多多的文庙一样,书院人关注天下时事,与社会直接相通。离开了对社会的关切,就没有传统中国书院的内在精神。

有了一批经过书院培养出来的士君子自觉进行文化重建,离散的人群得以组织为人伦社会;私塾社学等基层教育单位,造就了学习孝悌忠信、礼义廉耻的"文教"社会,"文教"社会孕育了中国社会的道德文化。这是中华文明屹立几千年、历经外族入侵而不倒的根基。可以说,古代中国以乡村书院为核心的乡村共同体,不仅仅是生活、生产中心,也是一个集体的文化学习中心。

五、现代乡村书院的功能定位是什么?

乡村书院应该是基于书院的传统和内涵,结合时代特征和民众需要,将国家关于弘扬中华传统优秀文化的要求落实到乡村,切实推进文化复兴与社会治理的创新举措,是一种以优秀传统文化为内涵的乡村教育和公共文化服务模式。乡村书院的主要功能是传承中华文脉,促进乡村治理,开展家庭教育,培育中华社工和社区志愿者,并开展乡村公共事务的综合服务,与各方共同探索用传统智慧深化社会治理、用文化的力量治理社会的路径。

乐和团队在协同政府建设"乐和家园"的过程中,与同仁们探索了"乐和书院"的乡村文教模式。该模式以党政为主导、以村民为主体、以传统文化为主脉、以社工服务为助力、以"新六艺"为课程内容、以新时代文明实践站为学习空间、以修身齐家的现代君子为培养目标,推动乡村文化复兴,提高公共文化服务水平,落实德润人心的文化战略,并通过书院的文化建设带动庭院的家风建设和大院的社会建设。

以党政为主导,是指在文化传播和服务开展方面要符合社会主义核心价值观,在组织形式上,由党建引领,充分发挥基层党员的模范带头作用;以村民为主体,是让乡村社会组织带动广大村民充分参与活动的设计、服务的提供和受用;以传统文化为主脉,是突出书院在乡村公共文化服务站中的位置,重点开展优秀传统文化有关活动、课程、培训等;以社工服务为助力,是充分发挥专业社工组织在公共文化服务中的方法提供、能力培育、资源链接、空间营造和公益感召的价值;以"新六艺"为课程,是将孔子时代的古"六艺"——礼、乐、射、御、书、数创造性地转化为礼、乐、居、养、耕、读;以新时代文明实践站为学习空间,是在已有的新时代文明实践站和实践所植入乡村书院的内容,如此得到基层文明办的支持,共同开展公民道德教育等文明实践的活动;以现代君子为培养目标,修身齐家、参与公益、家国情怀、天下胸怀,是每个中国人都应该也能够达到的君子人格,让中华优秀文化成为老百姓"心中愿认的理儿,手上爱做的事儿,身边会布的景儿,嘴里会说的词儿,戏里能演的角儿,群里能冒的星儿"!

六、如何让"开门办书院"成为可能?

鉴于今天乡村的空巢化、老龄化现状,乡村书院的复兴必须有城乡融合的视角,动员社会力量的举措。机制设计方面,第一,探索宣传部牵头,教委、民政局、文旅委、妇联积极参与协同的机制,以发挥资源整合的整体效力;第二,探索建立企事业、社会团体和教育系统共同参与的机制,改善乡村书院的硬件条件，建立师资库，将传统教育和网络教育相结合，推动线上线下教育同步实施；第三，探索书院理事会自管、市场化运作、合作化共建三类书院运行管理模式，厘清乡村党组织、书院理事会、专业社工团队、共建单位等不同主体的职责和相互关系；第四，积极开发和利用信息化手段，把大数据的运用与表彰激励机制有机统一，定期对相关人员进行考核、评选、表彰，营造浓厚的学习教育氛围。

经费可持续方面，针对书院人财物保障等三个方面制定实施意见，规定书院管理员配备、理事会人员配备，稳定书院建设必需的管理队伍；从投入专项经费、引入公益组织、政府购买服务、社会公益资本参与四个方面明确经费来源，为书院长效运行提供可靠保障；同时，强化培训、考核和监督机制，为推进书院可持续发展提供制度保障。

人才可持续化方面，着重培养乡村"三先生"，建立融合城乡、线上线下的人才振兴队伍，也包括面向老人以及妇女、儿童的乡村志愿者评选、培训、授衔、服务、管理和激励系统。其中，"老先生"是指学识、资历、品格突出者，并非年龄大的概念；"女先生"是指有一定文化素养和专业技能，愿意为大家服务的女性；"小先生"是指孩子王。通过评选的方式，激励老年人、妇女、儿童广泛参与乡村公益活动。"三先生"服务系统共需要以下六个方面的功能和工作：第一，搭建一个"三先生"项目联动机制；第二，研发一套"三先生"线上线下选拔系统；第三，研发一套"三先生"志愿者培训课程；第四，确定一套"三先生"正式授名仪式；第五，搭建一个"三先生"实践和宣传平台；第六，将"三先生"纳入志愿者管理与考评系统。

运营可持续化方面，用乡村文旅推动书院复兴。为回应社区亲子活动的需求，可以请旅行社与社工合作来共建书院、运营书院，在乡村举办各种研学营和国学班。鉴于社工界缺乏经典教育、国学界不熟悉社会工作的现状，我们曾在山东曲阜洙泗书院开办国学班，学员们就住在洙泗书院旁边的农家小院。在书院读书，在乡村生活，在田间耕种，在河边散步，是一种独特的书院生活体验。这样的生活也可以与家教营地、研学营地相结合,并联动周边的大学与职业学校,让青年学子在周末和暑期走进乡村、走进书院进行社会实践,了解乡村社会、补习传统文化、锻炼服务技能,让书院成为城乡共建的精神家园。

七、乡村书院怎样营造?

乡村书院主要以传统文化为内涵提供服务。因为在中国人的传统理解和习俗里,书院的"书"是指圣贤书,"读书人"是指读圣贤书的人。读书人因为读圣贤、效圣贤、育圣贤而得到中国人的尊敬,书院因为收藏和传授圣贤书而成为中国人的精神庙堂。今天的书院营造,是对书院文化的传承和创新,它将乡村文教与乡村文旅相结合,探索各类乡村书院的健康发展。

乡村书院除了在有条件的地方新建,更多的可能性是对废弃的村小或者闲置的房屋进行改造,或者将村委会的空置房屋加以装修。结合研学和文旅,这些书院可以有多种功能空间,比如食育坊、国学堂、自然堂、养生堂、崇礼堂、小剧场等。

食育坊的设置一般包括以下几个部分。①食育教室一间。内设中堂画(五谷丰登图)一幅,楹联(民以良食为天,教以食育为先)一对,八仙桌、条几各一张,太师椅一对,当地的五谷杂粮、传统农耕用具若干。②食育菜地一块。靠近食育教室,方便种植采摘和实地教学。③食育厨房一间。柴灶一个,大锅两口,案板一个,各种厨房用具一套,自然食材若干。④培育食育老师。寻找义务食育老师,并组织开展食育教学活动。食育工坊宜保留柴火灶和水缸,保留传统文化的元素如灶王爷,兼顾现代人使用的习惯及审美。

国学堂是以诵读经典、认识汉字、体验书法为主要内容的空间,应清静宜人,窗明几净。可以开展书法练习、经典诵读、汉字研习、绘画及其他活动。陈设包括木质桌椅、博古架、活字字根(套件)、孔子画像、笔墨纸砚、字帖,《论语》《大学》《孝弟三百千》等经典,空调、广告物料等若干,窗帘等软装。

自然堂是清新、实用的开放式美学生活空间。最好是古朴的房屋及其设施,也可以结合文旅的需要,打造绿意盎然、舒适宜人的功能区,有可以便捷组合方便开展活动的桌椅、沙发若干,花架、书架、手工材料架、电视机、饮水机、盆栽植物、广告物料等若干,窗帘、饰物等软装。

养生堂通常可做仿古设计,体现中国元素,用木地板、地毯做成榻榻米、禅意空间,配置节气知识图、人体穴位图若干,配备蒲团、榻榻米、相关书籍、白板以及白板笔、针灸理疗床、储物柜、传统中药柜、空调等。

崇礼堂一般可有汉服、香炉、孔子画像等活动用具,条案、八仙桌、太师椅、普通椅子、蒲团等用具,中堂画等装饰物品。为开展活动,投影仪、音响、话筒、灯光和控制台、台式电脑、无线网络、简易条桌等也是必要的。

小剧场是用戏剧的手段进行乡村文教的空间,也是乡村小剧排练、文艺汇演的场所,亦可有乡村影像馆院的功能,可不定期播放优秀影片,定期播放社区活动图片等。可以有高低渐进的座椅(或者阶梯观众席),舞台灯光,音响,尤克里里、鼓、铃等乐器以及服装等戏剧道具若干、广告物料等若干。小剧场演出是一种创新性的村民教育活动,它强调用戏剧的形式,直观地呈现社会伦理以及百姓生活,是一种沉浸式的文教创新。

八、乡村书院的基本课程有哪些?

古代书院读的书主要是圣贤书,同时要求学生具备基本才能。当今社会,能够承载中华民族天人合一、敬天爱人、修身为本之道的文教正在快速地消失,自由主义、消费主义、娱乐主义逐渐盛行。从传统的文人书院到今天的乡村书院,根据时代特征和民众的需求不同,"乐和家园"项目在传承了书院精神内核的同时,对于乡村书院的课程体系建设也做了新的努力。

与书院硬件设施相应的是书院的课程。从事乡村振兴服务的机构的课程各有千秋。乐和团队服务的乐和书院建设大致分为传统文化与社会工作课程、"九九家风"课程、"新六艺"课程三大板块。传统文化与社会工作课程板块包含经典诵读课、自我修身课、家庭教育课、社会工作课、对外交往课；"九九家风"则是以和、孝、勤、俭、仁、义、礼、智、信为内涵的家教家风课程。

"新六艺"课程是将孔子以来的古"六艺"礼、乐、射、御、书、数，根据现代乡村生活的特点而形成的礼、乐、居、养、耕、读六个板块的内容。"新六艺"中"礼、乐、读"是对传统文化的继承与创新，"居、养、耕"是为解决现代社会发展中出现的问题而研发的课程。乐和团队根据现代人的需求，以二十四节气为线索，按照食物教育、经典学习、环保美育、养生健康、现代常礼、文娱戏剧等六个板块编制了"乐和六艺"共144堂体验课程。食育坊，以食物教育守护田野；国学堂，以经典智慧安顿人心；绿色风，以生态人居回归自然；节气行，以生命智慧唤醒真情；乐和礼，以礼俗之交规范行为；小剧场，以礼乐文明陶冶生活。让优秀传统文化不再成为文人书院的空中楼阁，而成为百姓人人可参与、人人能受益的精神食粮。

在这个过程中，大家共同探讨摸索出一些适合乡村教育的方法。比如将很多课程内容变成朗朗上口的乐和谣教给村民，村民把乐和谣变成快板、连箫、农具秀等文艺形式。社工在经过专业的戏剧教育培训后把创作方法教给村民，让村民成为"无剧本剧"的参与者。同时，结合研学和文旅的需求，按照体验教育教学法的要求，每节课的设置和各个环节设计都充满开放性，不同的乡村可以加入各自本地特色的内容。在课程受众上充分考虑乡村各个年龄层次的参与群体，可以面向成人、老人、家长、亲子家庭，特别是儿童。让孩子在集自然教育、劳动教育、健康教育、人文教育于一体的乡土教育中提高素养、陶冶情操，提高感受力、理解力、沟通力和表现力，促进性格和人格的全面发展。

九、如何开展以"耕"为主题的乡村文教？

开展以"耕"为主题的教育，首先要有一个食育坊，即一个让食物从田间地头到厨房再到餐桌的食物教育空间，包括农耕展览室、多功能食育厨房、菜园以及由村民组成的乡土食育师队伍，它既是承载村民传统节气活动集体用餐的场所,又可作为外来访客参观学习食育的空间。

食育活动的主要内容有五大类:第一就是认识食物(结构、来源、生产流通过程、人与土地自然的关联等);第二是养成良好的饮食习惯(认识暴饮暴食、嗜食高脂高盐高糖食品、挑肥拣瘦等不良饮食习惯);第三是避免危险食物的伤害(如发霉变质、污染、添加剂等);第四是烹饪食物(生活技能);第五是传承适合我们的饮食文化和饮食伦理(如长幼有序、感恩惜福、与自然相应、怎么吃得营养健康等)。

对于村民而言,一个重要的教育内容是生态农耕。"乐和家园"试点项目组曾经在曲阜书院村进行了生态农业的实践,社工和互助会代表一起建立了第一个小农场,在开耕仪式中播下了生态黄豆的种子,摸索一产、二产加三产的"六产五链"模式。这里有农业,加工业的豆腐作坊,以及旅游业,并在资本链、产业链、销售链"三链"上加入了"两链",即乡村社会链和社工服务链。村民互助会代表和社工们在地里干活的时候好像过节气、赶庙会一样有说有笑。到了收获的季节,村民发现有人偷豆子,就开会决定凌晨四点起床轮流到地里巡逻,最后大家集体突击收割,村民感叹很长时间没有见过这种共同生产的热烈气氛了。这块公田上的作物卖出所获得的利润被用于建立村里的公共基金,以构建"发展公共经济、建立公共基金、分担公共服务、培育公共精神"的乡村经济共同体。

"新六艺"之食育课纲,主要内容如下。

(1)立春:认识农田上的精灵——农具。

(2)雨水:水知道答案。

(3)惊蛰:田野耕作——垄土。

(4)春分:种韭菜。

(5)清明:节气饮食清明粑。

(6)谷雨:谷雨茶。

(7)立夏:种玉米。

(8)小满:养蚕体验。

(9)芒种:收冬小麦。

(10)夏至:夏至面。

(11)小暑:从小麦到面粉。

(12)大暑:蒸花卷。

(13)立秋:晒秋。

(14)处暑:蔬菜水果的由来。

(15)白露:做月饼。

(16)秋分:食品安全——外卖的危害。

(17)寒露:六种不同的体质与食物选择。

(18)霜降:长寿糕。

(19)立冬:如何改造儿童食育工坊。

(20)小雪:如何自己开展食物教育课程。

(21)大雪:有机食品与转基因技术。

(22)冬至:包饺子。

(23)小寒:打糍粑。

(24)大寒:腊八粥。

十、如何开展以"读"为主题的乡村文教?

儒家文化的一套以仁为根本、以礼为准则、以乐为方法的教育体系,一个从家教、乡学到书院的教育机制,一种以君子人格为内涵的教育目标,为今天的素质教育和学习型乡村提供了不竭的源头活水。乡村国学经典课以儒家思想为主,第一部分是生活中的《论语》;第二部分是汉字课程;第三部分是国学体验课,包括《再造书香门第》、《礼记·礼运》"大同篇"、《朱子家训》的学习。

今天的乡村书院,读经是必不可少的,读经也可以用《礼运·大同手语舞》和快板等形式来开展。我们进村的第一件事情,就是唱《礼记·礼运》"大同篇":"大道之行也,天下为公,选贤与能,讲信修睦,故人不独亲其亲,不独子其子……"城市亲子家庭与村民一起读《论语》,更是一道风景。

2011年夏天,乐和团队组织了以村民为主体的巫溪读经团到北京参加读《论语》活动。读经团的33名学员,从村民到教师,从15岁的孩子到70岁的老人,整整一个月,每天从早晨5点读到晚上9点半,读出了感觉,读到了智慧。一个原来好赌的人,说她以前以为自己是个小人,读经让她有了做君子的自信,她戒掉了赌瘾,要做一个"有智慧的中国人"。一个村民解释自己为什么要穿汉服的理由,是"这样有接近圣人的感觉"。读经团带着乡土气息的诵读,走进了北京小区乃至清华北大,被评价为"自信、从容"。这份自信和从容在这个浮躁的世界里,像是一股清风、一串甘露,感动甚至震撼了每一个在场的人。

"新六艺"课之经典课,主要内容如下。

(1)立春:生活中的《论语》——礼。

(2)雨水:汉字七字根——天文系列。

(3)惊蛰:生活中的《论语》——信。

(4)春分:汉字七字根——地理系列。

(5)清明:生活中的《论语》——孝。

(6)谷雨:汉字七字根——植物系列。

(7)立夏:生活中的《论语》——和。

(8)小满:书香门第系列(一)。

(9)芒种:生活中的《论语》——仁。

(10)夏至:汉字七字根——动物系列(一)。

(11)小暑:生活中的《论语》——勤。

(12)大暑:书香门第系列(二)。

(13)立秋:汉字七字根——动物系列(二)。

(14)处暑:书香门第系列(三)。

(15)白露:生活中的《论语》——俭。

(16)秋分:汉字七字根——动物系列(三)。

(17)寒露:《礼记·礼运》"大同篇"(上)。

(18)霜降:《礼记·礼运》"大同篇"(下)。

(19)立冬:《朱子家训》(一)。

(20)小雪:《朱子家训》(二)。

(21)大雪:《朱子家训》(三)。

(22)冬至:《朱子家训》(四)。

(23)小寒:《朱子家训》(五)。

(24)大寒:总结与回顾。

十一、如何开展以"居"为主题的乡村文教?

乡村书院的一个重要工作就是传播生态知识。散沙般的农户往往从方便的角度及眼前小利出发来选择农药、化肥等科技产品。有了以中国精神为灵魂的社会组织,就可以引导农民用道德理性来评判和选择现行科学技术产品,逐渐减少农药、化肥和除草剂的使用,并自觉抵制有害的动植物催生催熟剂等流入乡村。而有了负责任、有信誉的团体组织,生态食品才能获得市场。

乡村书院可以是引导村民和市民践行绿色生活、进行绿色选择的集宣传、休闲、聚会于一体的平台;可以是开展制作酵素、手工皂等手工活动,进行环保教育的场所;也可以是交流的空间,举办城乡对接沙龙的场地。

乡村振兴过程中,如何激发村民的公益精神,鼓励其参与公共事务,最要紧的是通过成立互助组织的激励以及自立、互助、公益精神的激发,让村民感受到自己是家园的主人。在激励村民参与公共事务的过程中,环境保护是一个比较容易入手的切口。"乐和家园"的经验证明,只要村民成立了互助会,所做的第一件事情就是义务劳动把村里的环境搞好。巫溪上磺镇羊桥村互助会主动组织大家去清理羊桥河的垃圾时,乡镇书记表示要给大家发点补助或者奖品,村民的回答是:"'乐和家园'是我们自己的家园呀,为自己的家园做事情都要给钱,您给得起吗?"

目前很多村子的保洁以政府补贴给"公益性岗位"的形式进行,原本村民至少还有"自扫门前雪"的习惯,现在却变成要依赖保洁人员来完成了。其实,无论有没有公益性岗位完成清洁工作,干净、整洁并为之尽责尽力都是村民的内在需求,这种需求可以通过自身的参与行动来得到满足。根据"乐和家园"的经验,如果能够给予有效的引导,村民的集体义务大扫除是最容易上手且看得见成效的乡村文教和"见义勇为"。

具体来讲,首先要做理念宣讲,即用共同体的思想凝聚人心,让村民意识到村庄美了,自家才会美,村子的脸面也是自家的脸面;其次,要把队伍组建起来,也就是要找到核心人员,引导这些人带头大扫除;再次,要引导自治组织,将大扫除的时间固定下来,社工提前给予督促,并参与其中;最后,要对大扫除的照片、视频进行及时的传播,让参与的人以此为荣。

"新六艺"之环保课纲,主要内容如下。

(1)立春:插花体验。

(2)雨水:扎染。

(3)惊蛰:制作环保酵素。

(4)春分:环保手工。

(5)清明:植树。

(6)谷雨:生活中的环保——水。

(7)立夏:生活中的环保——土壤。

(8)小满:生活中的环保——塑料污染。

(9)芒种:制作食用酵素。

(10)夏至:生活中的环保——26℃空调节能活动。

(11)小暑:一平方米菜园(上)。

(12)大暑:一平方米菜园(下)。

(13)立秋:"一叶知秋"树叶画。

(14)处暑:打造生态阳台。

(15)白露:探究性学习——候鸟为什么会路过我的家乡。

(16)秋分:生活中的环保——保护野生动物。

(17)寒露:登高望远。

(18)霜降:生活中的环保——关于噪声污染。

(19)立冬:生活中的环保——电子垃圾的危害。

(20)小雪:生活中的环保——纸张。

(21)大雪:大扫除。

(22)冬至:九九消寒图。

(23)小寒:写春联。

(24)大寒:回顾与总结。

十二、如何开展以"养"为主题的乡村文教?

在老龄化的乡村,互助乡厨是一种行之有效的养老养生的文教活动,是弘扬孝道文化、互助文化、公益文化和节气文化的有效载体(细节参见本书第四章)。对于乡村书院特别是乡村文旅和研学而言,健康生活课也是必不可少的。

健康生活课主要有食物教育、营养与健康、食品安全卫生、烹饪、农艺五个板块,目的是通过认识、栽培和烹饪可食用植物等手段,来培养国人健全的身心和人格。节气养生课围绕二十四节气进行,重点在于让学习者通过身体的体验,在自然之中感受、学习中医阴阳五行思维的养生方法,主要包括峨眉精粹导引术、二十四节气导引术、八段锦、自然静心冥想、节气养生知识;开展节气行活动,普及中医养生思维,开展中医养生课堂。

"新六艺"之养生课纲,主要内容如下。

(1)立春:养生功法入门(一)。

(2)雨水:二十四节气导引术入门(一)。

(3)惊蛰:养生功法入门(二)。

(4)春分:二十四节气导引术(二)。

(5)清明:养生功法入门(三)。

(6)谷雨:二十四节气导引术(三)。

(7)立夏:二十四节气导引术(四)。

(8)小满:八段锦(上)。

(9)芒种:二十四节气导引术(五)。

(10)夏至:八段锦(下)。

(11)小暑:二十四节气导引术(六)。

(12)大暑:音乐养生。

(13)立秋:二十四节气导引术(七)。

(14)处暑:五脏的音符(一)。

(15)白露:二十四节气导引术(八)。

(16)秋分:五脏的音符(二)。

(17)寒露:二十四节气导引术(九)。

(18)霜降:五脏的音符(三)。

(19)立冬:二十四节气导引术(十)。

(20)小雪:亲子推拿。

(21)大雪:二十四节气导引术(十一)。

(22)冬至:流行病防护。

(23)小寒:二十四节气导引术(十二)。

(24)大寒:回顾与总结。

十三、如何开展以"礼"为主题的乡村文教?

孔子说:"道之以政,齐之以刑,民免而无耻;道之以德,齐之以礼,有耻且格。"前半句讲依靠政令和刑罚的刚性治理,后半句讲依靠德育与礼仪教化的柔性教育,两者缺一不可。最简单的是在乡村普及挥手礼、拍手礼、拱手礼、鞠躬礼乃至三拜礼等,让乡村逐渐恢复礼仪之乡的气息;更深入的是将礼约礼制与村规民约相结合,开展活动时都用礼约的方式讨论约定相应的规则。

书院是恢复礼文化最好的场所,是以常礼学习、大礼实践为主要内容的活动空间。礼文化课程主要有三个方面,分别是理论课、实操课、常礼举要课。此外,还可以举办祭祀活动,承接私人的"人生十礼",开展礼仪教学等,为村民和研学学员举办开笔礼、民俗节气仪式等。

"新六艺"之文礼课纲,主要内容如下。

(1)立春:礼仪入门(一)。

(2)雨水:礼仪入门(二)。

(3)惊蛰:常礼举要(一)——居家篇。

(4)春分:开笔礼体验。

(5)清明:祭礼体验(一)。

(6)谷雨:中西方用餐礼仪体验。

(7)立夏:常礼举要(二)——在校篇。

(8)小满:走进礼乐文明。

(9)芒种:常礼举要(三)——处世篇。

(10)夏至:生日礼。

(11)小暑:常礼举要(四)——聚餐篇。

(12)大暑:人生十礼概述(上)。

(13)立秋:常礼举要(五)——出门篇。

(14)处暑:人生十礼概述(下)。

(15)白露：常礼举要（六）——访人篇。

(16)秋分：祭礼体验（二）。

(17)寒露：常礼举要（七）——会客篇。

(18)霜降：常礼举要（八）——旅行篇。

(19)立冬：常礼举要（九）——对众篇。

(20)小雪：常礼举要（十）——馈赠篇、庆吊篇。

(21)大雪：常礼举要（十一）——称呼篇。

(22)冬至：书院礼仪。

(23)小寒：祭灶神。

(24)大寒：回顾与总结。

十四、怎样开展以"乐"为主题的乡村文教？

中国有句老话："文以载道，武以演道。"我们在探索社会治理和家风建设中将这种文武之道创造性地转化为一种教育戏剧的表达，叫作"戏以演道"，包括戏以问道、戏以知道、戏以修道，让戏剧成为修复健全人格、营造幸福家庭、建设公正社会的有效方法。

2015年的夏天，在山东某村庄，村民自编自演着村里的故事：一个媳妇打了婆婆，丈夫知道后从外地赶回来和妻子发生了激烈的冲突，孩子则因妈妈的行为感到抬不起头，后来在左邻右舍和娃娃团小朋友的帮助下，媳妇幡然醒悟痛改前非，一家人终于和好，开始了新的生活。演出的时候，台上的演员进入角色哭成一团，台下的观众不时地呼应，抹着眼泪。这些极具表演力的演员都是本村的普通村民，经过驻村社工的短期培训，就绽放出本然的能量。而这些社工也不是学戏剧出身的，只是经过为期几天的培训，便尝到了用戏剧教育的方法与社会工作的手法相结合的甜头。

戏剧教育课不以表演为目的，而是借用戏剧推进人的社会学习，对人的认知、情绪、个性和社会性的发展发挥积极的促进作用。戏剧教育课主要包含四部分:第一部分是手语歌系列,第二部分是戏剧表演课程,第三部分是游戏教学法,第四部分是与戏剧教育相关的配套课程。它需要有编剧、导演、演员、观众。这四类人,都可以是村民。聚焦某个故事,村民和社工共同创作剧本,然后找村民把它演绎出来,同时找其他村民来观看。通过这样一种寓教于乐的方式,参与其中的所有人都会受到不同程度的教育。

小剧场的活动,首先要进行动员,动员的时候可以放一下别的地方村民演的小剧,激发村民的兴趣,说:"这是某某村村民演的小剧,他们能,你们能吗?""你们跳舞都跳得这么好,能跳这么多,但看的人很少,咱们换个玩法,演一下小剧如何呢?""人活一辈子,不就图个欢乐嘛,咱也当一回演员体验体验行不行?""演好了,我们带着出去巡演啊,你们都能成为邻里乡亲的明星呢!"其次,发动大家报名,如果有自愿举手的那就更好;如果没有,就让村民相互推举。村民往往害羞,社工觉得哪些人可以,就请出来尝试。最后,请大家伙儿一起讲一个大家感兴趣的故事,可以是孝道的主题,可以是诚信的主题,也可以是村民感兴趣的其他任何主题,只有是他们感兴趣的,村民才能真的投入进去。可以从活动热身,从造型开始,从简单的动作模仿到动作连贯到加上声音,一步步地让村民动起来。

除了演戏,社工要尽可能地把村民演的戏录制下,放给他们看,引导他们讨论哪里不好,哪里好。这也是激发他们演得更好的方式。

"新六艺"之艺术课纲,主要内容如下。

(1)立春:即兴戏剧体验(一)。

(2)雨水:即兴戏剧体验(二)。

(3)惊蛰:如何准备节日。

(4)春分:节气行体验。

(5)清明:自然之音。

(6)谷雨:亲子戏剧(一)。

(7)立夏:《礼记·礼运》"大同"手语歌。

(8)小满:亲子戏剧(二)。

(9)芒种:萤火虫手语教学。

(10)夏至:剧本剧《白菜的故事》。

(11)小暑:亲子戏剧(三)。

(12)大暑:《爸妈谢谢你》手语歌。

(13)立秋:土家摆手舞。

(14)处暑:《让爱传出去》手语歌。

(15)白露:游戏教学法(一)。

(16)秋分:游戏教学法(二)。

(17)寒露:体验教育学(一)。

(18)霜降:体验教育学(二)。

(19)立冬:探索游体验。

(20)小雪:《跪羊图》手语歌。

(21)大雪:戏剧教育理论。

(22)冬至:戏剧表演中的音乐。

(23)小寒:课程总结与展示彩排。

(24)大寒:课程教学成果展示。

十五、开展乡村文教的基本方法有哪些?

在村里开展文教活动切忌照本宣科,用讲课的形式常常达不到效果。下面罗列在一些乡村适用的行之有效的方法。

1. 问题入手法

宣导理念时启发村民一起列出问题,从解决实际问题入手培养村民的学习兴趣,强调通过讲道理、摆事实让村民了解到问题本身的重要性或严重性,启发其思考解决问题的办法。

2. 现场教学法

把课堂搬到现场,比如设计师和工程师到现场指导示范房屋修建,其他村民学习如何自建生态民居;自然农业专家在地里开培训班,告诉村民怎样堆肥,怎样用生态方法治虫。在四川彭州通济镇大坪村,社工自建了生态养殖场进行示范,有说服力,村民眼见为实,学习并很快采纳了这种生态养殖技术。

3. 入户辅导法

为了帮助村民了解建立社区自治组织的意义,社工走进农户家中详细讲解入会申请书。留守儿童的生活陪伴和人格培养也需要在家庭的场域中进行才更为直接和有效。

4. 寓教于乐法

将课程内容编成朗朗上口的歌谣,使村民容易理解,也便于记忆。在"乐和家园"项目点,村民把《乐和谣》变成快板、钱鞭子、三句半等文艺节目,村民多年后依然记得唱词和说词。

5. 体验教育法

通过戏剧表演的方式让村民沉浸其中,通过感受和反观来影响村民的思想,激发其主动性。也可以用场景再现、角色互换、各自反省、共同改变的方法来化解家里和邻里的矛盾。

6. 氛围带动法

为了让村民能够放得开,积极主动参与到一些自己以前没有尝试过的活动中,社工要通过大胆的尝试活跃氛围,带动村民参与。

7. 氛围营造法

环境影响人,宣传栏、展板、空间布局及一切软装都可以传递教育理念,让村民在不知不觉中受到向善向上的影响。

8.立体激励法

为了鼓励村民的学习热情和把学习成果用到行动和生活中,可以设立光荣榜,定期评比优秀者,将其头像和事迹进行展出,联络资源对其进行报道,为其颁发奖状或者证书,在各种场合全方位、立体式地对其进行激励,能够起到非常好的作用。

9.交流竞赛法

可以在村与村、组与组、户与户之间开设一些竞赛类的活动,在活动中给予理念的强化,村民参与其中即能够进行充分的学习和提升。

10.分享交流法

在活动结束后,利用放松时间引导大家分享自己的感悟和收获,以此相互学习,激发士气。

11.图片回顾法

在活动当天晚上,通过多媒体手段回顾走访村民、活动现场的精彩瞬间。村民都非常关注自己以及自己在意的人的影像,往往这个时候是最开心、最专注、最轻松的时刻,也是共同体意识最容易走进人心的时候。

12.一对一辅导法

重要的理念和思想,社工要通过一对一的交流互动来辅导村民认识了解。

13.师生转换法

在开展社会教育的时候,社工可以换位,让村民变为老师,让村民用自己的话讲解给村民听,逐步培养本地先生。

14.视频互动法

通过一起观看通俗易懂的视频,启发村民自主发言、讨论,达到学习目的。

15. 小先生带动法

对于诸如垃圾分类、礼仪、歌谣等小孩子容易学习且记忆的内容,通过孩子在家庭和熟人社会的传播效应来达到社会教育的带动作用。

十六、如何以共同体精神贯穿乡村文教?

因为有着中国精神的坚定方向,我们把所有的乡村治理和乡村建设都看成中国精神的培育。中国精神的内涵是以爱国主义为核心的民族精神,以改革创新为核心的时代精神。落实到乡村而言,可以表述为涵养修身的精神、互助的精神、公益的精神,一句话就是共同体精神,也就是乐和精神。"乐和家园"作为一种多方参与的社区治理模式,其核心就是培育中国精神,培养个人的共同体意识,以构建家一样的共同体社会,包括文化共同体、经济共同体、环境共同体和生命共同体。"乐和家园"也可以理解为政府、学界、社会组织和村民作为一个整体对于中华共同体文化的传承与创新。而这样的传承和创新,除了需要组织机制来栽培和托举,还需要空间载体及活动来陶冶和养育。

共同体意识是中国精神的核心内容,也可以说,中国精神就是天地人和的共同体精神。一个村的共同体意识,是在构建共同体的实践中形成的。互助会和联席会处理公共事务、制定公共规则的过程,就是对于共同体意识的培养和共同体的能力建设;大院的公共空间和书院的学习空间,是营造公共生活和精神生活的重要载体;义务大扫除、一起做酵素、节气行聚在一起的养生和环保活动,都是增强共同体意识的活动方式。

长沙县乐和乡村社工李柳英说:"我是开慧镇葛家山村的人,从家出来有一条路一直连接到乡道上。道路两旁是水田,有人种了黄豆,收割完以后总是会有一些杂物掉在上面,种水稻的也会有收割机等压过,一堆堆的泥掉在路上。下班后我会拿个扫把过去扫一扫。刚开始的时候妈妈说:'就你勤快!那条路根本不用你去扫它,待会儿有保洁员来扫。'因为这件小事,我开始思考,像妈妈这种原来特别热心肠的人,现在怎么有了这样的依赖推诿思想呢?主人翁意识哪儿去了呢?随着互助会一个个建立起来,晚上经常开会,大家聚在一起商量修路、捐钱,这些妈妈都看在眼里。我还把互助会的宣传折页、案例等资料带回去给她看。终于有一天,妈妈说:'原来不可能发生的事情竟然真的被你们做到了。'"

在重庆巫溪大河乡的大河村,长时间人心涣散、村民自私自利,一辆黄豆车掉到河里,全村人蜂拥而上,不是去救人而是去抢黄豆。在成为"乐和家园"试点村、成立了互助会和联席会以后,又遇到一辆车掉到河里,这一次,当年见死不救的村民又蜂拥而上,不是去抢东西,而是在乐和代表的带动下有组织地救人,连体弱的村民也参与照看从客车上转移的物品。同样一个村,有了组织,有了理念,村民的精神面貌发生了天翻地覆的变化,守望相助的生命意识的复苏也推己及人地惠泽到了陌生人。

社工助力乡村振兴有两个基本任务,一方面从乡村治理的角度,是"一站两会"、"三事分流"和投入改革,这在本书第二章至第四章有较细的阐述;另一方面从乡村振兴的角度是"一站、两会、三院、六艺"。为便于记忆和传播,我们编写了下面的歌谣,很受村民的欢迎。村民们热情地将这首歌谣变成朗朗上口的快板,作为他们对于"乐和家园"的理解。

> 社工站,在村里,社会工作能落地。
> 互助会,来担当,公共事务会处理。
> 联席会,同参与,公共责任共商议。
> 大院宽,乡亲聚,公共空间有人气。
> 书院亮,教育兴,精神空间养正气。
> 庭院美,农家乐,生活空间好风气。
> 食育坊,农耕园,乡村记忆代代传。
> 国学堂,诵经典,读写讲用学圣贤。

第五章 文要化开来——进行乡村文教

绿色风,顺自然,生态人居天地间。

节气行,养生篇,男女老少齐保健。

兴礼义,学礼赞,彬彬有礼人心暖。

小剧场,乐曲欢,你唱我演笑开颜。

我们把这首歌谣称为"乐和12条",它是"乐和家园"建设的12个内容,乡村振兴的12道风景,也是乐和社工的12项任务。这风景的底色,还是社会建设,而建设社会,正是社工的本色。

2015年,山东曲阜书院村村民诵读《礼记·礼运》"大同篇"。

第六章

史要活起来——延绵乡村家风

一、为什么说家文化是乡村治理的根基？

中国乡村的文教传统植根祠堂的公益文化、学堂的圣贤文化和中堂的家风文化。家，既是文教的最小单位，也是文治的最小细胞。乡村家文化的复兴，是中华文化复兴的根基。

有人说，中国人的信仰是敬祖。这只说对了一部分，其实中国人是通过孝亲敬祖与天地联结，本质是信天信道，信个体之上的无形的力量、整体的力量、宇宙的力量。而乡村家中的中堂是一个世俗生活与神圣性交汇的空间，在这里通过敬畏来与神圣性联结，与列祖列宗的亲、历朝历代的国、明理明道的师、万事万物的地、无形无相的天相联结。中国人的信仰在家里，在每个家庭的中堂里。中堂也是婚丧嫁娶等家庭仪式的底座，是让家规有着礼法般效力的地方，是家里的个体最直接最肃穆的空间，这一切都使得一个小小的个体能够与更大的精神和物理的空间相联结，是最温暖的公共空间。

中华家文化是一个包括家道、家教、家风在内的文化体系，体现了中国人独特的认知模式、价值追求与审美旨趣，是一个家庭在世代繁衍过程中逐步形成的较为稳定的生活方式、生活作风、传统习惯、道德规范，以及待人接物、为人处世之道。这个既讲感情又讲规则，既保护家庭成员的个性又维护共性的家庭命运共同体，就是家乡共同体、家国共同体、地球家园共同体乃至人类命运共同体的根基。如果说乡村文化是在村社层面的文化营造目标，那么家文化则是在家庭、社群基础上塑成一种微观文化氛围,是立足于农村小家,以家庭为单位,以家庭伦理道德为核心而形成的文化环境。基于此,家文化成为推动乡村振兴战略落地在社群层面的重要抓手。

习近平总书记指出,"乡村振兴,既要塑形,也要铸魂,要形成文明乡风、良好家风、淳朴民风,焕发文明新气象",明确了中华家文化在乡村治理和乡村振兴中"铸魂"的作用。为此,2021年7月,中宣部、中央文明办、中央纪委机关、中组部、国家监委、教育部、全国妇联印发《关于进一步加强家庭家教家风建设的实施意见》;2022年中央一号文件《中共中央 国务院关于做好2022年全面推进乡村振兴重点工作的意见》明确提出,要"有效发挥村规民约、家庭家教家风作用"。

为响应国家关于家庭家教家风建设的要求、满足城乡社区对于家文化人才培养的需求,2021年乐和团队在中国社会工作联合会指导下研发了"社区家风指导"系列认证课程以及课程陪读、能力培训、实务陪伴的服务系统。这些课程包括家风传承、家庭沟通、家庭文礼、家教环境、家社养老,希望能够为以家文化助力乡村振兴,构建覆盖城乡的家庭家教家风服务体系起到积极的作用。

2022年9月,乐和团队在光彩事业基金会的支持下,在重庆举办了"家文化助力乡村振兴研讨会",分享了在过去十几年的乡村社会工作实践中如何与同仁们探索以家风堂为载体的乡村振兴新路径的经验,探讨了以家文化为抓手的乡村社会工作新任务以及如何用家文化激发和激活、陪伴和培育乡村内生的力量的新方法,用家文化助力乡村振兴,用家文化助推城乡融合。

乡村振兴需要产业兴旺、生活富裕等物质文明建设,也需要乡风民风、价值意义等精神文明塑造。没有高度自信、繁荣发展的乡村文化,缺乏风清气正、尊德守礼的乡土文明,离开孝悌忠信的家文化,乡村振兴难以实现。总体来看,基于家文化在中国社会的特殊地位,以家文化为乡村振兴铸魂,培育乡风文明,助力乡村振兴,势在必行。引入家文化建设,筑牢家文化基础,加强乡风文明建设,弘扬中华优秀传统文化,是深入推进乡村振兴战略实施的必然选择,是关系我国乡村振兴战略实施的一项基础性、全局性工作。

二、为什么说家文化是城乡融合的脐带?

乡村是城市的母体,乡愁是中国人对乡村母体的眷念与牵挂。从时间上看,中堂文化所孕育承载的家风文化,联结着几千年的中国乡村的血脉和文脉,因而是中华文化复兴的根基、乡风文明的底座;从空间看,乡村家文化又是城乡联结的脐带、城市回流的桥梁。

随着城市化带来的乡村"空心"和"空巢"现象不断加剧,完全依靠乡村内生的力量来实现乡村振兴,显然是很难的,因而需要城镇人群的回流反哺。这里的回流反哺,是指走出乡村的人对于乡村的回望、回报和回归。而家文化就是乡村与走出乡村的人之间的情感和精神的脐带。

中国的传统乡村并不是与城市隔绝的孤岛。恰恰相反,传统中国的乡村治理体系本质上是以城乡之间的天然融合为基础的,而这种城乡融合的脐带,就是家。这里的家,不是西方工业文明之下的原子化的居所,而是与乡土、乡情、乡亲融在一起的乡里的家。乡村社会的中堂、学堂和祠堂中孕育的人才,营造了乡村和城市生活的"百业"。乡野农夫可以通过科举进入官僚系统或者因为文化而成为文人、艺人、商人,而他们大多要告老还乡,成为乡绅参与乡村治理、培养乡童和充实乡村文化。无论是文治武功的从政,还是经国济世的经商,无论进城多少年,人们在乡下都有老家,老了总要还乡,成为乡绅,参与乡村治理和乡村教育。

中华民族是一个安土重迁、以家为根的民族。即使在今天,很多青年人走出乡村在城里买了房子,每年春节还是要回家乡探望父母;很多大企业家早已搬离家乡,但还是乐此不疲地为家乡修路架桥,建设祠堂,参与公益事业。太多太多的人虽然生活在城市,却依然盼望着回乡,怀念着家乡。与西方城市小家庭的亲情不同,中国的亲情在很大程度上是与乡情相融的。近处的左邻右舍,远处的七大姑八大姨,乃至乡村的社区和社群,都是构成乡情的底色,被称为"乡亲"。而离开乡村进入城市的小家庭,也与乡情和乡亲有着千丝万缕的联结。

由于工业化、城市化造成的大家庭解体以及小家庭离散,敦厚的亲情,特别是联结城乡之间的亲情,就成了家文化助力乡村振兴的重要内容。亲情乡情,是营造城乡融合的家庭情感纽带,也是中国人的家国情怀的文化脐带,是中国人之为中国人的本色,值得重视和珍视。城市社区虽然是现代化的,服务便捷,但始终难以引起人们心灵上的神往、感情上的认同,唯有给城市社区注入家乡的精神文化才能引起人们的情感认同。也就是说,城市人群本来就有着家乡情结和回望乡村、回报乡村乃至回归乡村的本能。

中国城乡融合的传统和历史如何在今天活化？政府、企业和社会各方人士,特别是乡村社会工作者都应有城乡融合的视角,建立家、乡、城或者说家庭、乡村、社区的整体视角,用家文化引导城市回流反哺乡村。通过农产品的流通、乡村文旅研学的走动、家庭家族的联结,寻根解乡愁、护根恋乡情、归根见乡亲,而最重要的是,在乡村本身致力于家文化的守正创新,把根留住！

三、如何续家谱,延续家传的血脉？

国不可无史,家不可无谱,这是中华文明一脉相承的常识和共识。虽然现代的个人主义价值观在很大程度上冲散了这样的常识和共识,但是千年的文脉和血脉犹存。今天,礼敬乡村的历史就是礼敬中华文明的历史,延续家谱就是延续中华文明的气脉。

《荀子》有曰:"礼有三本:天地者,生之本也;先祖者,类之本也;君师者,治之本也。"这三个"本",直通人之为人的根基。中国传统的中堂与宗祠,都有"天地君亲师"的牌位(笔者注:民国以后很多地方将此牌位改为"天地国亲师"),就是要把人置于这五者中间,从而对人之生命做深度与广度的开发。人之生命只有置身于天地、道之间,才是一个尽了性的生命,才能赞天地之化育。现代社会交通与资讯发达,但生命往往是平面的、原子化的、碎片化的,没有纵向的超越维度和广博的联结能力。续家谱就是引导个体生命与家族、家乡、家国联结,把每一个具体的人置于历史的长河中,从而拉升生命的长度和向上的高度。

乡村社会工作的重要任务,一方面是引导村民寻根探源,追溯姓氏、家谱和字派,让村民感受家族、家乡、家国对于个人的重要意义,让"亲亲"成为各个家庭从自发到自觉的文脉传承行为;另一方面是以乡村的家谱为源头联结城市社区和社群,引导城里人开展寻根续家谱的活动。这是孝文化的复兴之道,是城乡融合的重要举措,也是推动城市回流反哺乡村的回家之路。

酉阳县乐和社工把楠木桩(今重庆酉阳楠木乡红官村,俗称"楠木桩",又谐音"楠木庄")家谱族谱纪要以这样一个话语来表达:"做一个'靠谱'的人。"国有史,县有志,家有谱。一个人通过家谱了解自己的来处、姓名的来由以及做人的准则,被称为靠"谱"。楠木桩的姓氏有冉、杨等,家家有谱。以冉姓为例,目前流传于世的有老谱和新谱。冉姓要求子孙人人都应该翻翻族谱,感受整个家族几十代人血脉和精神的传承,做一个靠谱的人。

讳派又称字派、字辈,修谱的时候由德高望重的人商量拟定,往往会编成几句朗朗上口、寓意深远的诗,称为"昭穆诗"。族人按照讳派取名,长幼分明。以冉家为例,几次修谱都拟定了讳派,依次为:

  德成宗应祖,昌茂绍贤儒,俊秀登文治,明良定大谟。
  忠厚开伟业,家传孝友图,积善隆世泽,祥发永庆符。
  腾云浩耀晟,扬清继凯渝,华航育凌照,富强振国轩。

与续家谱活动相应的是孝文化的主题活动,主要有以下几种形式。

一是节气敬老餐。以节气为单位,组织村里的老人共用一餐饭。孝子贤孙给自家的老人或为邻家的老人"份子钱",年轻的老人为年长的老人做饭服务,链接城市志愿者加入。这样一方面是孝亲敬老的群体生活,另一方面也是城乡对接的第一站。从节气敬老餐开始,促进形成孝敬父母的好家风。

二是老人集体生日礼。按照月份,为村里某个年龄段以上的老人过集体生日。生日的主要内容不是吃蛋糕、吹蜡烛、许心愿,而是创造一个机会让老人的子女表达感恩和祝福,同时用实际行动支持村里的孝亲敬老活动。促使家庭成员懂得关心、孝敬老人,对待老人态度谦和有礼,能够与老人和睦相处,关心老人的生活起居、情绪和心情,考虑老人的生活喜好。

三是绘制家族树。可以将村民和亲子活动的参与者召集在一起,从家风故事分享引入孝的话题,然后引导村民绘制家族树。家族树就是倒着的家族世系谱,绘制的过程中有思考,有讨论,有因为想不起亲人名字而引起的自责和反省,有看到自己在家族树中的位置后的欣喜和动容,总之是一种喜闻乐见、操作性很强、直观可感的"孝文化"主题活动。

四、如何护家园,延绵家传的风土?

水有源、树有根,每个人都是从乡村走出的孩子,乡村是中国的根。乡村社会工作的重要任务之一,就是启发村民和居民对乡土风物历史的追溯,对家园环境的热爱。无论是离家的游子,还是在村的乡邻,都能从这里感受到温暖,追溯到自己生命的源头,获得向上、向善的力量。

乐和社工在了解乡村历史的时候,首先会问村名的由来,由此引出古老的乡村故事以及祖先迁徙地。比如酉阳县楠木乡楠木桩村,是因为先祖选择了在"水包山门"、气候宜人的楠木桩定居,忠厚传家,瓜瓞连绵。据传这里以前有一棵巨大的楠木,多人牵手才能环抱。这棵树后来被运输到京城做栋梁,剩下一个树桩,被称为楠木桩。在老人的记忆中,村里古树参天,从上堡走到下堡,雨天不湿鞋。目前村里留存有十几棵古树,被视为风水树,老人说这些树也是村里的人口。

当然,风土离不开村里的公共空间——祠堂。楠木桩家风堂曾经是冉氏祠堂、楠木乡公所、楠木村公所,现打造为楠木桩家风堂,成为所有楠木桩人共同的家文化空间。据冉氏族谱记载,这座祠堂的房屋建于乾隆年间,位于楠木桩两条河的交界处。1950—1952年设小学校时，房屋尚存。据老人回忆，每逢冬至，这里会举行点祖仪式，杀猪宰羊吃饭，总结一年工作，训诫子孙。

在"乐和家园"建设的项目考察或项目开初，对于公共空间都是"硬要求"。这些公共空间成为乐和大院或乐和书院，都设计有相应的展板、展牌等，以营造氛围，塑造新的风土人情。大院主要用于议事和大型活动，书院主要用于耕、读、居、养、礼、乐的教化，所以有食育坊、国学堂、绿风阁、养生斋、崇礼堂、小剧场等配套硬件。

湖南长沙开慧镇葛家山村主要以村级的乐和大院为主体空间；重庆南岸峡口镇大石村的乐和大院以村民小组为单位，由村民自愿将自家比较空旷的院落兼用作公共空间；山东曲阜书院村则将既有的村委会大院与乐和书院共用。有了空间、有了村民为主体的社会组织来管理，并开展相应的活动，就可以再造风土人情。

在"乐和家园"的乡村，通常有农耕博物馆。村民自愿捐出或者借出自家的老农具、老家具等代表古老风土人情的物件（甚至在重庆南岸涂山镇福民社区也有这样的老物件，包括古老的犁地耙和蓑衣，以唤起乡村记忆，留住"乡愁"），通过这些风物唤起村民对于乡土文化的自觉和自信。

庭院作为今天农家的生活空间和精神空间，也应该传承历史的中堂文化，使之成为激活乡村历史、延绵乡村生活的底盘。庭院首先是居住的空间，我们需要认识传统民居的历史和功能，比如榫卯结构的木屋、冬暖夏凉的土墙，从乡村传统建筑，特别是古村落的保护中，学习生态建筑的理念和生态人居的智慧，引导村民根据中式文教理念设计家居，有次第地对堂屋（客厅）、卧室、书房、厨房、院坝等空间进行人文和生态的改造。比如将"天地国亲师"牌位或者中堂画恢复到客厅中心的位置，彰显自古以来就被老百姓尊崇的孝、和、勤、俭、仁、义、礼、智、信等家庭核心价值观。

构成乡村环境的主体还有乡野和农田。乡村的社会工作包括吸引文旅文创的机构与人才共同营造田园的风土。千百年来的自然农法是家文化的生存之宝,也是乡村风土的构成之基。推荐生态技术、减少农药、化肥,以敬天惜物为核心价值设计垃圾分类、酵素制作、酵素应用等课程和活动,实现垃圾减量和回收利用;以乡村美学为主要操作方向,引导人们体会和感受自然之美;学会就地取材,营造美学氛围,以举行春日野餐、大地餐桌,播放自然教育视频纪录片、常见鸟类图片展,举办禁食野生动物宣讲会等方式传递理念。

针对孩子可以开展的自然教育活动就更多了。乡村的美随处可见,我们之前在村里引导留守儿童开展过"数一数村里的风水树"主题活动。孩子们在一个固定的时间内,去寻找村里挂了牌子的古树,把数量统计出来,谁找到的古树多,谁就获得胜利。通过这样的活动,孩子们跟村里的风水树有了亲密接触,一直被忽略的风水树,作为一个非常重要的文化媒介进入了孩子们的视野和记忆。

五、如何兴家业,延绵家传的技艺?

乡村振兴的目标之一是建立现代化农业强国,但是,这里的现代化,一定是中国式的现代化,而不是美国式的现代化。笔者在20年前曾经考察过美国农场,并且拍摄过专题片,又调研了中国的汉、藏、蒙古、傣、苗、侗、纳西、布朗、普米9个民族的10个村,并拍摄制作了系列专题片《乡村长卷》。笔者发现美国的农业农村与中国的农业农村有三个不同:美国有农场但没有农村社会,有农业工人但没有农人文化,有农业但没有以节气为特征的自然农法和农艺技能。所以大可不必模仿照搬欧美的家庭农场,而要以坚定的文化自信来保护中国的乡村社会、乡村文化和乡村经济,特别是传统"百业"。传统"百业"既是乡村的生活,也是文旅的内容,又是文创的源泉。

可以以乡村手艺为聚焦点,引导村民从厨艺、农艺、手工技艺等方面开展教育活动。例如点豆花比赛、"寻找最好吃的烧白"、文人盆栽和盆栽蔬菜、草编传统与创新等,深挖本地传统的手艺,帮助村民整理该手艺的前世今生,梳理其脉络,让村民意识到手艺的重要性并从中获得自豪感。链接资源,以村民喜闻乐见的方式,凸显该手艺的价值,让村民体会到劳动、创造、勤快带来的幸福感和价值感。

此外,村里的传说故事、方言、美食、手工技艺、曲艺等都可以进行整理;既可以由社工专门整理,也可以找志愿者团队完成。其中,做手工技艺的记录时,文字、图片、视频、实物,缺一不可。

挖掘、整理口述史、村史、家族史等会为社工工作增添很多灵感和成就。这三项资料的挖掘和整理,往往依赖社工本人的兴趣甚至特长。面对一个木匠,社工A了解了姓名、从事木匠行业的时间、掌握的主要技能后,就没有继续挖掘下去的兴趣了;社工B可以通过木匠了解到乡村记忆的师承传统、木匠这一工种最辉煌的情景,能够听这个木匠讲一整天故事,跟这个木匠喝一顿酒。这不是社交能力的差别,而是好奇心、虚心和文化情怀使然。从木匠这里,可以获得村里石匠、泥瓦匠、铁匠、篾匠等的信息,按图索骥就能勾画出乡村百工的大致样貌。而百工背后颇具神秘色彩的文化人类学信息,是社工日后在乡村开展社会治理工作的重要依据,也是乡村文创和文旅的灵感来源。

现在的劳动教育是再造风土的契机。劳动教育不只是由学校来组织,更应该成为父母家庭教育的日常。周末和小长假带着孩子回到乡村,是增强亲子关系、进行劳动教育的大好时机。劳动教育也不止于在田间和厨房劳动,乡村的各种手艺的询问、寻找、发掘和应用也是非常重要的内容,比如打草鞋,编草墩,学做小铁匠、小石匠、小泥瓦匠,等等。

重庆南岸乐和书院的一个亲子活动,就是请篾匠来教父母和孩子编筲箕、竹篓,以付给篾匠先生工钱和购买物料的方式助力乡村的"文物保护"和乡村振兴。城市家庭拿着自己的"文创产品"回家后用竹筲箕代替塑料制品洗菜淘米,不用时挂在墙上也成了一道装饰。在这个过程中,培养了孩子的劳动素养、身体素质、做事能力,亲子一起建立勤劳之家的家庭礼约,比如寻找祖传的手艺、学习父母的手艺、主动承担家务等等。

六、如何立家训,延绵家传的智慧?

中华文明的智慧是天人合一的智慧,中国人的最高境界是达到《周易》所谓的"与天地合其德,与日月合其明,与四时合其序,与鬼神合其吉凶"。当工业化、工具化的列车风驰电掣的时候,这些古老的智慧还留存在乡村,留存在顺天应时的农事中,留存在二十四节气的农谚中。这些历史的智慧需要被保存,因为它是乡村为城市保存的母乳与还魂汤,也是乡村文旅和文创的灵感池。具体可以有以下几种形式。

1.建立家训墙

乡村的智慧作为祖传的生存智慧,往往是通过家训来传承和传播的。这些家训在很多城市家庭中已经失落,然而在老家还能找回。通过乡村社会工作者和志愿者促成乡村家训的搜集,并与走出乡村的家庭联结,无论对于家庭建设还是乡村振兴,都可谓功莫大焉。

2.留下老人言

老人言,从生活中来,经历了时间的洗礼。老人经历的事多,走过的路多,吃过的盐多,也就相当于在这个世界接受的历练多,对这个世界的认识更深刻,看人能看到骨子里去。在长沙县开慧乡葛家山村的乐和大院展厅墙上,展示了社工收集的部分老人言,句句散发着泥土的芬芳,洋溢着自然的清新气息。

世间的道理,最平实的往往是最伟大的,最伟大的必然是平实的。比如:"不听老人言,吃亏在眼前。""财由德养,智由心生。""心中有恩,命里有福。""别睡不着觉怨床歪。""喊破嗓子,不如甩开膀子。""心宽一寸,受益三分。""清者自清,浊者自浊。"

老人言,好比陈年佳酿,历久弥新。人生短促,不可能从头来过。聆听老祖宗的教诲,会使我们少走很多弯路。常听"老人言",会让年轻人受益,让老人因为看到自己的文化价值而自信、开心。

3. 重温节气谚

二十四节气,是古代的人们根据星象和物候知识,将地球围绕太阳公转一年的日数等分为24个区间,规定的专有的名称,用以指导农业生产不误时节。它是上古农耕文明的产物,是中华优秀的时间智慧,是乡村生活的最重要的时间节律,现在也是城市社区和乡村社会相融合的时间节点和亲子活动的时间节点。

村民们作为老师,可以给市民传授农事常识和养生知识,孩子们可以学习接地气、通天气、聚人气的乡土知识,例如关于农谚、农具、农田、农作物的知识。"春雨惊春清谷天,夏满芒夏暑相连,秋处露秋寒霜降,冬雪雪冬小大寒"应该成为妇孺皆知的歌谣。几千年流传下来的农谚,更是青少年儿童通天达地的文化遗产。

4. 体验古诗词

中国的乡村,几乎都有这样的楹联:"耕读传家久,诗书继世长。"诗书的流传,是中华文明文脉延绵的秘籍,是今天的教子良方。孩子的成长除了来自父母的血脉系统,还有来自圣贤的文脉系统,从而形成自己的独立人格与生命智慧。其中,"诗"侧重情商,激发右脑的潜能;"书"侧重智商,启发左脑的思维。诗与书因此有着心脑合一、身心合一的深邃功能,是志于道的文字载体。

中国的古诗词很多都来自天地人和的乡村生活。唐代张志和的《渔歌子》"西塞山前白鹭飞,桃花流水鳜鱼肥。青箬笠,绿蓑衣,斜风细雨不须归",宋代苏东坡的《浣溪沙·簌簌衣巾落枣花》"簌簌衣巾落枣花,村南村北响缫车。牛衣古柳卖黄瓜。酒困路长唯欲睡,日高人渴漫思茶。敲门试问野人家",还有陶渊明的田园诗等等,都是生活在钢筋水泥世界的孩子们无法体会和感受的。回到乡村是诗词的补课,是智慧和灵感的开启。

5.了解中医药

中草药作为中医文化的重要内容,是传承悠久的药食同源的文化,是家庭教育和家风建设的必需。中国有句老话,"为人子不懂医不孝,为人父不懂医不慈"。传统的中国家庭,特别是中国乡村家庭,有许多顺天应时、食药同源的知识传承,构成家人之间的温情与仁爱的实在内容。可以寻找家庭健康的"土办法",学习了解中医常识和亲子按摩,根据节气邀请相关老师进行养生知识讲座、义诊,教村民和游客节气功法、八段锦、八部金刚功、太极、站桩、拍打等功法,学习中医艾灸、刮痧等方法并经常使用,掌握中药材的功效和使用方法。

形成中医的思维方式和生活方式,不仅对家庭健康管理至关重要,而且对于形成整体性思维方式,激发家庭和家乡的精气神,也是不可缺少的。中医药作为家文化的重要内容,既是乡村生活的亮色,也是乡村文旅的亮点。

七、如何惜家恩,延绵家传的亲情?

中国几千年的文明史留下了各种各样的治家格言、家规、家训、家史、家谱。家是人最基本的存在单位、情感单位、道德单位、认知与知识单位、治理单位,是人的安全感、归属感和幸福感的主要来源。而随着现代社会的演变,太多的家成了居所,成了搭伙过日子的地方。太多的个人问题、家庭问题和社会问题,源于家庭共同体的解体,源于家文化的失落,家成了无根的家,人成了无根的人。

家人的恩、家乡的情从来都是疗愈身心的"药膳"。老家父母的爱、乡村父老乡亲的爱,是人生最近的淳朴之爱。笔者在重庆巫溪(笔者的祖籍老家)作为政府顾问参与"乐和家园"建设的两年,是一生中最幸福的时光。那时候笔者已经56岁了,才意识到,自己未能更早回到家乡,回到老家的乡亲身边,错过了多少幸福;也意识到将乡情这份"药膳"的价值发掘和传播出来,是乡村社会工作的任务之一。

有这种感觉的不止笔者一人，乐和社工刘园曾这样描写她所服务的乡村：

楠木桩是酉阳县楠木乡红庄村的俗称，红庄村曾用名楠木庄。楠木桩有薅草锣鼓、山歌、花灯、钱鞭子、摆手舞等民间文化传承，有天山垭、背娃岩、天然游泳池、百亩杜鹃等自然景观，有土家山寨等人文景观，有老品种高秆圆糯米、中华蜂百花蜜、老品种土花生、白盐菜、酸菜、米酒等优良产品。楠木桩人热情、好客、勤劳、务实、团结、互助，这里的生活就是最好的风景。楠木桩的美不仅在于她的风景，还在于她可以追溯的历史，可以触摸到的古迹，以及可以深入探究的文脉。老房子、风水树、香火、火铺、薅草锣鼓、山歌调子、家谱家规家训、特色美食、传说故事、家长里短，它们共同构成了家乡的模样。我们希望这个空间，能够成为大家了解楠木桩的窗口，更希望通过这个窗口，你能看到真实的家乡，回到真实的家乡。

亲情本是人与生俱来的感情，然中国圣贤将其敦厚为"亲亲"，即一个动词的"亲"加上一个名词的"亲"。《中庸》曰："仁者人也，亲亲为大。"第一，仁是有边界的，你是你，我是我，父亲是父亲，孩子是孩子，妻子是妻子，丈夫是丈夫，各自独立，彼此有边界；第二，仁是有交感的，我中有你，你中有我，我身上有你的血脉，你身上有我的基因；第三，仁是能共生的，作为一个家庭共同体，我就是你，你就是我，我们本来就是一棵树，即使剪断身体的脐带，我们还有养儿养老、父慈子孝的精神脐带，个体生命可以从你是你、我是我的边界自觉回到生命的共同体。

中国家文化的传统节日敦厚亲情、深厚乡情，也成了乡村社会工作的重要抓手。

清明节，是与祖先的联结。在中国许多城市，人们还保留着清明扫墓和清明祭祖的习俗，这也是返乡人员聚集的时节。可以通过事先的联系，让回乡的人与留守的人相聚合，在扫墓祭祖的时节，进行续家谱、传家训、立家规、兴家业、护家园的活动。

中秋节,是与游子的联结。乡村独有的田园风土,是中秋思亲的时节,也是组织乡愁主题活动的时机。乡愁是走出乡村的人对父老乡亲的思念,也是对乡村母体的眷念与牵挂。而这份乡愁可以转化为回望乡村、回报乡村乃至回归乡村的具体行动,你我携手,共解乡愁。

重阳节,是与岁月的联结。这对于逐渐进入老年化社会的中国人更有特别的意义。落叶归根是中国人生命链条里最后的愿望。除了年轻一代对于老一辈的问候祝福,还可组织城市的老人回乡看望乡村的老人,大家一起举办互助乡厨,城里的老人带来书画歌舞,乡村的老人拿出老酒农货;还可以考虑抱团养老,营造共享农园。

春节,更是家庭家族家乡共同体的联结。回乡大团圆的场面总是中国人向往的温馨。在年味儿越来越淡的时候,我们可以返本开新,让从前的习俗回忆和体验活起来、火起来。在乡下,父母和孩子玩自己童年的游戏、找回幼时的食物、唱幼时的童谣、折纸飞机、走田坎、放风筝、滚铁环、踢毽子、跳皮筋、串门作揖,从腊八开始的春节习俗都是乡土乡亲乡情的味道。

八、如何立家规,延续家传的礼俗?

《礼记》言:"礼者,天地之序也。"差序平等是天地之序,是对乾坤父母的敬畏。因为有各自的轨道,即天理和共同的秩序,圣贤称之为"礼"。礼是外显的规则,理是内在的根据,这是中国文化能够以道德代替宗教的秘籍。

中国传统的乡村,人们无时无刻不处在礼俗当中。孔子曰:"不知礼,无以立也。"费孝通先生说过,中国乡土社会是一个礼俗社会。中国有句成语叫"约定俗成"。"约定"是规则,"俗成"是习惯。当这种规则变成我们的行为习惯了,那就是家风。

今天的乡村社会工作,如何能够通过家风建设礼俗社会?可以从两个方面入手,一是家规,二是家礼。

1. 家规

没有规矩不成方圆。家规、家训是家庭的规矩和方圆。在中国文化中，个人的自我管理能力是通过家庭的礼义、礼序、礼仪、礼约、礼俗来实现的，我们称之为家庭的礼治系统。它与家庭的文教系统相辅相成，是中国人存在感、归属感的根基。

可以家为单位，鼓励家庭成员重温和总结祖先传下来的家规，对行、走、坐、卧、居家、聚餐、出门、访人、会客、洒扫、进退、应对等一整套生活常礼进行创造性转化，订立新时代的家规。

可以开展家庭礼约工作坊，模拟家庭礼约制订的场景。具体的流程为：聚焦问题、返回自身、亲子交流、家庭会议、制订礼约、试行礼仪、总结礼赞。推广家庭礼约，做家庭礼约故事会，引导村民说一说订立家庭礼约过程中的故事和收获。

中国的家规往往以家族的名义订立，也是家族的共同价值。以下为酉阳楠木桩的冉氏家规（内容摘自《冉氏族谱》）。

一、孝顺父母。孝顺德也，鸦有反哺之义，羊有跪哺之恩。

二、尊老爱幼。长幼有序，相互尊重，礼貌待人，乐也喜也。

三、兄弟连根。情同手足，同舟共济，相互帮助，和谐发展。

四、夫妻和睦。夫妻团结，共谋发展，兴家利国，民富国强。

五、慎重选婚。婚姻自由，泽其所得，毋慕势财，访其家白。

六、勤习正业。严父教子，勤学苦练，慈母教子，读忠实耕。

七、结交朋友。相学为主，"忍"字当头，逢善莫欺，逢恶不怕。

八、积金富家。以人为本，勤俭节约，力修善事，世载公德。

九、和睦邻里。乡田同井，出入相友，守望相护，疾病相扶。

十、致富有道。必由之路，勤劳致富，与时俱进，兴旺发达。

2.家礼

家礼,有家庭中的餐桌礼、出入招呼礼、家庭成员取得成就的庆祝礼、家庭成员的生日礼、拜见亲朋好友的拜见礼等。可以在亲子活动、返乡活动中制订一套家庭礼约并践行,如家庭成员相互之间过生日和举办纪念日的庆祝活动等。

"乐和家园"试图找回这些古老的记忆,恢复和创新中华文明的人生大礼,重建世俗生活中的神圣性,探索了婚礼、怀子礼、接子礼、命名礼、开笔礼、成童礼、成人礼、婚礼、乡饮酒礼、生日礼、丧礼等。列举以下几种。

(1)成童礼。孩子到了12岁,小学升初中的阶段,就开始有了自己的志向和人生思考。这时,我们可以给孩子做一个成童礼。成童礼的主要目的一是让孩子回顾父母的付出、自己成长的不易,懂得感恩父母,为父母多分担;二是让孩子告别童年、励志远方,树立正能量的志向。当孩子既懂得感恩又有远大的志向,他就会有学习的动力,生命能量就被激活了。感恩和励志是成童礼的两大要点,办成童礼是为了启发孩子身上的这两种品质。

(2)成人礼。从少年成长为青年,进入成年期的时候,可以举行成人礼。成人礼就是告诉孩子:"你成人了,要独立担当自己的责任、家庭的责任乃至社会的责任。"我们在社区家长课堂上讲述"三加礼"时,为了展示得更加清楚,由一位家长代表进行深度体验。在现场所有人的见证下,"成人"者换上"母服"即母亲穿过的衣服,承接父母的使命;诵经典,接受大家祝贺;脱下"母服",换上汉服("祖服"),振衣,传承家命,成士,诵经典,接受大家祝贺;梳理秀发,准备加冠,国家使命加身,成君子,诵经典,接受大家祝贺。整个过程逐次成人、成士、成君子,郑重、庄严又充满温情,成人者生而为人的意义也从一个生物学意义上的人,成了父母血脉的延续者、家族使命的传承者、国家建设的参与者。

(3)乡饮酒礼。乡亲们为在外务工、从政或是经商的人年老还乡时举办乡饮酒礼,让这些人不光自己获得成就感,也能够得到家乡乡亲们的认可与赞扬。乡饮酒礼包括敬老礼、嘉奖礼等。根据一个人所取得的成就给他相应的嘉奖和表扬,"扬善于公堂"来表彰这些有成就的人,为后辈做典范。如果是退休,通常是同事歌功,子女颂德,将老人一生的功绩列出来,并举行颁奖仪式,让子孙和他人从老人的事迹中得到鼓舞和启发。

(4)祭礼。祭礼的形式有餐前祭、网祭、到真实环境中祭祀等。为祖先做祭礼叫祭祖,要有诰文,有献官(有威望的人)、亚献官、三献官。祭祖有三个环节:告祖、献祭、礼成(分食),祭祀结束后要将献祭的祭品分给参与祭祀的人。

当亲人过世以后,每到相应的节假日,比如清明节,应举行祭祖仪式,这既是与祖先的联结、沟通,也是不忘祖上恩德的表达。祭祀之礼,既是我们和祖先沟通的一种方式,又是我们与天地联结的方式。

人生大礼的礼仪环节都有不同的内容和象征意义,但是共同的仪轨就是礼敬和感恩。大礼可以把我们带进一个绵长的时间隧道,与祖先和天地联结,与家人的深情与能量相通,与家庭、家族、家乡、家国和天地万物相通,由此而获得生命的神圣感和归属感。

人生大礼是爱与责任的大礼,作为深深的生命印记和家庭赋能而陪伴个体生命的一生,是中国人解决个体生命的独立性和对家庭的依存性的深刻智慧。一个普通的生日礼也有明孝、敬祖、敬天的环节,让参加者通过这样的"亲其亲"的场域回归孝道、回归天地。在隆重的仪式感里,参加者与父母、祖先和天地联结,与自己的内在精神相照,让"亲亲、仁民、爱物"的情怀通过礼仪活动得到陶冶。

九、如何守家魂,延续家传的信仰?

"家国天下"是祖祖辈辈的中国家庭所认同的价值。在一些民国时期的民居中,还能在普通人家的中堂里见到"天地国亲师"的牌匾。天生你、地养你、国佑你、亲育你、师教你,这是生命的来路。因此,个体生命需要孝亲、尊师、报国、法地、敬天,完成自己的生命价值,这是生命的去向。

在现代家庭,当分数成为家长和孩子为之拼搏的目标时,更需要"家国天下"的教育,否则,个体生命找不到来处,也看不清去处。知古鉴今,"乐和家园"项目带着解决家庭问题的使命,提出家风建设的命题,试图恢复家庭的根,重启根的力量,重建农家的自信、互信和大信。

1.重建农家的自信

在"乐和家园"试点村,社工一般不把村民称为农民,而称"农人",与工人、军人、文人、商人一样。村民活动中心被称为"农人会馆",来自藏头诗:"农事通天,人脉达地,荟萃无私,馆里有情"。虽说只是称谓的变化,却起到增强农家自信的作用。

2.重建农家的互信

"乐和家园"试点从家庭成员互不欺瞒、对孩子和老人的承诺及时兑现开始,到对外不欺骗他人、对朋友言而有信,通过家风堂加强乡村信誉体系的建设,使家庭成员之间能够积极沟通,掌握化解家庭矛盾的沟通方法,尤其是留守地的在乡人与外出的打工人之间能够经常进行聊天交流。

3.重建农家的大信

要复兴中华家文化、重启家的根力量,不能不了解传统乡村的中堂文化。2008年,参与灾后重建的乐和团队走进地震极重灾区四川彭州通济镇大坪村。这个村90%以上的房屋倒塌,只有一座木制的老房子安然无恙。这是一座典型的榫卯结构的川西民居,最中正的堂屋也就是中堂里,挂着"天地君亲师"的牌位和"祀先祖如在其上,佑后人焕乎维新"的楹联。我们一问才知道这里家家户户都有这样的中堂和牌位,村民叫"香案"。在倒塌了的房屋废墟里,依然可以看到这样的香案。在新建的房屋里,村民恭恭敬敬地举行仪式,把香案放进去。我们没有用西方科学的物质化眼光来给这样的信仰贴上"迷信""落后"的标签,恰恰相反,我们看到了中国传统农人的精神世界,一个从有形到无形的能量的世界,有天有地有亲有师还有君子之治的理想世界。于是,乐和团队以乡村书院的项目保存香案文化,保护这一份敬天法地的信仰和信念。在重庆乐和谷,"乐和家园"试点鼓励村民重置中堂,把家规家训和祖先的照片或画像挂出来;通过画家族树,读字派诗(昭穆诗),让"80后""90后"孩子的家长重拾自己的祖脉;鼓励互助会组织活动去古镇的宗祠参观,让逐渐凋零的家文化不仅残留在春运的车上、清明扫墓的路上、呼唤家文化的电视屏幕上,也能在每时每刻的生活中,让"绵绵文明在,久久家风长"。

中国古代的皇帝每年都要祭天、祭地、祭祀圣人和祖先,而在一个小小的村落,也有重要的祭祀活动,那是中华民族在不同层面与天地的沟通方式。在优美宏大的礼乐仪式中,祭祀者内心笃定、恭敬,给天地万物以告慰。人们以礼为沟通天地的媒介,让世俗的社会人有了与天地同在的终极归宿,让普通的生物学意义的人有了独与天地往来的神圣与高贵。

古往今来,中国文化的信仰是天道,与之相应,每个人都有天命。知天命便是知道个体生命的来路与去处,找到自己生命的归宿。找到生命的意义,建立文化的信仰,需要我们怀敬畏之心,行公益之路。敬畏之心,是生命个体与宇宙整体相连的智慧之门;公益之路,是生命个体与宇宙整体相融的智慧之路。现代人可以从家乡的中堂开始,重建生命的神圣性。它让人知道,任何时候你都不是一个人在战斗,后面有无数的力量在支撑。

西方人在最困难、最危难的时候,脱口而出的是"我的上帝!"中国人最困难、最危难的时候,脱口而出的是"我的妈呀!""我的天呀!"是深到灵魂、深到信仰的东西。天被理解为"头上父母"来侍奉,那是头上三尺的神明。结婚时先拜天地父母,后拜生身父母,然后夫妻对拜。堂上父母和头上父母在看着我们,让我们不干坏事,不让父母失望,不可得罪于天地,要有好样儿留给儿孙。

十、如何报家国,延绵家传的忠义?

中华家文化的精神特质是家国同构、天人合一。因为中华家文化是以天道信仰为根基、以圣贤教育为文脉、以家国天下为格局的。"公益"一词并非舶来品,笔者就在自己祖爷爷的石刻墓志铭上看到"地方公益事业,莫不参与"的字样。乡亲乡情、回馈乡里是中国人至今不绝的民风。无论战争时期还是和平年代,家传的忠义都是中华家文化的动人本色,也应该成为乡村社会工作的内在本分。

1.敬家庭伦理

中国人的忠义是从家庭中生成、由参与家族公共事务以及为家乡、国家尽责来实现的。中国古代用五伦界定了人最基本的五种关系,也是忠义五个层面的体现。分别是夫妻关系、父子关系、兄弟关系、朋友关系、君臣关系。五种人际关系对应十个角色:丈夫和妻子、父母和子女、哥哥姐姐和弟弟妹妹、朋友和朋友、上级和下属。这五种人际关系又对应十个角色的道德定位,分别是夫义妇贤、父慈子孝、兄友弟恭、朋友有信、君仁臣忠。我们可以从中看出,所有的关系都是建立在差序平等的基础之上、以忠诚和道义为根基的。

相对于城市生活,乡村还尚存这些家庭伦常,比如父母权威不可失、夫妻关系不可偏、长幼顺序不可乱、祖嗣之序不可轻、天地之序不可忘。要建立乡村的公序良俗,我们应该尽量用村史、家史的方法来寻找和守望这些家庭的家教家风,以维系和复苏今天乡村的公序良俗。

乡村社会工作可以用推动讲家庭故事的方式推进这方面的工作。最近出版的《新儒商家风》就是用口述的方法讲述祖先父辈的家风故事,对于企业家家风乃至企业风气都有很好的作用。我们的乡村社会工作可以由村民口述,由社工记录,辅之以文献参考,以确定口述信息。可以动员在家的和外出的人、大学生做这样的家庭口述史、主题性的口述史,比如家训家规口述史、祖辈务农口述史、初代打工人口述史、移民口述史、家族与抗战口述史等,将口述的内容整理出来,经当事人以及相关方允许后对外发布和交流。

村史资料没有想象中那么容易获取,因为大多数村子都经历了漫长的历史演变,即便是在村的老人也很难拼凑出一部完整的村史。一些有大姓聚居的村子,如果家谱没有散佚,从家谱中能找到村庄发展的蛛丝马迹。再访问村里德高望重的老人,将家谱与老人的口述互相佐证,结合县志相关记录,整理出大致的村史资料。资料经相关权威人员审定后,可以用作村史馆、家风馆的上墙资料。

2. 做家乡公益

(1)传统节日活动。通过春节、清明、中秋这样的传统节日,有意识地以家文化为纽带,以乡村家庭档案为基点,建立与外出就业、创业的家人联结,组织相关的活动。比如,长沙县白沙镇双冲村(现开慧镇白沙村)的"外嫁女回娘家"的活动。

(2)互助乡厨行动。建立以乡村社群为基础的家风堂,组织互助乡厨活动。以乡村社群为单位,联结外出家人关注和参与。如酉阳楠木乡楠木桩的家风堂,吸引了本村的外出务工的家人为留在乡村的老人们捐钱搞互助乡厨。

(3)"凤凰"回乡计划。通过微信群等方式,协助村庄建立综合发展的人力资源库,让从村子里走出去的人关心家乡、关怀家乡、参与建设家乡的行动,营造人人有责、人人尽责、人人享有的村庄发展振兴氛围。

(4)乡知助学计划。研发乡村营地课程,对接从村子里走出去的大学生,通过培训、辅导、赋能,开展社会实践活动,助力留在家乡的儿童与外出务工的父母建立互相支持的体系。经过培训后,这些大学生回家乡利用假期为村里的孩子开展营地活动,丰富农村儿童的假期生活,提高农村儿童的综合素质。

(5)"候鸟"护乡计划。建立乡村与城市养老机构、养老社群的联结,让乡村成为城市退休人员,特别是从本村走出去的城市退休人员的养老之处,增加其与村内老人的联动。

(6)城乡互助计划。建立在县城经商、务工人员的档案信息,搭建县域青年与乡村互相支持、共同发展的平台。提高以乡村为中心的人、财、物的综合利用效能,实现人尽其力、物尽其用、才尽其能。

(7)数字助乡计划。运用各类数字平台,让身在外地的爱乡人有实实在在的机会和渠道支持家乡发展,也为集中连片的传统村落保护区进行组网发展。平台可以直接实现古建抢修、立馆宣教、家风传承、产业扶贫、民俗风物挖掘、文化教育发展等乡村事业的资金募集和系统支持。

3. 守家国情怀

有红色文化资源的村子,可以在国庆节、清明节组织村民和孩子为烈士扫墓,开展爱国主义教育。引导村民翻阅家谱,找寻祖先的爱国、护村故事,并组织分享会。中国的乡村集中了本色文化、红色文化和绿色文化的资源,用一些节日节气召唤城里人参与相应活动也是家国情怀的一种体现。

比如母亲节,西方传来的母亲节成了我们中国人特别是年轻人的常识和时尚了。但是我们是不是应该想一想,伟大的中国母亲培养了伟大的中华民族,我们是不是应该给她们中国的母亲节?给她们中国式的敬畏和感恩?纪念和学习我们的孔母、孟母、岳母,这些母亲共同的特点都是教育孩子家国天下、精忠报国,这样的家国情怀是中国母亲的特质和风范,不应该被淡忘甚至遗忘。

当然还有中华父亲节。川军出川抗战时,一位父亲送给儿子一面白色的"死"字旗,上面写着:"国难当头,日寇狰狞。国家兴亡,匹夫有分。本欲服役,奈过年龄。幸吾有子,自觉请缨。赐旗一面,时刻随身。伤时拭血,死后裹身。勇往直前,勿忘本分。"什么是本分?孝亲、尊师、报国、法地、敬天都是本分,为了御敌把命捐出去了也是本分!因为中国人知道没有国就没有家,这是简单的常识。所以这位父亲在旗子上告诉儿子,我不要你给我尽孝,只希望你为国家、民族尽忠！这就是我们的忠孝文化,这就是我们家人文化的灵魂。

十一、如何留乡音,延续家传的民风？

最近看到一则短视频,一个小学生模样的陕西娃向奶奶告状,说爷爷跟他说话没有用普通话,并且在模仿爷爷的陕西地方话时表情里带了几分鄙夷。虽然奶奶回应说"爷爷做得不对",然而在留言区,不少人点赞这孩子"方言很地道",还有点评说"别让爷爷总是说普通话了"。这里,我们看到了人们对于"乡音"的眷念,也引起我们思考在乡村振兴过程中如何保存方言和乡音。

语言不只是交流的工具,更有"文以载道"的功能。中华文明源远流长,未曾中断,与"书同文"的汉字密切相关。汉字从甲骨文演化到今天,作为取象思维的载体,既能够激发左脑的思维能力,又能激活右脑的体悟能力。书同文则行同伦。同样珍贵的是,古人为中华民族保存了丰富多样的方言,也就是俗话说的"乡音",这些方言或乡音是个体生命与自己所生存的那一方水土和乡情联结的脐带。

用现代语言来表达,乡音是乡村文化与生活的重要载体,保护乡音也是乡村社会工作的重要内容。保护乡音可以从以下几个方面展开工作。

1.鼓励乡村社会工作者熟悉方言

用乡土文化为精神来凝聚乡亲的乐和社工,不仅要求礼敬方言,而且被鼓励学习方言。一旦能够用方言,哪怕是蹩脚的方言,村民的反应马上就不同,亲切度会立刻增加,以至于乐和团队出了两位既能说流利的普通话又会多地方言的高手。一位是河南小伙,在川渝工作后迅速操着满口的四川话,到了山东曲阜则很快能用曲阜话和村民交流。一位是湖南妹子,到了重庆巫溪,居然很快就能用巫溪方言和乡亲们打成一片。学了一处方言就多了一份与当地水土的联结,多了一份对当地乡土的乡情,也多了一份社会工作的交流智慧。

2.通过乡村活动保护方言

工业化、城市化让不少人遗忘了乡音。有一个爆网的表演队,唱的是曾经的乡村生活。虽然是普通话的吐词发声,但其中冒出的乡音依然能够被捕捉到,更能唤起人们的共鸣。我们每个人都是从乡村走出的孩子,每个人心底都有保存深处的乡音。还记得那首唐诗"少小离家老大回,乡音无改鬓毛衰,儿童相见不相识,笑问客从何处来"吗?虽然儿童不相识,然而那些老人一定能凭着乡音找到他们的童年。在城乡融合的今天,许多退休的老人回乡的时候,也一定会凭着乡音找到熟悉的味道,增强其回望乡村、回报乡村乃至回归乡村的情感,成为乡村振兴的助力。而研学中教本地的孩子学方言,也是增强其语言学习能力和文化遗产传承能力的重要路径。

3.寻找乡村的音乐记忆

在重庆酉阳楠木乡楠木桩,有社工发现老人在哼唱山歌,于是请老人多唱一些,但老人们唱不全。社工就在晚饭后老人三三两两聚集时,引导他们你一句我一句地凑。天气冷,大家围在大火铺上,努力地回忆着那些唱词,想起一句记录一句,记下一句巩固一句。一个冬天过去后,社工结合之前在村里收集到的流传的手抄本的内容,整理出了楠木桩山歌号子集,还把号子全部录了音。之后,村民如果有表演,将录音放一下,歌词看一看,就能欢唱。在整个过程中,村民是愉悦的、欢欣的、自豪的。尤其是老人,在日复一日地围坐和放歌中,他们的眼里闪着光,光里满含着对美好生活的缅怀和向往。

4.组织村民和关心乡村的新村民一起创造村歌

少数民族地区的族人对本民族内部成员进行治疗时往往会唱古老的民

族史诗。文化人类学研究者对此进行研究,结论是民族史诗可以用来修复人失衡的身心。古老的乡村往往有古老的歌谣、古老的舞步、古老的传统,挖掘和整理这些资料的过程也是对乡村传统进行重塑的过程,会给参与其中的村民带来无尽的抚慰和自豪感。

如果村里有古老的音乐形式,例如山歌、号子、薅草锣鼓、村歌等,可以组织村民回忆、恢复、整理、传唱,在这个渐进的过程中引导村民感受音乐的和谐之美以及合唱成员之间彼此的依存感。禾场舞同样,坝坝舞、钱鞭子、摆手舞等形式,只要是曾经在村里出现过的舞蹈形式,都可以在走访调研、挖掘整理、改良创新的过程中,发掘、体验和传播家文化的核心——"和"文化。

在重庆巴南鱼池村等地开展的村歌计划被描述为以音乐为载体的"群众路线"。外部志愿者、城市居民和本地村民一起,以一个时间段为期,在对村庄的自然环境、生计方式、历史文化等情况进行田野调查的基础上,坐在一起开会、讨论、创作、斟酌、修改,最后形成村歌加以传唱,这个过程本身就是一种为人喜闻乐见的社会建设实践。村歌虽然是新创作的,但是调子、内容、节奏都是村民熟悉的、认可的,有些甚至是刻在骨子里的。通过村歌的创作,可以实现村民精神的凝聚,激发村民对家乡的自豪感。

十二、如何化乡愁,让社区成为家乡?

乡村,是中国文化的母体。乡愁,是城市人对乡村母体的眷念与牵挂。随着一代代人离开乡村,乡土文化也被带到了城市。城市社区虽然不是依靠血脉联系的,但仍有文脉的联通,一个个的家庭需要在社区这个场域彼此联结融合。城乡社区建设的重要内容,就是通过传承乡土文化的智慧,让社区成为新时代的家乡,让一个个小家庭组成社区大家庭,建成社区共同体。

在乡村的熟人社会,血脉未断,文脉尚存。乡村生活如果不能延续,城市生活便失去了根。如果每个离开乡村的人都有一份对乡村的文化自觉和历史自觉,乡村生活就可以以另一种形式在城市社区延续,让社区成为家乡。

将乡土文化移植到城市社区,可以按照节日和节气组织活动。每个活动要求社工帮助居委会和互助会进行价值观、知识点和行为规范设计。每个节日有礼乐、有仪式、有食品、有邻里乡亲的欢声笑语,以这些节日和节气活动唤起大家共同的情感、共同的记忆和共同的诉求。

"乐和家园"所到之处,通过调研发掘当地民俗,将原来在家庭过的节日变成了公共文化活动。例如,在中华传统节日元宵节,开展做花灯、猜灯谜、分汤圆的活动;中秋节,开展联欢会、夜游赏月、亲子互赠祝福;重阳节,通过开展敬老礼,组织老人在一起交流、活动;腊八节,采取每家一把米行动,煮百家粥,给孤寡老人送温暖;持续开展夏至祭地、冬至祭天以及孔子诞辰祭祀先圣的活动。诸如此类的活动,在试点村都以不同的形式开展。从最开始举办活动,到后来形成制度,甚至变成了村庄的习俗和文化。

多年的社区经验告诉我们,如果能把一些重大节日、节庆、集体活动变成制度设计,通过制度设计变成常态活动,通过常态活动变成习惯习俗,是为城市植入乡土文化、让社区成为家乡的可行路径。

开展这样的社区活动如果采取以下原则,效果更佳。一是要有恒常性,年年开展。二是要把握好传承与创新的关系,每个活动要有相对固定的内容,不要花样翻新太快。三是要结合当地民俗,采取适宜的体验方式。例如元宵大家随时可以吃到,但是难以体验到集体做元宵、做不同颜色元宵带来的"家乡"的情义与乐趣。四是要扣住中华传统美德来开展。比如重阳敬老,让老人感受到被尊重;腊八节让百家粥更有趣味性,团结睦邻,借此机会推动一些邻里互助行为。

2019年4月20日"九九家风家文化建设"项目在重庆南岸启动时,乐和团队撰写和宣读了一篇诰文。之后每年的9月28日孔子诞辰,在全球祭孔大典的社区祭孔活动中,该诰文在福民社区旁的论语公园的孔子像前会被再次诵读。谨此恭录如下,与有志于中华家文化复兴的同仁们共勉。

中华文明,源远流长。中华家风,开来继往。

家乡的歌,祖孙传唱。家屋的景,千年守望。

家族的字,文脉深藏。家庭的礼,矢志不忘。

家传的艺,精美芳香。家里的信,表诉衷肠。

家人的安,亲亲滋养。家园的事,同济互帮。

家国的情,世代流淌。中华的魂,永驻心房。

孝和勤俭,仁义礼智。信在天地,根在炎黄。

家园共育,家社共创。家风久久,家国永昌。

圣贤在前,夫子在上。谨此告拜,深感荣光。

圣贤之学,千秋吟唱。中华之道,万世流芳!

2021年,重庆酉阳楠木乡红庄村互助会骨干把几家人共用的老宅改造成了家风堂。

第七章

美要晒出来——营销乡村生活

一、我们应当如何看待乡村生活？

在乡村的空巢化、老龄化愈演愈烈的时候，作为乡村的社会工作者，不仅要有社会调研、社会组织、社会活动、社会教育、社会宣传、社会记录的能力，还要有营销乡村的能力，如此才能推动城乡融合，让城市的资源，无论是经济还是人才，更多更快地反哺乡村。

营销乡村，首先要解决的是对乡村价值的认知：农田是久远的古迹，农具是千年的文物，农村是古老的名胜，农夫是历代的亲人！这是笔者在过去20年乡村工作中对于"四农"的理解。乡村社会是中国有形的根，乡土文化是中国无形的根，乡村是城市的母体，也是未来发展的"蓄水池""生长基"和"压舱石"。有了对乡村价值历史、现在和未来的基本共识，还要注意三个"切忌"。

1. 切忌用功利主义的眼光看待乡村

人们很容易用西方工业化的眼光来看待乡村的价值，把乡村看作一台GDP生产机器。乡村是一个天地人合一的生活体，其人文生态价值和乡村社会价值乃至历史基因价值远未被现代人发现和实现，所以切忌用GDP的单一考量看待乡村。

2. 切忌用物质主义的眼光看待乡村

乡村不只是有形的物质存在,而是一个有着精气神的生命体,切忌把一些历史悠久、现代科学还无法解释的习俗斥之为迷信而加以摈弃,反而应该从中反思现代人对于无形世界的自我遮蔽而开启无形的智慧。笔者本人就是在灾后重建的彭州通济镇大坪村,那个家家都有天地祖先牌位和"祀先祖如在其上,佑后人焕乎维新"楹联的乡村,接触并体会到在看得见的乡村后面那个看不见的乡村。作为村民眼中的农妇"廖孃",笔者和他们一起修山村路,建生态房,开协商会,参加婚事和葬礼,整个过程中予以充分的尊重。我们尊重他们建房上梁的古老仪式、乡情宗脉的悠久传统、敬天法祖的堂屋香案、慎终追远的丧礼习俗,让这些无形的文化成为凝心聚力、共享乐和的现代根脉。在乡村建设中,不应该只着眼于有形的物质的方面,而要去发现和发掘几千年乡土文化的无形的遗产;不应该把一些虽然看不见但是延绵和维系了几千年的、也许现代科学还没有能力破解与理解的习俗斥之为迷信而摈弃,要用有形与无形的整体全息的世界观去看待和对待整体全息的乡村世界。

3. 切忌以城市主义的眼光看待乡村

不仅不应以城市主义的眼光看待乡村,更不能用城市化的惯性思维改造乡村,比如用城市的绿化取代田野的生态。乡村是生态文明的生长地,也是生态产业的生长基。乡村还有着未被钢筋水泥全覆盖的生态系统、还没有最终凋敝的乡土文化,还有着建立从民居到养生乡土文化产业到乡村社会自洽的生态系统的可能。正在兴起的文旅文创业、中医中药业、康体保健业、传统民间手工业等产业,都是以中华文化为资源的新兴产业,可以说,都根源于中国乡村的传统,具有极高的文化价值。如张孝德老师所言,我们古老的乡土智慧和乡村文明,100年前是包袱,20世纪80年代是概念,90年代是古董,21世纪是稀缺资源,是财富之源,是竞争力之魂,是民族自信之根。

二、如何推动与城市社区的联结?

1.助推城乡融合

乡村和城市是一个共生体,乡村经济需要城市来消化和支持,城市需要乡村产业、乡村社会和乡土文化来滋养。社会工作者可以在下面诸多方面助推城乡融合。

(1)乡村与社区直接联结,让乡土文化与农产品一起走进社区。发挥乡村本身的生态环境优势,以活动带产业,通过开展乡村读书会、互助乡厨等活动,联动城市社区、社群和家庭的参与,拉近城乡距离,增强乡村的吸引力,让城市回望乡村、回报乡村、回归乡村成为时尚。

(2)助力寻农探村觅好物,拓宽农产品销售渠道,精选特色农产品。通过直播带货,与城市社区和社群链接,满足不同消费群体的需求;同时使质量有保证,消费有认可,土产有好评,循环引流。

(3)助推乡村旅游的营造,结合正在实施的传统村落保护利用工程和"传统村落+"战略以及乡村文旅、乡村研学等的需求,以乡促旅,以旅兴农。以村级家风堂和小微家风堂为抓手,将乡村建成家风基地、家教营地,以文旅融合促进文化创意产品新消费。

(4)促进"村友群""村友圈",特别是县域乃至县外的人回乡创业。过去的村庄尚有"386199部队",就是妇女、儿童和老人。由于村小的衰落,孩子基本上集中在乡镇中心校或者县城读书,妇女随同孩子出村,现在的一些村庄里,就只剩下老人。在农村开展工作,如果只面对老人是远远不够的,所以需要一些有效的方式联动村外的村民。

2.推动村内村外联动

如何与他们联动?这里提供三个方案。

(1)经由孩子建家长群。如果父母同时外出打工,孩子成为留守儿童,两代人之间的沟通往往是一个比较大的问题。但是父母关心孩子的成长和学习的心是永远不会变的,即便他们身在异乡。那么社工就可以从孩子的需求入手,建立家长群,将孩子组织起来成立娃娃团,定期开展活动。活动的相关信息通过微信群及时发给家长,保持与家长的长期联系和频繁互动。同时可以依托微信群开展家风家教课程。当真正能够帮助到家长和孩子时,社工就会与家长成为朋友,成为亲人,也就可以促进其与村庄的长期的联结和互动。

(2)用乡亲乡情联结外出务工人群。几乎每个村外出打工的人都有老乡群,这样的微信群往往有很多个。大家在群里发布的信息比较杂乱,缺少群管理,因此很难发挥出同乡互助、情感联结的作用。社工可以以乡愁或者家文化为纽带,建立打工者爱故乡群,确定群管理人员,定期发布村里的消息,对外出打工的人群进行有效的引导,增强他们的凝聚力以及对家乡的关注。其实很多人在乡村振兴的大背景下,都渴望获得回村发展的机会,但是获取信息的渠道有限。一个管理规范、信息正向、以乡村整体发展为主要内容的爱故乡群,是这一人群获取乡村信息的最好的渠道。

(3)善用数字平台建立云家人脉。依托血缘、地缘等传统人情关系构建的熟人社区,是移动互联网时代下乡村文化互助项目资源平台,为每一个村建立起了无门槛的自助机制,并以此构建了乡村亲情社交网络,从而解决了乡村振兴经济、文化、社会全方位的综合性问题。现在已有一些平台如"爱乡宝"提供个人项目众筹工具、基于家乡的交流社区、家乡校友圈、家乡小卖部、家乡钱包管理工具等供用户使用,为每一个村建立起自己的乡亲圈,为每一个学校建立起校友圈。每个人都可以通过这样的平台随手发起、支持家乡的公共项目,它甚至可以衍生出乡村保险、乡村医疗、乡村教育、乡村文旅、乡村研学等,让身在外地的爱乡人能够有机会和渠道支持自己家乡的发展,形成城市与乡村产、供、销、数、融、管的良性发展命运共同体。

三、如何在村里开展有效的宣传？

无论是线上的传播，还是线下的文旅，村庄本身的宣传氛围都是必不可少的。

在村里做宣传，可以分为静态的宣传和动态的宣传。静态宣传包括条幅、展板、展架、标牌、LED屏、海报、宣传单等；动态的宣传包括村村响、大喇叭、闭路电视、手机群发信息、弹窗信息、视频、流动宣传车、群信息、入户宣讲和集中宣讲等。因为目前乡村多是老人在村、年轻人在"线"，所以有效的宣传一定是线上线下的结合。

静态的宣传，要有针对性地更换宣传媒介。醒目的横幅比宣传展板等更能营造氛围。展板要以图片为主，文字为辅。宣传单一定要有实用性才能留存得久，例如做成挂历、台历、扇子、环保包、围裙等，为村民喜闻乐见，宣传信息才能长久留存。在田野、山坡、崖壁上做宣传标语的造价不菲，但是对于传递最核心的理念十分有效。

动态的宣传，要因地制宜，随机应变。有一次乐和项目组在村里做端午节活动，准备得非常充分，但是活动开始前40分钟竟然停电了。原本计划用音乐提示村民活动要开始了，因为停电音响不能工作而无法实现。一位社工灵机一动，借了一个锣，找了一个身强力壮的年轻人，在村里"咣咣"敲了一圈，村民很快便接踵而至。

村民群是一个非常重要的宣传介质，维护得好就是一个爱故乡、建设家乡的温床；维护得不好，就会是一个"是非之地"，成为社会不稳定因素。如何用良好的宣传手段将群维护好，要点有四个：第一，群主一定要是村里有威望的人；第二，要拉几个不怕得罪人的、有正义感的村民做管理员；第三，建立群规则，坚决执行群规则；第四，定期宣传正向信息，定期组织大家都能参加的公共活动（例如互助乡厨、救灾救急、春节晚会筹款等）。

四、怎样写作策划案?

1.活动策划方案和会议策划方案

社工日常操作最多的是活动策划方案和会议策划方案。

活动策划方案需要包含:活动背景、目的、主题、时间、地点、主办方、参加人、流程、预算、准备工作梳理、现场任务分工等。最后两项可以不体现在方案中,方案预算需要过审。

活动策划方案的内在逻辑是:活动一定是有目的的,根据目的设计流程,根据流程进行相应的准备,因为相应的准备而产生相关的费用,要件之间是有逻辑关系的。即,做一个活动,首先,要明确传递什么样的价值观,这是产生一切的根本;其次,为了实现这个价值观,需要用什么方法开展,是方法论的问题;最后,活动结束后,应内化为一种经验,即"行为范"。

尽管活动分工已提前进行,但是现场总还会有很多突发状况,或者出现之前没有想到的问题,需要"补位"。每个社工都需要在各自的岗位上,有主动服务的意识,这样大家才能高效协作,成为梦幻团队。

会议策划方案需要包含会议背景、目的、主题、时间、地点、参加人、议程、预算、准备工作梳理、现场任务分工等。和活动策划不同的地方在于,会议最主要的是主题和议程。议程要围绕主题进行,预算则以准备工作为依据。

2.制作对外宣传册应注意的细节

策划方案的另一种表现形式和宣传形式是制作对外宣传册。要明确宣传对象和宣传目的,也就是这个宣传册是给谁看的,主要功能是什么。如果是给不确定的人看的,那么可以理解为一个团队或者企业名片。如果是给确定的人看的,就要根据对方的需求来制作宣传册。制作时要注意以下细节。

(1)宣传册的内容。宣传册承载的内容往往非常丰富,有别于宣传单页,通常以折页、册子等形式存在。在内容的编排上,最关键的要点是分门别类,将要传递的信息逻辑清晰地呈现在不同的板块中。需要注意的是宣传册最好图文并茂,甚至以图片为主。以项目宣传册为例,从内容而言,通常会包括项目名称、项目口号、项目标识、项目简介、项目支持方、项目执行方、具体做法、联系人、公众号二维码、微博名称等。

(2)宣传册的设计排版。首先要确定宣传册的整体风格,是厚重稳健还是清新淡雅,需要提前想好。其次要精心设计宣传册的封面,其要传递的信息一定是最精华、最重要的信息,并且要符合团队或者项目的整体调性。再次,如同系列展板一样,除封面以外,宣传册的每个内页一般都应该是同样的设计思路和风格,要注意字号、字体、行距、边距等细节。

(3)宣传册材质的选择。宣传册的材质可以是铜版纸、环保纸、塑料等,这些材质也可以传递团队和项目的理念。

五、怎么做宣传条幅?

宣传条幅和宣传海报一样是最常见的宣传样式,可以分为长期条幅和一次性条幅。介于两者之间的还有一种可替换内容的条幅。下面对前面两种类型的条幅分别进行介绍。

1.长期条幅

这类条幅往往会悬挂在村内令人瞩目的地方,用于宣传某项政策、发出某种呼吁,往往具有正向引导的作用。在扫黑除恶期间,条幅上的话语往往具有震慑作用。在新冠疫情期间,各个村庄的条幅内容五花八门,尽显群众智慧。当然也有一些条幅上了黑榜,所以条幅内容的拟定非常重要。"光彩爱心家园—乐和之家"执行的过程中,挂过两条长期的条幅。条幅的内容分别为"用家一样的亲情,营造家一样的社会""让爸爸回家,妈妈不走,为天下所有的父母铺一条回家的路"。这样的条幅,可以快速引发共情,引起村民对项目的好奇心,为下一步的宣导打了头阵。

长期条幅需要反复斟酌字句,反复校对文字,不能有错别字以及错误的标点符号,不能有任何歧义。现在网络媒体发达,条幅一旦出现问题,可能会被大家耻笑甚至引起轩然大波。

2.一次性条幅

做一次活动、开一次会,条幅是最为醒目且造价低廉的宣传物料。它可以非常醒目而集中地呈现会议或者活动的主题、主办方、活动时间等,是日常工作记录的重要证据。所以在拟定条幅内容的时候需要非常慎重,在活动开始前三天或者两天就需要确定条幅的文字。一般情况下条幅为90cm宽或70cm宽的红底白字或者红底黄字的款式,长度根据现场情况来确定。如果工作做得仔细,需要提前踩点,找到适合悬挂条幅的地方,获取准确的条幅长度数据,然后提供给广告公司。如果是会标,需要与会议名称完全一致。如果是活动,往往有两行标题。条幅上能呈现的字数有限,一定要能够聚焦活动主题,让参与者一看便知。如果需要标注主办方、承办方、协办方、支持方等相关共创单位以及活动日期等信息,则用小一些的文字呈现在主体文字的下方或后方。条幅内容提供给广告公司之后很快便能够拿到电子文件,该电子文件需要与所有主办单位一一进行确认,确认后方可进行制作。最好事前用电子版请相关领导确认,以免条幅出现问题而更换。如果在村里开展活动,条幅制作往往在县城,提前两天制作好是比较合适的。如果有充足的时间,可以在布置场地的时候就把条幅挂好,将挂好条幅的场地拍照,发给相关负责人确认。

六、怎么做宣传展板?

宣传展板是乡村工作过程中常见的宣传载体,分单块展板和成套展板两大类。单块展板往往会聚焦于某个特定主题,进行单个陈列。成套展板往往是分板块呈现某一主题,在内容上会有编排顺序。优秀的成套宣传展板,就像一篇逻辑清晰的总结材料,整体风格统一,板块划分合理,图文比例适当,内容呈现聚焦,并且便于讲解和阅读。

无论是单块展板还是成套展板,都需要恰当的展板标题,开宗明义地让受众知道展板在讲什么。成套展板的呈现更为讲究,需要在整体标题下面列出小标题,这些小标题的字体、字号、设计风格、位置应该统一,使其具有引导阅读的效果。展板图文需要空出天地,也就是上下左右的空白。在同一张展板上,切忌随意使用不同的字号、字体,否则会显得非常混乱。同一展板使用的字体不宜超过三种。尤其要注意的是,系列展板内容的行距应该统一。当所有的展板放在一起时,从视觉上看,横向的文字不应该是高高低低的、宽窄不同的。

另外,展板的整体风格应该跟所要宣传的主题匹配。如果是党政主题,往往会选择红黄配色,出现的元素有可能包括天安门、华表、红旗、人民大会堂的穹顶等;如果是妇女主题,那么展板的整体色泽可能会是温馨、温暖的暖色系;如果是环保主题,展板通常呈现的是绿色、清新的风格;家风家教主题,往往会选择古典的元素来填充画面。如果对自己的艺术修养不是很自信,可以根据自己的直观感受来做判断:该展板的设计是否让自己感到舒服?这是一个非常有效的判断方式。

制作宣传展板往往会涉及物料及制作的费用。如果有长期合作的广告公司最好,如果没有就需要货比三家,找到性价比最高的合作方。宣传展板的成本主要在展架上。不同材质的展架价格不同。不知道如何选择的话,可以在淘宝或者京东等购物平台上用关键词进行搜索,根据页面商品进行样式、材质和价格的选择。展板的材质通常有两种,一种是PVC板,一种是KT板。PVC板具有耐腐蚀性、绝缘性,并有一定的机械强度和良好的化学稳定性;KT板板体挺括、轻盈,不易变质,易于加工。PVC板质量密度高,比较重,需要固定在室外且要经受日晒雨淋的情况下是优选;一次性使用的以及放在室内的展板,选择便宜、轻便的KT板材即可。

七、如何找到村民宣传骨干？如何树立榜样？

1.如何找到村民宣传骨干

村民宣传骨干一般情况下会是：(1)互助会等乡村社会组织骨干；(2)坝坝舞等文艺队的带头人；(3)退休教师或者在职教师；(4)戏班子骨干；(5)村里的能人；(6)家族内辈分比较高又有威望的人；(7)小组长；(8)榜样人物。找到这些人也不难，要敬(尊敬)、近(走近)、亲(亲近)他们，与他们建立感情，社工要与这些人交朋友，跟他们"铁"，引导他们接受自立、互助、公益的理念，让他们充分理解和认同项目的做法，然后他们才能做好宣传的事情。

社会工作的任务是将这些骨干组织到一起，通过集中宣导会、茶话会、工作坊等形式，用共同的梦想凝聚人心，让他们能够将相同的理念传播给其他村民。项目实施过程中必然会有一些人退出，也会有一些人冒出来，这些冒出来的人就是社工要找到的村民宣传骨干。

2.如何树立榜样

在村里树立榜样来不得虚的，必须基于实打实的行为。村庄是个熟人社会，大家整天低头不见抬头见，彼此都认识。这个人是不是真的榜样，是否值得大家尊敬和效仿，一定要经得起质疑。

社工在工作中树立榜样可以参考以下方法。

(1)及时肯定。在交谈中、会议中、活动中，当发现某个村民的闪光点，一定不吝肯定和赞美，客观陈述他的行为，然后引导大家点赞、鼓掌，及时的回馈对榜样本身有很好的促进作用。

(2)事后常提。值得夸赞的事情发生后，社工要在之后的工作中常常提及此事，强化对榜样的"看见"。各种"提及"，可以是挂在嘴边的，陈列在墙上的，留存在视频里的。

(3)给予身份。要给榜样一个身份,例如互助会代表、爱心妈妈(爸爸)、娃娃团团长、堆肥能手等等,其他人也这么叫他,他慢慢就会以这个身份的标准来要求自己。

(4)赋能提升。对榜样要有针对性地进行培育,让他在原先的基础上更进一步。例如,堆肥能手本身已经掌握了一定的堆肥技术,社工可以邀请专家或者其他村的堆肥能手与他进行交流,由他来讲解自己的经验,聆听别人分享的经验。此外,还可以链接资源,组织堆肥能手外出学习见世面,他回来以后会将自发的行为转化为自觉的行为。

(5)正式表彰。向村委会或者乡镇建议,利用特定的时间点对榜样进行表彰。

(6)媒体报道。邀请媒体对榜样的事迹进行报道。切记要在媒体发稿前对稿件进行确认,最好由报道对象本人亲自确认,一方面让他感受到被充分尊重,另一方面也避免一些媒体夸大其词,报道不真实,引起不必要的误解和嫉妒。

(7)案例故事。作为一种以事、人或者经验为内容的总结汇报材料,案例构成要素包括背景介绍、问题由来、理论分析、解决办法、服务过程、结果变化等。

案例撰写有以下要求:①呈现工作的突破性、亮点;②素材属实、详细,包括来龙去脉;③有丰富的档案图片;④有案例分析,要结合相关理论对案例进行剖析和评论;⑤配图大小每张至少1M,不要直接插入文档中,需对图片文件名做简单的提示修改,随WORD文件一并打包发送;⑥字数600~3000字。

以服务儿童案例为例,个案服务案例撰写包括以下内容:①个案基本情况介绍;②服务思路和方法,例如家访、小组、陪伴、聊天等;③服务细节,例如对话、孩子的表情反应等;④个案的变化;⑤社工的思考;⑥服务的照片。

八、工作简报该怎么做？

长期开展乡村工作，往往需要将工作内容做一个阶段性的汇总，一方面让外界知道我们都做了哪些事情，另一方面在不同项目点之间也能形成比学赶帮的氛围。我们把这一材料叫作"工作简报"。在乐和团队执行项目的过程中，我们把它叫作"乐和家书"。

很多人就要问，已经有日志、周记、月报和简讯了，为什么还要做工作简报？这是因为日常的工作记录往往是零散的、碎片的，有很多过程性的材料也不便对外公布。但是外界想知道项目点上的进展，想学习项目社工的工作经验，项目组也有必要向相关部门和人员进行工作汇报，这就需要一个系统性的资料。与此同时，项目组人员也需要通过一份阶段性的材料来看到自己的工作成绩。乡村工作是漫长的，在短时间内不容易看到成效，放在一个时间段里，就可以让社工非常直观地看到大家努力的成果。从某种意义上来说，工作简报可以帮助社工树立继续在乡村工作的信心。

工作简报该怎么做？

1.确定简报的呈现形式

确定简报的呈现形式是杂志的形式还是以资料汇总的形式，是纯文字还是图文并茂，是电子的还是纸质的。不同的呈现形式决定了不同的工作量、工作周期和经费要求。

2.确定简报的名称

工作简报对内可以提振士气、团结社工，对外可以让相关方了解和支持项目，简报的名称需要同时兼顾这两个诉求。如果就叫某某简报，比较稳健，不容易出错，但是略显平凡和普通了一些，可以尝试给自己的工作简报赋予个性。比如乐和团队的工作简报就叫"乐和家书"，是伴随"光彩爱心家园——乐和之家"项目的一个工作简报。该项目是以关爱留守儿童为主的项目,力图用家一样的亲情营造家一样的社会。社工努力引导孩子与父母沟通,引导父母与孩子沟通,除了音频电话以外,最重要的一个方式就是书信。项目点有十个,彼此之间距离很远。社工团队之间的沟通,除了QQ和微信之外,其他沟通不是很多,大家迫切需要一个类似内部刊物的读物来统一思想、互通有无、比学赶帮。经过团队共同商议,大家一致认为"乐和家书"是一个非常好的选择,它既能够体现工作简报的要求,又赋予了工作简报一种家人的情感。后来"乐和家书"连续做了很多年,直到项目结束依然存在,成为乐和团队的一个传统。

3.确定简报板块和发布周期

名称确定以后,就是确定简报的板块划分。工作简报一般情况下分为卷首语、信息、案例、社工日记、大事记等内容。卷首语是对一个阶段工作的小结和提炼,可以在1000字以内;信息是简报的最主要的部分,可以将一个阶段的工作简讯按照时间顺序或者按照主次顺序依次排布下来,每条简讯在100字左右;案例部分是这一阶段工作中比较有借鉴意义的人物、经验材料,字数可以在2000字以内;社工日记可以比较轻松活泼、形式多样,可以是社工的日常工作感悟,也可以是基于团队的一些观点,甚至包括一些小散文、诗歌,能够营造浓郁的文化氛围;大事记是对工作中大事、要事的梳理,可以简明扼要。工作简报可以根据项目本身的情况来确定发布周期。如果项目内容多,需要向外界公布的信息多,那么工作简报的发布周期可以半月一次,或者每个月一次;如果内容不多,可以选择双月发布甚至按季度发布。

4.确定简报的编辑团队

工作简报是定期发布的,所以需要相对固定的团队,专人专岗来做该项事情。乡村项目的社工往往都是多面手,一人身兼数职,也就是说,编辑团队往往是一个兼职编辑团队。核心编辑人员需要具有比较扎实的文字功底,最好有传统媒体工作经验。如果没有这样的人,就需要找到工作耐心、细致、负责,思考问题比较周全的社工作为核心。核心工作人员负责组稿、流程把控,甚至负责组建编辑团队。团队当中的其他工作岗位包括美编、撰稿人、校对。如果经费比较充足,也可以将设计制作的工作外包给广告公司来做。一般情况下,文化传播公司比街边的图文广告公司在设计制作方面有更强的专业性,如果长期合作的话,可以在很大程度上减少制作过程当中的沟通成本。

5.工作简报的一般编辑流程

工作简报的编辑流程一般情况下包括撰写和发布征稿函、组稿、编辑、排版、一校、二校、三校、审核、制作。征稿函的目的是让撰稿人明确知道稿件的组成板块、写作要求以及截稿时间。发布征稿函即组稿的开始,但是编辑人员不能完全依赖征稿函来征稿。乡村工作事务繁多,大家都不是专职的写稿人员,写稿的事情往往会排在后面,所以项目实施过程当中需要编辑人员选择合适的时间催稿、定点约稿,有时候甚至要耐心地教大家如何写稿,以保证工作简报主体内容的获取。稿件大致收齐以后,就进入编辑的流程。

编辑人员需要将写作水平参差不齐的稿件整理到文从字顺、规范美观,并与相关的图片相匹配。这个过程中要注意字数的把控以及板块内容的均衡。排版工作需要一定的专业性。可以为排版人员寻找合适的参考文件供其模仿。排版有相应的规范,想做到规范、美观,可以在市面上选购一些经典刊物,参考其板块栏目、目录和内文的设计、图文的排布、字体字号的选择。工作简报往往成系列,就需要一个相对稳定的排版风格。工作简报的名称甚至需要进行设计,作为刊头来使用,从始至终保持不变。这样工作简报也会成为项目或者团队的一个形象识别元素。

校对一般情况下要进行三次,第一次由撰稿人自己校,第二次交换稿件互相校,第三次撰稿人自己校,将错漏内容控制在一个很小的范围内。审核工作一般情况下由项目组负责人或者编辑团队的负责人进行,审核的主要内容包括意识形态的把控、政治性敏感词汇、领导的职务和姓名、文章标题等,要特别注意"最""第一""唯一"等未经权威认可的判断性辞令的使用。

工作简报可以发给村委会成员、村民代表、乡镇联络人、乡镇长、合作伙伴、其他项目点的社工等。如果外出交流学习,可以随身携带工作简报,以便直观地呈现团队工作成果。在社工站醒目的地方可以摆放系列工作简报。

九、怎样写作简讯?

简讯是消息的一种,一般认为200字以下的消息即简讯。它是最简单的新闻稿件,可以快捷地传播讯息。简讯麻雀虽小,但五脏俱全,依然需要遵循新闻的基本规律,具备新闻稿件的五要素,即什么时间、在什么地方、谁、发生了什么事、如何发生的。

WHEN,时间;WHERE,地点;WHO,人物;WHAT,事件;HOW,如何发生的,构成消息五要素,因为每个英文单词中都有一个"W",也被称为新闻"5W"。在简讯中,往往还会交代事情发生的背景,即WHY,构成"6W"。

消息在撰写的时候往往是倒金字塔结构,这是新闻写作中最常用的结构,指将新闻材料中最重要的部分,诸如事件的高潮、调查的结果、人物的特色等放在新闻开头,然后按重要性递减的顺序依次排列新闻材料。

一个完整的消息通常包括标题、导语、主体、背景、结语五个部分。

(1)标题:标题是标明内容的简短语句。消息的标题分为几种类型:眉题(又称引题、肩题)、正题(又称主题、母题)和副题(又称辅题、子题)。当然很多新闻稿都是采用了多行标题(囊括了其中的几种标题种类)。社工撰写的新闻稿一般采取单行标题。

(2)导语:所谓的导语,就是新闻稿中的第一段话或者是第一句话,它一般由新闻稿中最新鲜、最主要的事实或精辟的议论组成。好的开头才会吸引读者有继续往下读的欲望。导语的写法一般分为叙述式、提问式、引用式、评论式等。

（3）主体：顾名思义，就是新闻稿中的主要部分，它的作用不容忽视，首先要承接导语，阐述导语所揭示的主题，或者是回答导语中提出的问题，然后要对消息事实做具体的叙述与展开。书写主体的时候需要注意主题突出、内容充实、结构严谨、层次分明。

（4）背景：所谓背景，就是指活动发生的历史环境和原因。它的意义就是说明活动发生的具体条件、性质和意义，为了内容的充实而存在。它出现的位置并不是固定的，可以根据自己的情况书写。背景材料一般分为对比材料、说明材料和诠释材料。

（5）结语：看名字就知道，是新闻稿中的最后一句或者最后一段话，它被用来阐明消息所述事实的意义，加深读者对新闻稿的理解和感受，从中得到更多的启示。新闻稿中的结尾方式分为小结式、评论式、希望式等。当然有的新闻稿并没有特意结尾，因为结尾就在事实之中。

十、怎么写新闻通稿？发布新闻通稿有哪些注意事项？

1. 什么是新闻通稿

新闻通稿不同于简讯，它是一种由活动主办方发出的材料，承载主办方希望外界得到的信息，与媒体记者自采的信息进行结合而发布。开展一场活动，需要为外界所知，那么就需要借助媒体的力量来进行宣传。提前邀请媒体记者到达现场，向记者提供新闻通稿可以在最短的时间内让记者准确获取活动相关信息，以便记者快速成稿。随同新闻通稿一同提供给记者的还可以包括会议材料、活动策划方案以及其他的一些资料。主办方还需要一位特定的媒体对接人，与记者进行沟通，强调报道的一些要点。也就是说，新闻通稿是在不违背新闻采写原则的前提下，尽可能地为记者提供官方信息的载体。

2.新闻通稿怎么写

新闻通稿说到底还是一个报道,但是与报道略有不同。除了新闻消息必要的五要素之外,还应交代与活动相关的更多背景资料,例如主办方简介、活动背景资料以及未来规划等。新闻通稿很多时候都会非常详细地陈述活动过程,即以主办方的视角客观呈现事实。新闻通稿需要在活动前就准备好。由于活动在进行过程当中有很多不可控因素,因此新闻通稿可以预留弹性空间,以便增添现场情况的信息。一场活动,提前邀约的领导很可能不会全部到齐,如果出席的领导临时有变动,那么新闻通稿就需要根据现场情况及时进行更改。有经验的媒体会反复确认领导的职务和姓名,但是这个部分依然是发新闻通稿中最容易被忽略的问题。

3.新闻通稿如何发布

新闻通稿会通过媒体进行发布,与此同时,主办方以及其他共创单位也会通过自身的渠道进行发布,以形成媒体矩阵的集合用力。需要特别注意的一是新闻通稿在发给媒体之前,需要主办方的领导对稿件进行确认,二是媒体对接人应向媒体记者明确提出在发稿以前由主办方对稿件内容进行再次确认的要求。并不是所有的媒体记者都能够准确抓到主办方所要传递的信息,有时候媒体记者甚至会捕捉一些与主办方想要传递的内容相悖的信息,所以发稿前的确认就显得非常重要。当然,也会有未经主办方确认就把含有错误信息的稿件发出去的情况,这时候需要尽可能地减少稿件的影响范围。

4.如何选择媒体

活动主办方希望活动得到宣传,所以会邀约媒体。如果活动本身具有非凡的价值,新闻媒体也会主动前来报道。大型的活动一定要把媒体报道作为一个非常重要的板块,由专人来进行推进。媒体的类别非常多,有传统纸媒、网络媒体、新媒体,需要根据活动本身的内容和诉求选择相应的媒体,以保证宣传效果的最大化。如果活动本身是为推动某些社会事业,希望在政府层面产生影响力,可以邀请中央媒体、地方的日报媒体;如果该活动希望大众知晓,可以邀请各地的官方媒体。它们都有自己的融媒体,有自己的媒体矩阵。要提前沟通好发布的平台,尽可能多渠道发布。进入5G时代,应多利用新媒体来进行传播。新媒体传播的主要特点是视频为王、图文并茂、娓娓道来、直入人心。有时候大段大段的文字,宣传效果可能不如一个十几秒的小视频。邀约媒体的时候,也要将一些自媒体纳入邀请范围。

十一、公众号怎么做?有哪些注意事项?

公众号是当下最为常用的官方对外宣传平台。无论是一个项目还是一个机构,无论做事情的人多还是少,公众号都是一种重要的宣传方式。公众号分为服务号和订阅号两种。服务号可以集成很多服务功能,一个月可以推送4次信息,一般为企业使用。订阅号每天可以推送1次信息,是企业、媒体、个人最常用的信息发布途径。

1.公众号怎么做

公众号到底应该怎么做?如果有心,在网络上随时可以搜索到非常详尽的回答。下面将"乐和云家"公众号的制作经验与大家做一些分享。

(1)定位。要做一个公众号,首先要明确做这个公众号的目的是什么,定位是什么,它是一个项目的对外宣传平台,还是一个机构的官宣平台,或者是个人兴趣爱好发布平台。思考清楚这些问题,有助于对公众号做准确的定位。定位越精准,公众号越容易做增量。没有想清楚就做的号,往往过一段时间之后就会销声匿迹,有点浪费精力。乐和云家是北京乐和社会工作服务中心的对外宣传平台,是外界了解北京乐和的唯一官方渠道。基于这一定位,乐和云家选择做一个服务号。

（2）确定账号名称。公众号不是把内部信息搬到网上，它诞生之初就是为了扩大信息的传播范围，让信息承载的思想能够影响到更多的人。所以一个响亮的、辨识度高的、容易记忆的、非常精准的账号名称就显得非常重要。

（3）划分板块。公众号往往具有官宣的功能，因此需要分门别类地呈现信息，也就是需要划分板块。几乎每一个使用微信的人都关注了一些订阅号。大家都有关于板块划分的印象。自己在操作的时候，需要斟酌最基础的3个板块分别陈列哪些信息。类似于一篇公文，板块为一级标题，一级标题下面分别可以设5个二级标题。通常情况下一个公众号往往会有2~3个板块，每个板块下面会有1~3个分板块。这样，发布的信息就像放在抽屉里的物品一样，按照某种逻辑进行了归类，存和取都很方便。

（4）确定发布频次。每个人都关注了大量的订阅号，每天刷手机的时间是有限的，因此公众号发布的信息需要对受众有持续的吸引力。这种持续的吸引力可以通过定期、定时发布对受众而言有价值的信息来得到。可能每个人都有每天必刷的订阅号，稍微留心一些就会发现它们发布信息的频次是大致固定的、时间是大致固定的。这种日积月累的发布会让受众产生习惯性的依赖。

（5）选择第三方排版平台。公众号本身内置的排版功能有限，无法呈现美观的效果，于是有很多第三方平台为公众号提供编辑服务。乐和云家一般会使用秀米编辑器，编辑人员会在秀米编辑器上将文章进行排版，然后转移到公众号上再进行局部微调。这类编辑器有大量的模板供客户选择，有些免费，有些收费。如果编辑人员有比较丰富的排版经验，那么可以选择免费的模板以及免费的元素自行组合排版；如果编辑人员缺少经验，那么可以选择付费模板。

（6）敲定风格以及排版规则。公众号的编辑就像刊物的出版，需要保持统一的风格。一个稳定持续的视觉传达系统有助于增强受众的黏性。换行样式、字距、行距、左右边距、图说样式等排版格式基本固定,每篇文章都照此进行。整体不宜使用太过花哨的颜色,不同内容的文章需要不同的模板和配色。

(7)设计几类模板。因为账号发布的风格需要大致固定,这也就意味着可以为自己的公众号设计一套通用的模板。需要根据日常发布内容的基本门类设计不同风格的模板,将模板重命名并进行保存。涉及该类模板的内容,就选择相应的模板,效率会提升很多,同时能够保证公众号风格的统一。乐和云家发布的信息,大致分为工作简报、活动记录、理论文章、讲座消息这几类,都有相应的模板可供选择。

(8)选择集成设计平台。到了5G时代,人们观看视频、图片的时间远远超过了看文字,因此需要在公众号的呈现上更多地突出图片、视频内容。这就要求编辑人员掌握基础的平面设计技术。现在网上有很多模板类的集成设计平台,非常容易上手。选好模板,直接替换文字即可。乐和云家长期使用的集成设计平台为稻壳文档、稿定、创客贴,这些平台需要付费使用。不同的价位,能够享受到的服务也不同,需要仔细了解之后再去付款。

2. 做公众号的注意事项

在微信公众号编辑后台有相应的按钮,可以指引编辑人员进行内容的整理,包括作者、题目、封面图片、摘要、留言及回复功能、合集、预览等。

(1)拟写精彩的标题。公众号的标题非常重要,一定不能出现错别字、语病,不能语焉不详。标题的拟写不同于传统媒体的标题拟写方法。一个好的标题是吸引受众点进来观看内容的敲门砖,一定要具有吸引力,偶尔做一下"标题党"也未尝不可。

(2)选择合适的封面图片。封面图片的选择,最好依照平台既定的长宽比例,或者经同比例裁剪后依然保留大多数想要传递的元素的图片。封面图片在订阅号消息列表和内容推荐上呈现的长宽比例为2.35∶1,转发时呈现的卡片比例为1∶1,所以选择封面图片的时候需要同时兼顾这两个图片的裁剪。这个问题往往被人忽略,需要注意。

(3)用心提炼文章摘要。文章摘要字数最多为120字,能够完整呈现的每行最多只有16个字。因此需要在文章编辑好以后用心提炼文章最重要的部分,或者最期望受众知晓的部分。封面图片和摘要会第一时间进入受众眼中,是受众是否会点开文章查看的第一站。需要特别注意的是,文章摘要也要反复校对,不能出现任何错漏。文章内容有修改机会,摘要是无法修改的。

(4)选择留言、回复和合集。在发布文章的时候还需要留言、回复和合集功能,合集与之前的栏目划分有关联。

(5)认真使用"预览"功能。文章在发布以前要由编辑人员先行预览一遍,校对文字和排版样式,修改不妥的地方。修改完成以后将文章预览以临时链接的方式发给相关领导进行审核。临时链接的可查看时间为12小时,12小时之后自动失效。领导确认可以发布以后,编辑人员将文章正式发布。发布的时间最好能够选择在下午下班以后。这个时间段订阅号的浏览量超过了整个白天的浏览量,这也是为什么几乎所有的大V公众号都会在晚间发布信息的原因。

十二、如何建立和使用数字乡村服务平台?

今天的乡村不仅有了地面的高速公路可以通达,而且有了"云上的高速公路"可以触达。但是现存数字平台存在散、乱、偏的现象,且成本高、收效差,急需建立产教社融合的乡村振兴综合服务数字平台,在积极争取上级关于数字乡村建设专项基金的同时,建立专人统筹、部门协作、乡镇配合、社会组织参与的工作机制。

1. 好村,固本强根的治理系统

该系统体现政府、社会和农户三位一体的服务内容,使人们既能看到党政服务的政务信息,也能看到互助会等社会组织的自我管理、自我服务信息,以及农户和涉农企业的相关信息,实现党建引领的社会共治、责任共担和利益共享。

(1)党建引领,精细管理。以数字技术服务基层党建,整合现有党建网、党员信息管理系统等资源,集成内外管理服务功能,涵盖组织管理、教育学习等板块,满足基层党组织的不同需求。

(2)乡村治理,落实落细。将数据采集系统、信息发布查询功能、云计算、人工智能、区块链等技术应用到乡村治理中,形成包括乡村规划、乡村环境、乡村经营、乡村治理和乡村服务的三维实景图。通过网格化管理、一站式服务,解决管理与服务"最后一公里"的问题,构建党委领导、政府负责、社会协同、公众参与的社会管理新格局。

2. 好人,返本开新的教化系统

将数字平台打造成云上的教化平台。平台呈现大院的村规民约、书院的耕读教育、庭院的家规家训,进行云上学习和经验交流。引导大家在农家庭院和邻里家风堂参与互助乡厨敬老餐活动,在乡村书院开展耕、读、居、养、礼、乐等教化和培训活动,在村级大院开展村务议事、村规民约订立和评比等活动,激发老百姓的自主性、社会性和公益性,培育乡村好人。

(1)激活乡村的文化基因,让优秀传统文化成为现代乡村百姓的生活。引导村民树立家园意识,激发向上向好的内生动力。通过宣讲活动、家庭评比、乡村课堂、村务管理等功能分区,营造线上新时代农村文明实践站。

(2)创新积分制度,积分与积德双管齐下促进村风文明。将村内志愿者在生态保护、防汛防火、人居环境整治、基层社会治理、见义勇为、孝老爱亲等方面的贡献,进行"积德+积分"的记录,激励村民参与公共事务,开启全民共建共治共享新局面。

3.好货,城乡融合的产业系统

以"互联网+"为平台,从农村电商、智慧农业、智慧医疗、智慧旅游等入手,协同推进各领域信息化,发展壮大农业数字经济。

建设特色产业全产业链大数据中心,从产前(种植服务、生产服务、人才服务、政策服务、信息服务等)、产中(技术服务、数据服务、治理服务、农资服务、社会化服务等)、产后(包装服务、物流服务、仓储服务、加工服务、推广服务、营销服务、销售服务、售后服务、监管服务等),形成全方位的服务设计系统,以"数字化"和"品牌化"双轮驱动,用数据指导决策。通过数字赋能品牌、品牌承载数据,以数字化服务设计的力量驱动产业运营主体产生内生动力,联结内外部资源,高效打通农业产品—商品—礼品的增值链。

4.好价,溯源防伪的信誉系统

数字化平台不能只是卖货、卖产品,还要关注产品本身的质量、故事、机制。基于此,产教社融合的综合服务数字平台则是将产品是如何生产的、如何种植的、如何加工的、质量如何等进行溯源管理,让消费者不仅买得到好货,而且对产品本身有更好的了解。

(1)以区域公用品牌建设为抓手,构建产供销一体化生态服务系统。通过农事日记溯源作物的种源、施肥、除虫等信息,通过成本核算理解自然农法的人工成本,通过监督机制了解家风堂这样的小微经济体的诚信机理,通过品牌标识营造乡村品牌,重塑乡村信誉体系。

(2)通过电商人才培育、多网商主体的培育,线上线下融合,形成区域公共品牌和优质企业品牌共同发展。促进特色农业产业规模迅速扩大,农业品牌影响力不断扩大,农民收入持续快速增长。

(3)线上线下重点集中营造省市城乡融合产业名片,助推县域农产品品牌价值提升及农产品溢价能力提升。引入农业农村部推荐的防伪标码系统,实现高附加值产品的定量、定标,保护区域品牌。

5. 好看,云地融合的传播系统

数据流量不仅能发光出彩、变现造富,更可以成为乡村发展的增量。通过数字平台的传播,可以全方位为乡村提供农业赋能、精准引流、挖掘品牌、渠道圈粉四大服务,为乡村振兴铺就一条"信息高速公路"。

(1)建立县域、乡镇、村庄的传播渠道和直播窗口,培养当地网红,传好人故事,讲好村故事,让更多的年轻人近距离看到家乡的变化和家乡的风采,解锁"流量密码",回乡创业,相信乡村文化振兴指日可待,"希望的田野"未来可期。

(2)聚焦细分市场,强化用户体验,创新营销传播,构建全链路精准营销,彰显品牌价值。通过数字化服务设计体系建设,整合各板块数据、营销资源及渠道,并联动外部协会、专家,针对合作区域品牌建设与发展进行顶层规划设计。依托行业媒体生态矩阵、行业峰会以及新型社交平台、直播平台、网红资源等开展内容创意策划、产地品牌故事包装、短视频营销等。

(3)建成乡村振兴公用品牌服务平台(大品牌/大IP),引领乡村振兴、消费帮扶、文化创意,线上线下产品设计、销售、展示、体验;探索围绕家庭农场、民宿、文化创意、田园综合体、特色农场、产业基地、游戏等形式的共享、共建、共赢新模式。

6. 好评,村社融合的触达系统

用数字平台建立城市社区社群与乡村的深度联结与持续互动,以产业化、数字化、品牌化、社会化为抓手,促进产销对接,促成乡村与城市社区社群的互动互惠闭环,推动城乡协调发展,为乡村振兴提供持续内生动力。

（1）建设"六好"数字平台，促进社会和谐。平台不只是用数字技术优化政府服务，还要用数字技术促进社会的建设，促成农户之间的联结与互助、乡村与城市社群之间的联结和互动。

（2）用"六好"数字平台实现产教社全面融合而不只是产销带货，让消费者知道什么是好货，为什么是好货；好村的治理系统，好人成为好人的教化系统，如此的数字化才能实现有根基的品牌化。

（3）用"六好"数字平台促进共享农园和城市人口回流，促成更多的人返乡创业，解决乡村社会老龄化、空巢化带来的有地没人种的问题。用"六好"数字平台促成农产品，包括乡村文创产品与乡村文旅产品与城市社群的城乡互动与融合，巩固脱贫攻坚成果。

数字乡村的服务应该是整体的、系统的：通过固本强根的社会系统建设好村；激发返本开新的教化系统做好人；推动城乡融合的产业系统产好货；在好村、好人、好货基础上建立溯源防伪的信誉系统有好价；通过云地融合的传播系统，让大家能好看；通过村社融合的触达系统获好评！

十三、短视频营销的要点有哪些？

做任何事情之前都要先以终为始地做一番思考。明确方向，少走弯路，这就是定位的意义。然后思考：你想要达到的结果是什么？想在自媒体平台打造个人IP的人学习制作短视频可以从以下几个方面入手。

1.用结果思维锁定创作目标

做短视频之前，最重要的是：定位！在这里多做一些思考，可以节约很多时间和精力。定位前，先要思考自己的兴趣、能力和价值。然后选择"赛道"，通过创作不断迭代，最终IP定型。然后，思考关于定位的六个方面，来确定自己的定位。

变现定位：卖什么，变现的路径是什么。身份定位：我是谁，身份角色是什么。价值定位：讲什么，什么样的内容对他人有用。呈现定位：怎么拍，选择什么样的呈现方式。人格定位：什么样的人格唤醒什么样的人格情绪。符号定位：别人记住我的标签是什么。

有了这些定位，就要思考内容了。短视频是通过生产对应的内容去获取流量，那么，内容要怎么做呢？可以从产品、用户、人设三个方面思考。产品：卖什么？就是解决什么问题的产品和解决谁的问题的产品。可以根据产品找人，也可以根据人找产品。用户：对象是谁？从用户的现状、痛点、情感、性格、情绪等方面清晰地勾勒出用户画像，满足用户的需求。人设：我是谁？我提供的价值是什么？如何让用户关注、喜欢、认可、信任，最后买单成交？

这些思考好了，就可以进入短视频账户搭建了。给自己起一个好传播、好记忆、好搜索、好理解的名字，配上一个表达真实人格的头像，写一份有价值的简介，然后对标一些优质账号，向大咖学习，训练自己的网感，就可以开始短视频制作了。

2.爆款短视频的选题方法

优质短视频作品大都含有七大要素：选题、标题、封面、内容、呈现、人物和音乐。

定位之后的第二个核心问题就是选题。选题之前也要思考：我要讲什么主题？谁会对这些内容感兴趣？为什么是我来讲？然后根据时效性和内容划分选题的类目。平时要养成随时记录的习惯，建立选题库，保证素材的积累。一个好的选题标准就是受众越大越好、痛点越深越好、传播面越大越好。说白了，就是别人本能地想看，看完了还想点赞、评论、转发和收藏。

标题是视频封面的文字、视频开头的语言，也是吸引客户看下去的"关键3秒"。标题的形式有很多：制造冲突的对比式、实用知识的干货式、同理反应的共鸣式、洞察需求的好奇式、大有收获的盘点式、认知痛点的问题式、结果倾向的数字式等等。学会借用"名人""热点""流行""文化""标题3秒"是吸引别人看下去的关键。

3.三个方法让短视频自带爆点

这里的三个方法指的是:呈现方式、人物呈现和音乐设置。

呈现方式分为真人口播、博客、生活化场景、人设场景四种。其中真人口播是最简单、最容易传播的短视频呈现方式。视频中你看到的所有的"无意"大都是"刻意"营造出来的。拍摄中,最重要的是知道自己适合什么,别人能接受什么。好的音乐能起到好的助推作用,具有音乐鉴赏能力或表现能力也是制作短视频的一种优势。

4.两种热门内容的创作手段

正式进入创作阶段,内容设计可分为三个方面:用知识塑造专业、用故事丰富人设、用观点强化人格。我们可以通过知识式和观点式来创作热门的短视频内容。具体文案怎么写呢?可以先学会改编,把别人的文案、已经"火"了的内容拿过来进行拆解,学习人家的框架和用词,然后换角度、换例子,用自己的方式重新拍摄,俗称"蹭热度"。有了一定的流量后,再进行创作和创新。当然,要是觉得自己足够强,也可以直接进行创作。

5.深度拆解故事

据说柏拉图说过:"谁会讲故事,谁就拥有整个世界。"道理是从外往里塞东西,故事是从里往外长东西。"你说的是你,我听到的是我。"短视频,就是你的故事与我产生了共鸣,我喜欢就行。所以,要深度拆解品牌故事,给别人关注你的理由:释放信任背书、专业能力、价值观、关注你的价值和自身的特色,是写好个人故事的关键。

6.拍摄和剪辑一条优质的短视频

如何拍摄和剪辑一条优质的短视频? 准备一部手机和其他简单的自拍

设备,就可以拍摄短视频了。下载一些剪辑的软件,学一些剪辑的技能,就可以剪辑短视频了。一部手机就可以让你成为"网红"。当然,如果你的预算足够、资金雄厚、有团队支持,也可以大手笔地投入。毕竟,做一件事,投入越大,得到的回报就可能越大。

十四、怎么通过直播讲好乡村的故事?

关于直播带货,网上可以搜索到非常多的经验分享甚至课程,但是真正能够把农村的产品通过直播的方式卖出去的并不多,这就涉及如何讲好乡村故事。

1. 要找到直播带货的人

在精准扶贫以及乡村振兴的大背景下,很多村书记、驻村书记被推到了主播的位置,通过一些活动以及集中的宣传也起到了短期的带货效果,但是鲜有可持续的。原因很简单,只要稍微对比一下那些很会带货的主播就能够发现差别。那些主播以此为业,或者说将直播带货作为工作以及进行自我宣传的,更为直接的目的是可以分到利润,有内在的动力。但是被推到主播位置的临时主播,大多数人只是在完成工作的任务,缺少长期的规划,再加上没有建立利益共享机制,因此带货的动力不足。所以要想直播带货,首先要找到真正想通过直播带货发家致富的人。

2. 知道如何带货,带什么货

很多充满情怀的大V主播想为农村带货,但是会发现农村的产品绝大多数并未成为真正意义上的商品,只是简单包装的土特产,有些甚至还没有包装。大V在做这件事的时候,也会面临产品卖相不好、供货量不足、售后无法保障的风险。因此依赖大V做直播带货此路不通,更多要依赖可以打温情牌的素人主播。他们往往更有亲切感,幽默风趣,可以持续讲述乡村故事,再辅之以大V推荐。这样,乡村的货物才会与自己的带货主播合理匹配。乡村也有一些数量庞大、已经成形的产品,这类产品往往会有企业参与,那么企业可以选择自己的主播,规划直播带货的工作板块。

3.讲好乡村的故事

有时候讲故事比讲产品更有效,这是因为受众更容易被故事吸引,因为故事当中的人、事、理念而选择相信产品。若想通过讲好乡村故事来直播带货,首先要有好的乡村故事可以讲。这个故事,诚然可以包括村庄的神话传说、自然风物以及主播亲身经历的事,如果这个故事当中有乡村治理的元素就会更容易被受众相信,因为相信个人远不如相信一个有互相制约关系的族群。主播可以讲村庄历史上乡村治理的故事,以及当下村民骨干共商共议建设乡村的故事。因为这些爱故乡的故事,受众相信这个村庄的村民是好的,那么这个村庄也是好的,进而它的产品也是好的。

以土蜂蜜为例。在武陵山区或者大巴山区,每个村子都有土蜂蜜,并且数量不少,完全可以成为一个好产品。但是真正好的蜂蜜往往"养在深闺人未识"。因为卖不出去,也就很少有村民去规模化养蜂。与此同时,城市里出于健康需求试图买到真正的好蜂蜜的人非常多。这两者之间的不对等很具有代表性。直播带货是一个很好的渠道,可以促进土蜂蜜的销售。如何让消费者信任这个蜂蜜是真正的好蜜?首先,它由一个组织出品,生产小组、合作社或者小微家风堂,组织的成员之间彼此关联,可以相互监督,"一荣俱荣,一损俱损"。其次,可以直观看到生产场景。蜂蜜的蜜源很重要,主播可以跟随蜂农一起上山采蜜,将沿途的风景、现场的感受进行直播,让受众身临其境。再其次,数据说话。蜂蜜割回来,现场测它的波美度,增加受众的信任。最后传递有价值的信息。主播可以为受众讲解中华蜂和意蜂的区别,中华蜂对生态保护的重要意义以及现在面临的危机,可以为受众讲述如何甄选蜂蜜,讲解百花蜜与单花蜜、圆桶蜜与方桶蜜的区别,等等。伴随这些知识讲述蜂农的生活、蜂农的社会和文化,受众对这些综合的信息是有需求的,在获取有价值的信息和知识的同时,会更加信任主播,信任他带的产品。

乡村社会工作者,可以成为一个好的主播,或者好主播的培育者、协助者,因为社会工作的经验和视角特别是产教社融合的社会工作的视角,不会就产品而说产品,而能够发现、创造和讲述产品后面的故事。产教社融合的故事一定更有感染力和影响力。

十五、如何为人才回乡创造条件?

无论是外出打工的返乡人,还是告老还乡的还乡人,或是告别城市自愿上山下乡的下乡人,在这里都被称为"回乡人",因为我们每个人追溯起来,都是从乡村走出的孩子,回乡,就是回家。又因为他们有着现代文明、城市文明的经历,有别于留守乡村的老农人,也可以被称为新型农人、新型农民或新农人。

政府的乡村建设计划应考虑新型农人回乡的综合条件,特别是教育、医疗的条件,并制定新型农人的培养计划和指标。新型农人是在传统农民的基础上,同样以农业为职业,但具有相应的专业技能,已经能够适应现代农业的发展要求,从事农业生产经营的高水平劳动者。新型农人一般都有知识,有组织,乐意去参与政府安排的各类培训,更新自身落后的经营理念。其劳动素质较高,是推动乡村振兴的主力军,是促使传统农业向现代农业转型的催化剂,更是帮助农村经济迈上新台阶的造路人。

一般而言,新型农人具备三大特点:第一,容易掌握先进农业生产技术,善于从事农产品经营;第二,具有开放性和流动性;第三,其职业选择取决于自我选择和市场选择的双重因素。乡村振兴部门应制订培养计划和指标,吸纳更多的大学生和具有乡土情结的人们成为新型农人,回望乡村,走进乡村,建设乡村。

建议设立县级乡村振兴人才服务中心,为乡村规划师、乡村建筑队、乡建新农人、返乡打工人打破回乡壁垒。一是出台促进人才回乡政策,通过媒体、校友会等渠道广而告之,为关注乡村的人才增加回流信心;二是打造村级人才驿站,率先在资源丰富、条件具备的乡村振兴示范村打造青年人才旅舍,以低租金或者免租金的方式解决人才集聚的基本生活问题;三是开展人才交流沙龙,通过有目的的引导,聚焦热点问题,激发青年人在乡创业的使命感,提升他们克服困难的信心和能力;四是进行学生爱故乡宣讲,针对高中生、中高职学生、大学生,开展爱故乡宣讲,为学生埋藏一颗爱故乡的种子,留待日后萌芽。

人才振兴很大程度上取决于人才回乡,而人才愿不愿、能不能返乡回乡,除了交通、医疗、教育等物质条件外,还需要社会和文化的条件,这就是共同家园与共享农园。

共同家园是回乡的新农人与留守的老农人共建的家园。老农人为主体的社会治理共同体是新农人能够回乡、愿意回乡的社会条件,同时也要充分发挥新农人包括不是本村但是愿意成为本村的新村民的人作为新生力量的作用,鼓励他们积极参与建立以互助会为自治基础、以联席会为共治平台、以社工站为技术支撑、以党政为主导力量的社会共治,然后是大事政府办、小事村社办、私事自己办的"三事分流"责任共担,以及投入机制改革和公共资源分配的改革的利益共享。在这个社会机制的基础上构建空间:大院作为公共空间,书院作为学习空间,庭院作为生活空间。在这些空间载体上进行耕、读、居、养、礼、乐的活动。活动设计考虑价值观、知识点、行为规范。最后在这棵乡建之树上结出果实:乡贤、乡童、村干部、社工、义工、游客、创客,让古老的乡村老树焕发生机。

共享农园则是城乡融合的经济形态。乡村的生计就是城市的生机。互联网加互助会,再加上政府监保、公益担保、法律确保,通过众筹联营共享来创造共享农园。比如:一分田,众筹一个小农场;一个院,乡村空出的房子可以发展养老产业和旅游产业;一窝蜂,开发蜂蜜、果蔬、粮油等农产品;一个园,即开发文创园、文旅园等创意产业;一群娃,即城乡孩子的乡土教育。共享农园的意义是社会投资、旱涝平衡、全民参与、食品安全、社会力量、城乡统筹、万众携手、保种救土、精英回流、凤凰反哺、乡村认证、信誉重建、妈妈回家、告别孤独、告老还乡、归根复命。一句话,通过城乡融合实现乡村振兴。

十六、如何用村学苑培养回乡人才?

乡村人才,特别是乡村社会工作人才的培养是乡村振兴的治本之策。鉴于乡村的空巢化、老龄化现象,吸引人才回乡是乡村振兴的当务之急。村学苑作为一种没有围墙的、坐落在村镇的学习空间,更是培养乡村人才,特别是乡村社会工作人才的形式。

村学苑也可以作为前面提到的书院融合,与文旅文创相结合。由于农村空心化、教育集中化等原因,一些乡村的学校并到乡镇中心学校,造成大面积的乡村学校闲置,以村学苑为载体,让闲置校舍不再"闲",可以为乡村闲置空间活化利用,创造新的发展机遇。

1. 政策扶植支持村学苑

乡村治理综合人才培养作为基层治理和乡村振兴的关键力量,需要政府的扶植,而政府的扶植也应该是综合的或者跨部门融合的,并且是机制性的。比如:由农业农村部和国家乡村振兴局与民政部社会工作联合会融合,以解决专业乡村工作者的培养与输送;农业农村部与文旅部融合,用文化、研学和民宿等方式,建立跨界的联席机制;跨界融合的培养基需要跨界融合的思想库;跨界融合的培养基也需要跨界服务的云平台,通过跨界融合的培养基的构建和完善,解决乡村治理人才振兴,特别是乡村综合治理专业人才振兴的一系列问题。

2.在区县乡镇进行村学苑试点

(1)每一个区县乃至村镇都可以尝试村学苑这样的学习培训系统。成立村学苑委员会,组建班子,负责学苑规划、管理和营收。

(2)建设学习空间。依托既有的城区党校、职校、研究院等空间建立培训中心,同时在有条件的乡村设立村级村学苑,配置相关教学设备,完善餐饮、住宿、教学点位等配套设施建设;同时,搭建线上云课堂。

(3)研发云地双师课程。根据农村产业、教化、社会治理等方面内容,甄选和录制优质视频课程,编制成不同主题、不同时长的培训课程包,研发双师讲解教案,并酌情对接相关部门,推动村学苑课程进入人社部相关课程体系,让更多人受益。

(4)组建师资队伍。甄选相关专家及乡镇干部、村干部,组成固定教员班子,以"视频+现场"讲解的方式,开展教学;让有基层工作经验同时有着理论素养的基层干部和社会工作者成为第一批教员,与外请的教师相结合组成师资队伍。

(5)提供实务陪伴服务。通过课程陪读、能力培训、实务陪伴,以读书会、直播答疑、案例分享等多种形式,形成一起学习、互相帮助、共同成长的氛围,让学习者成为实践者,让学习者成为共创者。培养既能够固本强根又能开枝散叶,既能安身立命又能建功立业的综合人才,营造乡村人才振兴的培训品牌。

3.开辟乡村综合人才的资金支持渠道

随着政府和社会对于乡村治理和人才振兴重要性的认识提高,政府加大了人才振兴的投入,公益基金会加大了对人才培养的支持,使住在村里的乡村社工的生活、居住、工作的场所和基本生活得到了基本资金保证;回乡人、新农人得到了政策上的支持和鼓励。越来越多的政府财政经费、公益基金投入乡村治理与人才振兴;越来越多的培训机构以社会企业的模式运营,培养乡村共治之才,用培训经济助力乡村发展。

4.通过"家文化"建设吸引人才回流

家文化建设对于培养新型农民、厚植人才振兴基础以及吸纳人才回乡具有推动作用。一段时间以来,乡村落后于城市这一事实造成了乡村人才发展的结构性困境,使得年轻劳动力普遍缺乏。但随着条件的变化,青年群体的乡村建设主体性得以培育和发挥。他们通过在村就业、返乡创业、乡村公益、服务基层组织等各种方式积极参与乡村振兴,很大程度上得益于依托乡村社群营造的"家文化"建设,加强了血缘、地缘对青年群体的黏着性,为新型农民培育提供了更多可能。

十七、如何通过社会力量办好村学苑?

村学苑是政府、社会和市场协力的工程,单靠某一方面都是很难实现的。慈善信托自主+社会企业运营,不失为一种可行之路。

村学苑立足乡村,通过整合企业、公众、社会组织及政府多方资源,将闲置宅基地、乡村废弃村小盘活利用,通过义学、公田、祖堂赋能培养人才,发展乡村文旅,参与共享农园,开展培训教育,关爱空巢老人和儿童,让年轻人回乡,让乡村振兴代代传承,实现共建共享的乡村文化,助力国家乡村振兴的战略。在这个过程中,村学苑传承儒家的教育智慧,让乡村成为培养和锻炼大丈夫、真君子的田野大学堂。立足村学苑,以家文化与乡村振兴为入口,培训和培养一批在乡人、回乡人以及返乡创业的新农人、乡村建设带头人。

当前我国正处于深化改革的时期,大量复杂的社会矛盾日益凸显,慈善组织在合理配置和利用慈善资源、协助政府开展慈善救助、传播慈善文化等方面发挥着重要作用,已逐渐成为建设社会主义和谐社会的重要力量。但目前慈善项目在发展过程中面临许多现实困境,主要的慈善捐赠问题有:第一,没有持续性,现在大多数慈善捐赠为一次性输出,捐赠人不可能一直输血式投入。第二,资金链断了以后项目也就中止,项目开展所有的成果面临功亏一篑的局面。第三,一旦项目停止,对项目服务对象可能造成二次伤害。因为没有可持续下去的模式,慈善组织只能含泪离开。第四,由于慈善捐赠缺乏严格的制度规范,一些捐赠不但不能起好的作用,甚至适得其反,助长了被服务者的物欲私心,无助于乡村公序良俗的建立。

怎么样来解决慈善的这几大痛点,让慈善捐赠、慈善项目能够可持续、可造血,更好地助力和谐社会的建设?慈善信托是一种可行的选择。通过建设村学苑来助力乡村振兴,以乡村公田、义学、祖堂为抓手,借助慈善信托的力量来撬动社会力量,聚焦乡村难点问题,培养专业人才队伍,共同为需要关爱扶持的群体奉献爱心。

公田、义学、祖堂是中国乡村三个最重要的文化要素。公田作为乡村的公共经济,所有的利润均可用于支持村学苑的公益服务。以发展公共经济、建立公共基金、分担公共服务、培养公共精神的思路来建公田,让公田本身能够盈利,就能同时赋能乡村产业服务,也能收回本金并持续生血。目前乡村几乎都有废旧小学、空置小学,要么被一些公司拿去做生意,要么被闲置。如何盘活利用空置村小?可以通过建义学兴办村学苑来培养人才、做研学、做培训,由政府买单、基金会买单或回乡人愿意接受培训的方式实现可持续的盈利模式。

慈善信托作为一种将慈善行为和金融手段融合创新的业务模式,是帮扶乡村振兴的重要渠道,其呈现出三个亮点:第一,用慈善信托的方式挽救乡村,将已经分散隔开的乡村社会、乡村产业以及乡村文化链接为一个整体。第二,培养了一批能做事会做事的人才队伍。第三,企业通过慈善信托来践行企业的社会责任,给企业家留下永久的荣耀和精神财富。从某种角度说,企业既从事了慈善事业,造福了群众,也营造了自身与政府间的良好联动关系,而这种关系的形成对于企业的未来发展至关重要。对于企业家家族传承而言,慈善信托是以信托为工具、以教育为内容、以传承为目的的智举;对于民族而言,是把中华民族的乡村之根保住的善业。

在乡村振兴的大背景下,慈善信托机构可以创新慈善信托发展模式,以慈善信托助力乡村振兴,以慈善信托培养人才,实现慈善资产的增值,增强慈善的造血功能,缩小贫富差距,走一条"以慈善信托促进共同富裕,以慈善信托助力乡村振兴"的创新之路。

十八、如何通过"爱乡营"培养乡村综合人才?

"爱乡营"作为村学苑的主要活动之一,可以由政府支持,作为人才振兴的具体措施,也可以依托由公益基金和慈善信托机构所关注和支持的项目,让公益慈善下沉到乡村、滋润到草根、落实到人才。乐和团队于2023年7月在重庆南岸峡口镇大石村的村学苑举办了首期大学生"爱乡营",收到了很好的成效。希望"爱乡营"能在各方支持下持续办下去,也希望更多同仁在更多的村庄举办"爱乡营"。

1."爱乡营"助力人才培养

通过选拔有志于投身乡村振兴的青年人才,包括大学生、回乡人、志愿者、创业者等,培养青年人才参与乡村振兴的底层能力,推动大学生实践教育与新文化建设,为乡村建设与乡村治理融合发展的乡村振兴输送岗位实习人才,"爱乡营"旨在构建人生使命启发、职前就业培训、一线岗位实践三位一体的乡村振兴人才培训体系。

2.拓宽乡村就业创业渠道

定期开办大学生、复员退伍军人及企业家的"爱乡营"活动,深入乡村体验文化,了解村貌,打造能力提升平台。通过系统培训,优秀学员可以获得创业实践的陪伴成长和落地项目指导,让学员进一步了解乡村振兴、农业农村发展前景,增强返乡就业创业意愿,服务就业创业需求,引流人才特别是青年人才回归参与乡村振兴。

3. 针对不同群体设置相关培训内容

乡村要发展,需要有知识、有技术、懂管理的生力军。"爱乡营"从乡村实际出发,根据不同的群体有针对性地设置相应的培训课程、采用相应的培训方式;师资是有着丰富的乡村理论加一线实践经验的师者;内容上既重视农村乡情的介绍,也重视具体技能的培训,让参与"爱乡营"者能够将理论知识转变为实际操作能力。

"爱乡"的希望不仅是在乡村,更是在每一个有爱的人心里。愿更多的青年人才和回乡人回到乡村,感受乡村,用专业知识和技能共创乡业、共耕乡田、共解乡愁,为建设美好乡村生活、推动乡村振兴而贡献力量。

乡村振兴,是中华民族复兴大业的重要基石;乡村振兴,人才是关键。回乡兴业,是新时代有志青年的康庄大道。目前人才短缺仍是制约乡村高质量发展的瓶颈,制约着乡村产业发展、乡村治理能力提升和乡村文化繁荣。乡村振兴需要更多懂技术、懂市场、懂农业、懂社会、懂文教的实用型复合型人才。

20世纪30年代的乡村建设前辈梁漱溟先生曾说:乡村社会是中国有形的根,道德文化是中国无形的根。这里无形的根是指自立、互助、公益的中国精神,有形的根是用中国精神构建的共同体社会。

按照中国文化的治理思想,乡村治理作为基层治理的末梢、国家治理的基石,是一个包含了乡村的精气神,包含了乡村的组织建设、文化建设、经济建设、生态建设和生命健康的整体。其中社会建设和文化建设就是这棵树的根和本,经济、生态、康养则是这棵大树的枝干和枝叶,根深蒂固才能枝繁叶茂。

"爱乡营"也可以成为乡村社会工作者定制性培训和不断"回炉"的载体。

实现以乡村治理推动乡村振兴的理想，尤其需要构建中国自己的社会学理论和社会工作理论，在这个理论框架下创建基于中华文化的社会工作体系，培养以共同体建设为宗旨的职业化和非职业化的中华社工队伍，让中华民族共同体在延续民族血脉中开拓前进，让中华文化从中华民族共同体走向人类命运共同体。

作为以中华共同体文化为宗旨、以共同体思维构建共同体社会为使命的社工机构，北京乐和社会工作服务中心有幸参与了川、渝、湘、鲁、浙的上百个乡村的"乐和家园"实践，将传统文化与社会工作相融合，协同政府用互助会激活自治，用联席会激发共治，用书院滋养文治，用大院践行礼治，用庭院传承家治，用耕、读、居、养、礼、乐的"新六艺"体现综治，并在这个过程中形成了社会工作的课程体系、培训体系和服务体系，愿为产教社融合的乡村振兴、人才振兴及中华民族的伟大复兴竭尽绵薄之力。

以共同体精神营造共同体社会是中华社工共同的宗旨与使命！

2023年，重庆南岸峡口镇村学苑挂牌暨"大学生爱乡营"启动。

附 录

用文化自信为社会工作铸魂

——梁漱溟社会工作实践的当代意义*

2010年冬天，我正在重庆巫溪县的乐和书院里忙碌，接到了一个来自北京的电话，是梁漱溟先生的长子梁培宽先生打来的，他代表梁家把出版梁漱溟先生作品的稿费约5万元人民币捐给我，这无疑是对我巨大的褒奖。激动不已的我把这笔钱捐给我创办的公益组织北京地球村。之后，梁漱溟先生的次子梁培恕先生、嫡孙梁钦元先生亲临巫溪考察，将另外5万稿费一并捐给北京地球村，并接受我的建议将这笔捐款建立了"梁漱溟教育奖"，用于乡建人才的培养和乡村书院的建设，以培养和激励更多的行动的儒者。

我曾是四川大学哲学系的教师、中国社会科学院的学者、央视专栏"环保时刻"的独立制片人，1996年创办公益组织北京地球村环境文化中心，致力于绿色生活倡导和生态社区建设，并作为北京奥组委环境顾问深度参与了"绿色奥运"行动计划。但我没能参加2008年北京奥运会的开幕式，而是率队扎进了那一年汶川地震的极重灾区四川彭州通济镇大坪村参与灾后重建。从那以后，我相继在川、渝、湘、鲁、浙的上百个乡村开展以传统文化和社会工作为特色的乡村实践。

从高校的学者到乡建的行者，我的人生经历与梁漱溟先生作为榜样的力量密不可分。当年梁漱溟先生辞去北京大学的教席，举家来到山东邹平开展

---

* 本文系作者为梁漱溟先生130周年诞辰纪念活动而作。

乡村建设,用传统文化和社会工作固本强根,我作为他的"粉丝",愿意像他那样做事,像他那样做人。今天的社会工作应该是以中华文化为内涵的理念和方法,以解决社会问题、实施社会教化、构建社会共同体为主要任务。梁漱溟先生关于传统文化与社会工作的真知灼见与乡建经验,对于当代的社会工作无疑有着重要的启示。

一、以文化自信正视社会工作历史

不知从什么时候起,社会工作被业内不少人认为是从西方引进的舶来品,这是一个由于失去文化自信而产生的重大误解和误区。殊不知几千年的历史里,修身、齐家、治国、平天下就是中国式社会工作的基本内容。尊道贵德的道统、修齐治平的学统以及礼法合治的政统构成了中国式社会工作的基石。从治理理念到治理方法以及治理人才,中华优秀传统文化提供了完整的思想、理论和操作系统,培养出了一代代具有独立人格、互助精神和家国情怀的中国式社会工作者。他们在朝为士大夫,在野为士君子。在各种各样的来自内部的扭曲和外部的冲击而遭遇种种的苦难与灾祸中拼死抗争,守正创新,与广大民众一起,共同缔造了世界上唯一没有中断的伟大文明——中华文明。

梁漱溟先生对我影响最大、印象最深的是他的文化自信。在那个兵荒马乱的年代,当大家都在从不同的方面来看待和处理中国的政治问题、经济问题、军事问题的时候,梁先生从更本质的视角看到"中国问题并不是什么旁的问题,就是文化失调——极严重的文化失调"(《乡村建设理论》)。他说:"中国之政治问题经济问题,天然的不能外于其固有文化所演成之社会事实,所陶养之民族精神,而得解决。"(《中国民族自救运动之最后觉悟》)"它必须是中国的一套,一定不会离开中国社会的事实及民族精神而得到一个办法,在政治上、经济上如果有办法,那一定是合乎中国文化的。"(《精神陶炼要旨》)

从某种意义上说,梁漱溟先生是为了找到合乎中国文化的治国办法而发现了乡村,发现了在乡村保留的"向上之心强""相与之情厚"的中国精神,是为中国无形的根,而乡村社会是为中国有形的根,遂致力于建设乡村,成为19世纪30年代乡村建设的知名人物,也为今天的乡村振兴留下了许多值得传承和创新的精神遗产。

作为中国式社会工作的探索者、践行者之一,我所创办的北京乐和社会工作服务中心深深地感到传承中华文化的责任,并坚定地践行这份责任。本机构的前身是1996年注册的环保组织"北京地球村环境文化中心",2000年进入国学领域,致力于以传统智慧服务基层治理。2004年,启动了综合考察乡土文化的"乡村长卷"项目。通过三年多的调研,以全国9个民族10个村为例形成了一套基于本土文化解决乡村问题的方案,并出版了《乡土中国绿色丛书·村民环保读本》。在这个过程中,我们发现一些乡村包括许多少数民族的乡村,还保存着自己的生态智慧、乡土文脉和自然养生,还有自己的知识体系、管理体系和信仰体系,这就是中国精神、中国文化的根基。

自2008年参与汶川地震灾后重建以来,我们作为以中华共同体文化的传承与创新为宗旨的职业化社工服务机构,有幸参与了多地政府主导的"乐和家园"乡村实践并为之提供理念和技术的服务,相继在川、渝、湘、鲁、浙上百个乡村进行用传统智慧治理乡村的乐和实验,也可以理解为是对于梁漱溟先生等前辈百年乡建的文脉传承与创新。

2019年我与诸多社会治理专家共同完成的20万字的课题报告《中华民族共同体的社区传承与创新模式研究——从"乐和家园"看基层治理之道》被评为中央社会主义学院统一战线高端智库的优秀课题成果。同年,乐和社工参与其中的重庆南岸社区治理经验,被清华大学社会治理与发展研究院纳入全国社区治理典型案例,我作为其中的社工服务机构代表受邀在清华大学社会治理大讲堂做专题讲座。2022年,我撰写的专著《怎解乡愁:乡村振兴的乐和实验》由东方出版社出版。

15年来,我们坚持以中华共同体文化的传承与创新作为社会工作的目标与方法,以"乐和"作为中华共同体文化的现代话语和通俗表达,为社会治理的固本强根进行着不懈的努力。当我以"传统文化与社会工作相融合的实践者"的评语当选"2016年度中国十大社工人物"的时候,不由得想到我的榜样梁漱溟先生,他就是一位传统文化与社会工作相融合的先行者啊!

二、以文化自信认识中西社会工作差异

今天,中国学术界诸多社会学理论和社会工作方法来自西方思想,其与中国社会诸多特征大不相符,于是西方社会工作与中华社会工作的差异被错误地归为现代与传统之别,甚至被贴上先进与落后的标签,而以前者为标准,要求中国社会向其演进。这是不合适的,因为中西方的社会构造和文化历史存在类型上的重大差异。西学的社会工作方法难以适应中国的乡土社会和乡村振兴,这是不争的事实。这里我们仍用更初始的中华文化和中华社工的提法来与西方社会工作进行对照。

从历史背景看。西方社会工作是基于工业革命发展起来的、为了解决城市工业文明病而产生的方法与技术,并且很快就作为一种职业而出现的。中华社工与中华文明同步共生,在中华文明的思想与信仰体系、教化体系和治理体系中起着重要作用,因此也是与中国乡村的历史同步共生的。正如梁漱溟先生所言:"中国文化是以乡村为本,以乡村为重,所以中国文化的根就是乡村。"(《乡村建设大意》)

从文化基础看。西方的社会工作始于欧洲思想启蒙运动,以自由、公正、人权等口号要把人从神权的束缚中解放出来。当上帝被工业文明"杀死"以后,人就进入了无根的状态,即使做社会公益服务,也很难解决服务者本身安身立命的问题。而中华社工的文化基础是中华道统。梁漱溟先生说的"道"也就是"宇宙大生命","中国自周孔教化以来,除以伦理情谊领导中国人外,便是发挥人向上精神,一切以是非义理为准"(《发挥中国的长处吸收外国的

长处》),包括尊道贵德的信仰系统、以道为宗的教化系统和唯道是从的治理系统。遵道、知道、行道的共同体信仰,差异、互补、共生的共同体思维以及自立、互助、公益的共同体价值就是中华社工的历史传统和文化基因。"向上之心"是对于天下为公的神圣性的向往和联结,"相与之情厚"是亲亲仁民爱物的日用伦常,而世俗性和神圣性的内在融合以及反求诸己、自明其德的生命自觉,就是中国文化最深刻最可贵的特点。

从社会角色看。西方社会工作是一种职业化的存在,而在中国历史上非职业化的大量的中华社工是构建共同体社会的重要力量。特别自孔子将中华道统从官方普及到民间,主张"人皆可以为君子"的时代开始,历朝历代为了公平正义的大同社会而奉献的君子们,活跃在村落和社区为家乡做出贡献的乡绅乡贤们,以及近现代以为人民服务为宗旨的志士仁人们就是中华社工的脊梁。随着中国现代社会的分工细化,社会工作分为职业社工和非职业社工,然而前者并不能取代后者的功能,二者的共同使命是以共同体思维构建共同体社会。

从社工伦理看。西学社工的价值观是助人自助,西学社工的伦理起点是助人,这个起点假定了从事该职业就具备了助人的资格。西方社会工作通过心理学、社会学、行为学、管理学等建立了一套助人方法,却不一定能够解决社会工作者自己人生提升的能量供给,其结果就是社会工作者或者心理咨询师在助人的同时,自身也可能成为有问题的人,助人者反而成为弱势群体。而中华社工秉承"自天子以至于庶人,壹是皆以修身为本"的传统,起点是"修己",修己才能齐家,并在修身齐家的基础上参与社会治理和国家治理乃至全球治理,治国平天下。梁漱溟先生认为,不管是人类问题,还是人生问题,中国精神就是要从人本身的理性中间去找到解决自己和社会问题的办法。它是向内求的,而不是向外取的。他说"儒家没有什么教条给人;有之,便是教人反省自求一条而已"(《中国文化要义》),让社会工作者的生命状态更加安和自在。

从生命路向看。西方社会工作不仅缺失了修己这个前提,也因此缺失了助人自助的心性力量,因而更多是慈善性的帮扶,其助人自助往往落在纯技术和工具的层面。中华社会工作承认人人具备"道德理性",主张把个体生命引向"明明德""止于至善"的境界,从根本上回答了人为什么能够助人自助的理路和功夫,因为人性中有人心向上的本自具足的内在力量。这种力量似根芽趋光,助人就是帮助人看到他自己身上具有的这种服务自服务的能力以及小自我成长为大人格的力量。梁漱溟先生反复强调修己的重要。根于修身的中华社工,以"知者不惑,仁者不忧,勇者不惧"的生命状态影响其他生命,服务其他生命。中华社工有圣贤经典引路,有反求诸己功夫,帮助被服务者自明其德,点亮自性的光芒,让社会工作回到了"人"这个根本上,其高度和深度远远超越了西方助人自助下的社会功能。

从服务路径看。西方社工多以个人或由个人组成的团体提供社会服务,不仅忽视修身的根本,也谈不上齐家的要求。而中华社工更多以家人主义的方式,将家庭家风家教视为社会工作的内在要求,有修身齐家的生命功夫才有治国平天下的社会服务。梁漱溟先生本身就是典型的儒家家风的产物,那位投水自尽前留下遗言"国将不国,必自我一人先殉之,而后唤起国人共知国性为立国之必要"的梁济先生就是他的父亲。父亲的清廉公正、忧国忧民的人格给了年轻的梁漱溟深入骨髓的影响。社会工作者如果自己不忠不孝,解决不好自己的家庭家风家教问题,如果自身不能安顿,又如何服务社会?如果没有中华家文化的根基和视角,社工服务和社会治理就会缺了一大块,社工本身的成长也就缺了一大块。

从社会功能看。西方社会工作是政府、企业和非政府的非营利的"第三部门",向社会募集资金,为弱势群体提供服务,通常从事单项具体的技术性社会服务。中华社会工作是要着力参与社会治理,担负着共建社会治理共同体的使命,将共同的价值系统作为共同的目标。和而不同、互补共生,不是对抗而是合作的方式,干群官民秉承共同的立场、建立共治的机制、实现共生的目标,探索一家人、一条心的中国式社会治理之路。"乐和家园"为这种以复兴中华文化为内涵、以重建乡村社会组织为基石的社会治理提供了一套操作系统,这就是通过社工站、互助会、联席会与村委会为载体的社会共治,以大事政府办、小事村社办、私事自己办的"三事分流"为方法的责任共担,以投入改革和村社基金会为特色的利益共享,以大院为空间的礼治,以社区书院为载体的文治、以"九九家风"为特色的家治以及家校社共育共治机制。乐和社工做的事情,一定是政府、社会、企业三者互惠共生的事情。换句话说,推动这个共生机制本身,就是社工的任务。

从专业技术看。西方社会工作面临着与西医一样的问题,由于过于分化而容易失掉整个系统,由于过度专业化而容易陷入狭隘的专业主义视角。中华社工则以中华优秀文化的全息思维、系统思维、和谐思维、情理思维、太极思维等方法,晓之以理、动之以情、导之以利、约之以礼,让通识教育的固本强根实现开枝散叶的专业能力。这样的中医思维、整体思维让乐和社工与基层治理的同仁们一起找到了产教社融合的方法论,就是以产业发展的"产"蓄"精",以社会治理的"社"聚"气",以乡村文教的"教"凝"神",产教社就是抓住了乡村的精气神,用社会治理激活乡村文教,用乡村文教助力产业发展,又用产业发展助推社会治理。如此,我们对于梁漱溟先生的乡村建设的三要素——中国精神、团体组织和科学技术,有了更深的理解,这就是用中国精神引导团体组织,用团体组织引领科学技术。

三、用文化自信实践社会工作服务创新

梁先生当初的乡村建设紧紧扣住"中国精神"这个无形的根,"团体组织"这个有形的根,固本强根的同时运用科学技术来帮助村民脱贫,也就是用社会治理和乡村教化来引领科学技术,又用科学技术促进社会治理与乡村教化。

作为梁先生等乡建前辈的百年乡建的文脉传承,乐和社工也是致力于固本强根的社会工作服务。乐和社工将"乐道尚和"的中华共同体文化通俗表达为"乐和",将明明德、亲民、止于至善的大学之道表述为现代人容易接受的自立、互助、公益,把源于传统智慧的社工服务技能概括为"六根金刚钻,五个瓷器活"。六根"金刚钻"是以中华文化为底蕴的社会调研、社会组织、社会活动、社会教育、社会宣传、社会记录,用这六根"金刚钻",努力干好以下五个"瓷器活"。

1. 方法建议

运用乐和的全息整体的思维方式和专业社工方法,创新性地提供解决公共事务难题的方案建议。比如乐和社工从社会工作的方法入手,与重庆南岸"乐和家园"领导小组成员共同商讨了"三事分流"的方法和机制,并完成了编辑《"三事分流"工作法理论概述与操作指南》的任务。在公共事务处理普遍遇到资金瓶颈的时候,我们从"社会建设本质是社会组织的建设"的视角建议政府用部分社区经费建立社区基金会,用于专项支持社区社会组织的发展和培育,得到了认同和采纳。在湖南长沙乐和乡村建设过程中,我们提供了将部分惠农资金通过互助会参与、联席会讨论的新方法,得到了政府的采纳并形成了投入机制改革的方案;通过自荐、推荐和举荐成立的村民组织互助会、由村支书牵头定期召集的各方联席会为构建社会治理共同体提供了思路和路径;产教社融合社会工作服务创新得到了诸多区县干部和村民的认可,为解决产业发展、乡村文教、社会治理"三张皮"的乡村振兴难题,以及人才培训、回乡创业、产业发展"三张皮"的人才振兴难题提供了有实操价值的方法和路径。

2. 能力建设

社工不是学者,不能止于方法提供,还要协同政府进行实务性服务,这种服务更多的是能力建设的服务,如乡村社区社会组织的培育、社会协商平台的搭建以及社区活动的开展。例如:为村委会和互助会提供如何召开联席会议、应用"三事分流"、进行流程分工、融入文化礼仪等的方法,培训互助会成员如何开会、组织活动、制定规则和记录、使用微信和QQ传播等。至于大院的公益文化、书院的圣贤文化、庭院的家风文化,不仅继承传统乡村的祠堂、学堂、中堂的"三堂"文化历史之脉,而且根据现代文明的需求做了创造性传承创新,形成一整套的课程体系、培训体系和活动体系。产教社融合的服务体系还进一步涉及互助会、家风堂和经济合作社的融合共生,乐和团队也因此承接了政府部门诸多培训任务和赋能工作,成为思想型和实务型的双重特质的社工机构。

3. 试点协力

"乐和家园"是一个整体性、实务性、创新性和实验性很强的高难度项目。乐和社工每到一处,都是先协同政府在试点上做探索,总结出经验和机制后再逐步推广,最终形成了一套打造试点、召开现场会、总结经验、推广复制、提炼理论、对外宣传的县域治理的思路。乐和机构在这个过程中也摸索出一套人才振兴赋能服务流程,即先做调研,然后与试点镇村研讨实施方案,继而开展讲座和工作坊等多种形式的培训,接着为试点村的人们提供陪伴咨询服务,最后助力经验提炼、分享和媒体传播,以便其他村镇的学习交流和推广。

4. 资源链接

社会工作是以社会建设和社会服务为特色,自然会积聚许多跨界的社会资源,而这些都是基层治理所需要的。例如:在社工层面,链接并引进相关的伙伴机构以及专家和志愿者等;在村社层面,引进助力乡村公共事务的各种资源和项目,如培训酵素制作、申请小项目、专家讲课、媒体报道等;在区县层面,主要引进专业技术人才、专家学者智库、战略合作伙伴等。随着产教社融合的社会工作服务的深入,资源链接扩展到生态技术与生态农资乃至农贸与乡村研学的诸多领域。为此,乐和团队助力政府整合传统文化、社会工作、生态文明、家庭教育等领域的专家,助力政府多部门协作解决社会问题。

5. 公益感召

"君子人格"为社会工作者锻造最强大的灵魂和精神。乐和团队要求自身不断提高传统文化素养,将儒家心法变成社工方法,通过"学而时习之"而不断历练"明明德""亲民"和"止于至善"的功夫。在乐和项目的实践中,我们注意以社工自身的修己助人的精神去点亮和燃发村民自立、互助、公益的中国精神,通过社工在国学、教育、环保等方面感染村民、带动村民、引导村民,收到了很好的效果,激发了互助会代表和村民的责任感。村民常说:"你们这些年轻人大老远地来帮我们,我们还能不干吗?"

乐和社工以古往今来的君子传统作为自己的人格基因和文化资源,以梁漱溟先生所践行的中国精神作为自己的组织的灵魂和工作目标。从自己生命根处着力,坚定尊道贵德的信仰,运用格物致知的方法,催生务实技能,通过培根固本而练就融会贯通的功夫,然后才有心力、眼力和能力去开展社会工作,从以往的农村社区为单位的社会建设,深入到以农村社群为单位的社会建设,最后再下沉到以家风堂为单位的社会建设的根脉,以家风堂为载体修复公序良俗,重构乡村的信誉体系。这样也开拓了社会工作的空间,包括作为公共空间的大院、作为学习空间的书院和作为生活与精神空间的庭院。这是对祠堂的公益文化、学堂的圣贤文化、中堂的家风文化之"三堂"文化的传承创新,让古老的中华文明在新时代的乡村实践中得以延续和发展。

梁漱溟先生的乡村建设,不只是建设乡村,更是为了在世界现代化冲击中探索新中国文化之路,或者说寻找现代性的中国方案,即以中国精神引进团体组织,以团体组织运用科学技术。以中国精神重建道德理性,解决现代人的工具化、碎片化问题;以团体组织重建乡土社会,解决现代人的原子化、沙粒化问题;在此两者的基础上运用科学技术,解决被物欲和私心引向歧途的科技异化问题,依然是我们今天面临的重大任务。这个以中国精神、团体组织和科学技术构成的实验虽因为日军侵华而中断,但对于我们今天思考现代性的困境、解决现代性的问题依然有重要的借鉴意义。

四、以文化自信共建中华社会工作体系

有鉴于现代社会工作的理念和方法多数来自西方,课程以西学为主,我们把以中华文化为理念、课程和方法的社工称为"国学社工",或"中华社工",以体现中国人在社会工作这个领域的文化自信和文化自觉。在为"乐和家园"提供社工服务的过程中,乐和团队不断得到重要的锻炼和重大的提升,并不懈推动着中华社工或曰国学社工的理论和实践。尽管面临着巨大的压力和挑战,我们没有退却,其中的力量来自15年里我们服务过的地方政府的肯定和村民们的认同,也来自像梁漱溟先生一样,以传统智慧为底蕴的乡建前辈们的榜样的力量。

1.致力于中华社工理论和实践体系的探索

中华社工理论和实践体系的探索包括以中华文化为底蕴的社会工作的思维方式、理论范式、操作模式、实践样式和培训程式的操作系统。国学是基于中华道统的宇宙观、价值观、生命观,是基于修身、齐家、治国、平天下的教化系统。乐和社工结合现代社工通用的个案、小组、社区方法,将国学的修身与个案、齐家与小组、治国与社区相结合,在国是大村、村是小国的意义上,我们可以自信地说:国学社工就是古代中华社工的传承和当代社会工作的创新,是社工界返本开新的一种风采,也是国学界经世致用的一种风范。

2.致力于以乡土智慧为根基的社会建设

乐和社工系统基于对本国国情和乡土社会的理解,能够提供以乡土智慧为底蕴的综合服务,而不只是某个单项的服务,这正是基层政府和基层治理

所需要的。从治理方法来看，乐和社工助推互助会、联席会为载体的社会建设，以大院、书院和庭院为空间的文化建设，让大院的礼治、书院的文治、庭院的家治，与国家层面主导的自治、法治和德治相辅相成，有助于解决政府和社会"阴阳失调"的问题、物质主义造成的"五行失调"的问题，缓解个体化倾向造成的家庭矛盾和社会冲突。

3. 致力于国学社工课程体系的研发和实践

乐和社工的课程系统，包括天地人和的社工理论、尊道贵德的社工伦常、修齐治平的社工实务、经世致用的社工技能，以理论体系、课程体系、培训体系、实务体系四合一的方式服务社会治理与人才振兴。

2017年，乐和社工在孔子故里山东曲阜的洙泗书院，也就是当年孔子周游列国返鲁授徒讲学的儒家祖庭，开办了分别为一年、一个月和一周的国学社工学习与实习的训练营。课程内容分为修齐治平+"六艺"，即自我修身、家庭教育、社会工作、对外交流、农耕文化、经典诵读、生态保护、健康管理、礼乐传习、戏剧教育主题。三十多位跨界导师给学员授课。不同于学院式的教学，而是庙学一体、祭讲合一、耕读并重、礼乐传习的方式。学员就住在与洙泗书院紧邻的书院村里，以其独特的拜师篇、读书篇、耕作篇、实习篇、生活篇和结业篇方式，体验和践行"守望儒家祖庭，培育国学社工，兴办乡村书院，建设'乐和家园'，携力振兴乡村"。

4. 致力于修身为本的国学社工团队建设

从理论研讨与项目设计、课程研发和人员培训，到项目实施与社群服务的分工合作，乐和社工致力于修身为本的国学社工团队建设。特别是国学社工督导的培养，可以用传道、授业、解惑三个层面来描述。传道层面，帮助社工塑造中华宇宙观、价值观和人生观三观，掌握整体式思维、模块式设计、陶艺式操作、闪卡式表达四式方法，学习社会调研、社会组织、社会活动、社会教育、社会宣传、社会记录六项技术，以及耕、读、居、养、礼、乐六类技能。如果修齐治平是传道，"六技六艺"就是授业。至于解惑，则更多是在精神的层面。在精神层面引导社工学习圣贤文化、学会立身行道的根本，是督导最根本最重要的工作。而这一切不能只是坐而论道，而必须在"做"而论道中实现，这就需要督导本身以身作则，行无言之教。如果用三个字来表达，就是"干、学、修"，干中学，学中修。

为"乐和家园"提供的社工服务，必须是创新性和综合性的服务。不同于许多单一的社工服务项目，它的目标是以中华共同体文化为内涵的共同体社会的营造。而这些能力根本上源自中华传统智慧的滋养，以及像梁先生这样一些用生命践行圣贤之学的榜样的力量。

在2017年首期国学社工研修营开营仪式上，中共曲阜市委宣传部领导对当代国学社工做了如下评价。他说："国学社工是传统文化的传承者和践行者。关于国学社工，我有几点认识：第一，社工是一项既善其身又济天下的工作。第二，社工从事的职业是一项顶天立地的事业。说它顶天，是因为它有大同的理想和梦想、责任和担当；说它立地，是因为它扎根基层、默默奉献、矢志不渝。第三，我想说孔子就是一个社工。按照天人合一的社工境界、内圣外王的社工情怀、天下大同的社工理想、经世致用的社工技能、知行合一的社工教育，孔子一生志学弘道、复兴礼乐，他传播仁爱民本，追求天下大同，他周游列国，他历经艰辛坎坷，他不就是一位真正的纯粹的社工吗？"此时我的脑子里浮现出一代又一代中华社会工作者的身影，梁漱溟先生不就是这样一位真正的纯粹的社工吗？

我所创办的北京乐和社会工作服务中心是从当初国内外颇具影响力的环保组织——北京地球村转型而来。二十几年来，我们在实践中不断地接受中国文化的滋养，深深地感受到传统智慧对于今天的乡村治理和乡村振兴有着多么重要的价值，深深感受到百年前梁漱溟先生关于文化自信的远见卓识和社会工作实践对于当代有着多么重大的意义。我们为能够成为历代中华社工的后继者而感到骄傲，为能够成为今天中华社工的倡行者而自豪！

虽然梁漱溟先生那个时代的乡村建设与我们这个时代的乡村振兴有所不同，但是以中华共同体文化的传承与创新为使命是共同的，不断探索以国学为底蕴、以实践为根基的社会工作服务新视角、新路径的精神是共同的。

愿更多的同仁得到传统智慧的福荫，以文化自信共建中国式社会工作体系。

谨以此机会，与有志于此道的同仁们交流和探讨，期待与更多的师友携手同行！

2023年10月14日，梁漱溟先生诞辰130周年纪念会在西南大学召开，重庆市梁漱溟研究会会长张爱林（右一）及三位副会长廖晓义（右二）、潘家恩（左二）、王倩妤（左一）与梁漱溟先生次子梁培恕先生（居中者）合影。

回 家

沱沱*

有一个晚上,我做了一个梦,梦中有一粒树苗种子,落在泥土表面,发了芽长出叶子,但是因为根基太浅,小树苗在风中簌簌发抖,好似马上要脱离泥土,成了飘零者。第二天,我接到了廖晓义先生的电话,电话里廖先生的语气急促,《治理与振兴:乡村社会工作问答》这本书马上要出版,"您陪伴我和我的团队整整12年了,也为乐和社工写过两本书了,请给这本书作个后记吧!"

我听了她的话,就想起了我的梦。梦与现实的问题,有了一种紧密相连的关系。我突然懂得了廖晓义先生的焦虑与急迫。仿佛是一个隐喻:文化就如这肤浅的泥土,生命就像是这棵小树苗,在现实的大风里,处于飘零的状态。树苗的生长,需要厚实的泥土以站立与滋养;生命需要文化与信仰的根基,才能活得有精神有力量。每一个个体如果不及时培上厚实的、维系生命的文化与信仰的泥土,我们的生命就会消逝在风里。就如田园诗人陶渊明《杂诗》中的诗句:"人生无根蒂,飘如陌上尘。"我们应该护我们自己的根,归入到厚实温暖的坚定的信仰的土壤中来,才不至于使我们的生命孤苦无依!

我认识廖晓义先生是2010年9月28日,孔子孔圣人的诞辰,在重庆巫溪县大宁河边,由桃源宾馆改成的"乐和家园"工作站。那天大雨,巫溪县中小

---

* 沱沱:原名王慧芹,浙江天台人。1997年就读于中国作家协会鲁迅文学院影视专业。曾担任《中国少年作家》编辑部主任及《中国青年作家》副主编。2013年出版口述实录文学《心安是归处——我和刘绍棠》。2015年自费进行中国生态建设的采访和体验,创作纪实文学作品《大地之上——中国生态现场访谈录》。2014年至2017年,跟随著名环保和乡建专家廖晓义女士记录、采访、体验"乐和家园"及"乐和之家"项目,深入湖南、重庆、山东等数省市进行田野调查,采访中国乡村留守儿童,记录乡村振兴的进程。其间,著有访谈录《陪伴的力量》、纪实文学《如果没有了村庄,世界将会怎样》。2018年在天台山石梁镇创办山上书院,创作电影剧本《天马》《游戏年代》等。

学校师生包括几个"乐和家园"试点村的村民都来了。他们面向大宁河,排列成一行行长长的队伍,披着雨衣,齐声朗诵《论语》。雨声,流水声,吟诵声,在天地间交融回响,震天动地。廖晓义排在队伍的前面,额前刘海的水滴像珍珠一样点缀,闪闪发亮!

第二天的清晨,也是在清澈的大宁河边,我目瞪口呆地看完了廖晓义先生陶醉与忘我的舞蹈,哗哗的大宁河仿佛是伴奏的音乐,让我读到了"天人合一"这个词。这个舞蹈,不但是廖晓义快乐的表达,也是"乐和家园"社工们的工间操。在我与她同行的日子里,在车站,在机场,在会场,在办公室,在公园,在屋顶,在村口,在田埂上,在山道上,在老乡中间,我都会看到她由内而外地快乐地舞蹈。

在巫溪住了五天,我走访了巫溪"乐和家园",倾听了乐和的故事,仿佛进入了桃花源,仿佛回到古代。村民是那么的热情,又是那么的快乐!巫溪县城的大宁河畔,羊桥村,大坪村,都在流传着她与老百姓之间的快乐的故事。

从那时候起的12年里,我进入到"乐和家园"项目的事业当中,以跟踪"乐和家园"、记述"乐和家园"为目标,了解与记录我认为伟大的足以改变世界的过程。廖晓义先生也经常语重心长地委以重任或者寄予期望。我也经常看到她像一个传道者,随时随地对很多大学生或者公益人士寄予厚望,吸引他们加入这伟大的中国传统文化的复兴行动里来。我也目睹她在很多高校、很多村社乡镇富有感染力的演说,将许多大学生与村民聚拢到身边,好好的日子不过,弄得蓬头垢面,投入到艰苦的生活环境当中。

所以很多时间与空间里,我与廖晓义先生会经常形影不离,朝夕相处,甚至胝足而眠。在社工站,因为床铺狭窄,我们只好在床外沿再搭上两条凳子,垫上纸楞板,铺上褥子,挤一个晚上。也为了节省用水,同用一盆热水洗脚。在很多个晚上,与社工与村民们开完会,去寄宿老乡家的路上,我们走在月光与树木分割成的黑白两色中,抬头看天空上最亮的星星。深夜里,我会被她的呼噜声弄得一直睡不着觉,第二天醒过来,她首先要问一句:"昨晚我是不是打呼噜了?"我很羡慕她累了就睡、饿了就吃的境界。而事实上我发现她似乎从来不觉得累,会开得很晚,早晨很早起,年轻的社工都比不上她的精气神。"因为你想到的这是你的使命,这也是你分内要做的事,怎么会累呢!"

事实上,我最初对廖晓义先生的印象,是环保先锋。我希望采访到她,请她讲述她的环保历程。但联系到她的时候,她的身份已从环保专家,跨界到乡村建设当中。用她本人的话说,是从西式环保转到中式环保当中,她正在因为找到国学做环保而兴奋。用中国传统文化,修复空心的乡村,修复荒芜的心灵,成了她的使命。

离开巫溪县,我又去了彭州通济镇大坪村。2008年的四川地震,在中国大地上留下了许多可歌可泣的故事,而大坪村就是其中的一个。2011年的春天,当我跟着"乐和家园"驻大坪村社工卢祖兰老师乘车曲曲折折地来到山上的时候,正是雨后的中午,空气清新,满目青山之间,云雾缭绕,炊烟在极具川地风格的两层木结构的房顶上袅袅升起,正是人间仙境的景象。山势虽然陡峭,但路面极其光洁平坦,山村没有像许多灾后重建的小区一样整齐统一,而是错落有致。社工站、乐和书院、乐和大院,这些村民公共议事空间,与周围的环境和谐,平添了许多诗意,也让我想起"理想国"这个词。这个"理想国"的缔造者正是廖晓义与她的"乐和家园"团队。就如我在巫溪的乡村走访一样,山上的村民流传着"廖孃"的故事,几乎每个人开头的话都是:"廖孃是个好人。地震了,我们山上的房子倒了,廖孃帮我们把房子建好了;我们山上的路原来都是泥浆路,廖孃帮我们把路修好了!"但遗憾的是,村民们最期望的乐和生计,也是"乐和家园"规划中的大坪村乐和乡村游计划,因为山上一个采石场的出现搁浅了。

紧接着,我又去了湖南长沙的"乐和家园",又一次见证以村干部为主、乐和社工为辅的轰轰烈烈的"乐和乡村"行动。我跟随社工参加了"乐和家园"的"三事分流"的现场会,看到了乐和乡村"向上之心强,相与之情厚"的邻里互助的动人画面。我又去了重庆南岸的峡口镇和涂山镇福民社区,采访了

"爸爸回家乡"乡村旅游活动,我遇到了"小先生""女先生""老先生",他们带着从城里来的家长与孩子,自豪地介绍家乡的美食、手工艺和美丽的景色。

我到了重庆酉阳的楠木桩村、小岗村、小南海村,到达了黔江阿蓬江,收获了孩子们送给我的石头、山歌王的歌声,为一位留守儿童写给天上母亲的信哽咽而发不出声。我认识了大学生社工梁艳、刘园、张家钟、刘小强、秦小萍、陈琴、海霞、石聪、李慧、谢扬、张雪芹、王政伟、马方超、李娟、周玮等人,感受到了青春的别样美丽。

我也到了山东曲阜和泗水,与乡亲们一起品尝冬至节气餐,在小剧场里观看由乡亲们演出的乡村环保的故事,参与了成人礼、生日礼,感动得涕泪肆流。我与曲阜周庄乐和书院的村众乡亲一起,挥着扫帚清扫街道,种植花草,与村里的孩子一起朗读"天下大同"。我也到达了孔夫子当年周游列国回来授徒讲学的儒家祖庭洙泗书院,拜谒了孔庙,仰望千仞宫墙,大成殿内,高山仰止。

我还与廖先生一起,来到她的母校四川大学。在望江楼前听她回忆她的大学时光,听她的老师与同学描绘她青春时的靓丽。我为她拍下她当年特别喜欢的东湖潋滟水波前的留影,我从她瞬间的安静与沉浸里,猜想她内心的波澜。

我也到了位于北京健德门的地球村办公室,与社工们一起学习中医文化、汉字文化,在中午与傍晚的北土城元大都遗址公园的白桦树林里,与廖先生一起仰望星空,畅想未来,一起低头脚踏实地、步伐统一,并感受她的来自灵魂深处的孤独与坚定!

在疫情防控的日子里,我乘上了乐和云家的云上列车,听她为各位老师和家长们讲授的家风课。

我认识廖先生和"乐和家园"开始至今,十年有余,从另一个意义上廖先生也完成了对我的中国传统文化的启蒙与滋润,由此从根本上改变了我的人生观、世界观与生命观。

回家

认识廖晓义先生的人，差不多都有一个共识，那就是她的"爱折腾"。如果不是折腾，她现在会是一位退休的、气质优雅的教授，或者是位著书立说的哲学家。但是她却一直在路上奔跑，灰头土脸，沧桑毕现。

作为45年前四川大学的哲学教师、35年前中国社会科学院的学者，我知道她是一个思想型的行动者，本可以出版不少的著作。但我更知道她是行动型的思想者，她更愿意把书本上的哲学，写在大地上。

而我，作为真诚的陪伴者和参与者，忍不住为"乐和家园"特别是乐和社工写了两本尚未出版的书稿：一本是《陪伴的力量》，其中采访了二十多位不分寒暑扎在乡村的乐和社工；另一本是《如果没有了村庄，世界将会怎样》，记录了"乐和家园"的共建者们许多鲜活的故事。

乐和就如一颗美好的种子，被播种在泥土里，然后长出了芽苗，长出了叶片，长出了枝丫，长出了果子，然后又归到根上。这种变，不是从什么变成了其他什么，而是生命的生长过程。是生命智慧长成的生命树，一棵整体地连接天地，连接生命的大树。

去年，我收到廖晓义的新书《怎解乡愁：乡村振兴的乐和实验》，那是十几年"做而论道"的乡村实践中提炼的理论和案例。今天看到她编著的、凝聚了"乐和家园"共建者、同行者生命体验和实操经验的《治理与振兴：乡村社会工作问答》一书，则是乡村社会工作的路径和方法，相信能够为关心和参与乡村振兴的同仁们提供有益的参考。

"从环保到国学，从国学回归乡村，我想我找到了自己的道，中国的根。"

西行东归，从西方哲学到东方哲学，这位行动的儒者，把中国传统文化做到了家。